学校整体课程规划 18 问

杨四耕　著

华东师范大学出版社
·上海·

图书在版编目(CIP)数据

学校整体课程规划18问/杨四耕著.—上海:华东师范大学出版社,2024.—ISBN 978-7-5760-5569-6

Ⅰ.G423.04

中国国家版本馆 CIP 数据核字第 2025AP0505 号

学校整体课程规划18问

著　　者　杨四耕
责任编辑　刘　佳
特约审读　古小磊
责任校对　陈梦雅　时东明
装帧设计　刘怡霖

出版发行　华东师范大学出版社
社　　址　上海市中山北路 3663 号　邮编 200062
网　　址　www.ecnupress.com.cn
电　　话　021-60821666　行政传真 021-62572105
客服电话　021-62865537　门市(邮购)电话 021-62869887
地　　址　上海市中山北路 3663 号华东师范大学校内先锋路口
网　　店　http://hdsdcbs.tmall.com

印刷　者　浙江临安曙光印务有限公司
开　　本　787 毫米×1092 毫米　1/16
印　　张　16.25
字　　数　232 千字
版　　次　2025 年 2 月第 1 版
印　　次　2025 年 2 月第 1 次
书　　号　ISBN 978-7-5760-5569-6
定　　价　54.00 元

出版人　王　焰

(如发现本版图书有印订质量问题,请寄回本社客服中心调换或电话 021-62865537 联系)

目　录

前　言
走向课程自觉　　　　　　　　　　　　　　　　　　　　　1

▲ 第1问 ▲

为什么要研制学校整体课程规划？ 研制学校整体课程规划的政策背景是什么？ 每一所学校都需要学校整体课程规划吗？

　　学校整体课程规划是为落实国家课程政策,对学校课程实践"是什么""应是什么"以及"如何做"的整体描绘与系统设计,既包含了对学校课程本质、目标和内容之间关系的系统认识,又包含对学校课程实施、管理和评价的整体构想。

一、现实问题的回应　　　　　　　　　　　　　　　　　1
二、课程政策的回响　　　　　　　　　　　　　　　　　3

▲ 第2问 ▲

何谓学校整体课程？什么是学校整体课程规划？学校整体课程规划包含哪些要素？这些要素之间有什么关系？如何理顺这些要素之间的关系？

学校整体课程规划是为推进有逻辑的学校课程变革而研制的指导学校课程实践的文本，是课程权力分享与课程决策统一的过程，是课程决策、课程设计以及课程编制过程的有机统一。

一、清晰学校课程情境	7
二、高瞻学校课程哲学	8
三、把握学校课程功能	9
四、设计学校课程框架	9
五、激活学校课程实施	10
六、创新学校课程评价	11
七、探索学校课程管理	12

▲ 第3问 ▲

学校整体课程规划需要课程理论指导吗？中外课程理论那么丰富，我们如何选择适宜的课程理论来指导学校整体课程规划呢？如何采取整合性的课程理论架构来指导学校课程规划？

由于学校课程实践的复杂性,学校整体课程规划需要整合性的课程理论架构作指导。"首要课程原理"是为学校课程情境分析、课程哲学厘定、课程目标设计、课程内容编制以及扎根过程实施与评价等课程实践活动提供指导性意见的整合性理论架构。

一、聚焦学习原理	15
二、情境慎思原理	16
三、文化融入原理	17
四、目标导引原理	18
五、扎根过程原理	19

▲ 第4问 ▲

在学校整体课程规划过程中,如何才能看得见课程的历史脉络、空间的育人价值和课程的主体存在? 怎样才能避免学校课程规划中的语境遮蔽现象?

语境遮蔽使学校课程发展陷入没有前因后果的文化断裂状态,对学校课程的历史与现实、空间与资源、个体价值和社会责任模糊不清,必然无法设计出符合学校实际的课程哲学和富有质感的课程框架。

一、时间遮蔽与课程的历史感	21
二、空间遮蔽与课程的在场感	22

三、主体遮蔽与课程的责任感　　　　　　　　　　　　　　23

▲ 第5问 ▲

学校整体课程规划应从哪里入手？如何分析一所学校的课程情境？学校课程情境分析包含哪些内容？如何进行学校课程情境分析？

学校课程总是处于一定的情境脉络之中，是特定语境的产物。学校整体课程规划必须探明学校课程情境及其内在逻辑，强化对学校课程情境的多维理解，使学校课程情境的要素、联结和效应获得系统分析和合理说明。

一、学校课程情境的基本意涵　　　　　　　　　　　　　　26
二、学校课程情境的分析模型　　　　　　　　　　　　　　31
三、学校课程情境的解构策略　　　　　　　　　　　　　　34

▲ 第6问 ▲

学校需要课程哲学吗？学校课程哲学的逻辑起点在哪里？如何确定一所学校的课程哲学？

学校课程哲学的确定需要基于学校课程情境，以"自我意识的觉醒"为起点来分析学校特定的"履历情境"，从寻找学校课程哲学的"最佳隐喻点"，进而用"本质直观"和"虚无的创造"来思考学校课程的价值追求和文化立场，重建学校教育信仰。

一、前提:课程意识的自我觉醒   39

二、内核:学校课程的内在信仰   42

三、演绎:学校课程意义的澄明   45

▲ 第7问 ▲

何谓学校课程模式？ 学校可以给自己的课程模式命名吗？ 学校课程模式包含哪些要素？ 这些要素之间是什么关系？

  学校课程模式是以独特的课程理念为引领,以特定的课程结构和功能为主体内容,基于经验提炼而建构的课程实践模型。学校课程模式是学校课程实践的思维抽象,是文化自觉的具体表征。

一、学校课程模式的张力   50

二、学校课程模式的特点   51

三、学校课程模式的建构   53

▲ 第8问 ▲

确定学校育人目标的依据是什么？ 如何确定学校育人目标？ 怎样科学厘定学校课程目标？ 如何防止课程的离心化现象？

  学校课程是为育人目标服务的,确定育人目标是厘定课程目标的前提。课程开发不是漫无目的的"撒野",育人目标是内生于课程之中的,课程是基于育人目标导引的连续生成过程,学校应围绕育人目标的实现来推进课程育人过程。

一、确立具有学校文化特质的育人目标	57
二、课程是目标导引的连续生成过程	58

▲ 第9问 ▲

如何搭建学校课程框架？如何科学设计学校课程体系？学校课程设计需要按照年级和学期进行吗？如何设计跨年级、跨学期课程？

学校课程体系设计是对学校课程的类型、要素及其关系的综合建构。学校课程体系设计应考虑学习领域的深度和广度，要注意横向科学分类与纵向合理布局，致力于为学生提供丰富的学习经验，促进学生持续的高品质学习。

一、学校课程体系设计的意蕴	60
二、学校课程体系设计的维度	65
三、学校课程体系设计的趋势	68

▲ 第10问 ▲

"面向全体，因材施教"的学校课程体系设计应注意什么？如何关注学生的学习需求？如何从学习需求角度建构高质量课程体系？

高质量课程体系建设要重塑课程的生命场景,让学习者找到激发生命潜能的契机,让素养发展获得实实在在的机会;要扩大儿童的学习空间,不限定学习者的社会性因素,不规约学习者的思维路径,让学习者的具身参与性明显增强。

一、寻找各类课程之间的平衡点　　　　　　　　　　　72

二、以学习需求为中心的课程设计　　　　　　　　　　73

▲ 第11问 ▲

良好的课程是平衡的课程,应实现量的平衡和质的平衡。 在研制学校整体课程规划过程中,如何采取平衡的课程策略推进学校课程设计?

学校整体课程规划将课程定义为具有整体涌现性、要素平衡性和价值生成性的过程,主张恪守过程性课程改革逻辑,秉承平衡性课程思维方式,采取整体性课程要素平衡方法和聚焦性课程价值聚合策略,多维度深度推进课程政策落实。

一、课程平衡的两个维度　　　　　　　　　　　　　　75

二、课程平衡的价值视角　　　　　　　　　　　　　　76

三、课程平衡的操作模型　　　　　　　　　　　　　　77

▲ 第12问 ▲

什么是学校课程图谱？学校课程图谱可以包含哪些图谱？如何绘制学校课程图谱？

学校课程图谱是以课程情境分析为出发点，以课程哲学为引领，以育人目标为聚焦，通过课程要素的纵向连贯与横向联结形成的，具有逻辑性的、图文并茂的可视化学校课程系统。学校课程图谱可以从宏观、中观和微观三个层面进行设计，也可以从横向分类、纵向布局以及纵横交织三个维度进行设计，还可以从课程要素角度分类形成相应的课程图谱。

一、实现学校整体课程的可视化　　　　　　　　　　　81

二、设计学校课程图谱的多维视点　　　　　　　　　　82

▲ 第13问 ▲

学校课程实施就是课堂教学吗？学校课程实施与课程政策落实之间存在什么关系？学校课程实施创意的关键在哪里？一般来说，学校课程实施有哪些路径？如何活跃学校课程实施？

学校课程实施创意需要围绕课程政策落实、学习方式变革、教师课程参与和核心素养培育进行，遵循课程实施的四重逻辑，即政策逻辑、实践逻辑、认知逻辑和价值逻辑，不断提升学校课程实施活性,促进学校高质量发展。

一、回归本原的价值视点与学习方式变革	91
二、生动活泼的创生取向与课程政策落地	92
三、具身参与的路径设计与核心素养培育	93

▲ 第14问 ▲

学校课程评价有哪些取向? 学校课程评价设计有哪些维度? 学校课程评价创意有哪些做法值得参考?

　　学校课程评价是以学校课程为对象而开展的评价活动,是系统描述学校课程的存在样态与实际效果、不断改进学校课程的实践活动。学校课程评价创意设计指向课程文本的要素分析、课程实践的过程观照、课程建设的特色呈现、课程主体的成长状态以及课程资源的丰富程度等五个维度。

一、学校课程评价的增值赋能	97
二、学校课程评价的设计维度	97

▲ 第15问 ▲

课程和时间深度关联,课时安排和作息时间是学校整体课程规划的重要内容,我们如何通过设置弹性时间、给予闲暇时间以及留足自由时间,充分关注学生的个体时间体验?

作为时间的学校课程具有多层性与系统性统一、连续性与非连续性统一、片断性与涌现性统一、有限性与无限性统一等特征。学校整体课程规划要通过设置弹性时间、给予闲暇时间以及留足自由时间,充分关注学生的个体时间体验,丰富生命时间的内在意义。

一、主观时间与客观时间　　　　　　　　　　　　101

二、单向时间与多向时间　　　　　　　　　　　　101

三、常规时间与碎片时间　　　　　　　　　　　　102

四、学习时间与闲暇时间　　　　　　　　　　　　102

五、线性时间与立体时间　　　　　　　　　　　　103

▲ 第16问 ▲

学校课程管理是生成性过程,激活学校课程管理的关键是什么? 如何彰显学校课程管理的过程性、境遇性、关系性和创造性?

学校课程的生成性品格客观上要求我们关注课程管理的生成性过程,彰显学校课程管理的过程性、境遇性、关系性和创造性。学校课程管理是不断生成的过程,它起于问题,成于制度,归于文化。

一、起于问题:以问题管理驱动课程变革　　　　　　105

二、成于制度:以制度管理规约课程建设　　109

三、归于文化:以文化管理提升课程品质　　113

▲ 第17问 ▲

课程与文化是什么关系? 何谓学校课程文化? 如何建构学校课程文化,如何通过学校课程文化变革落实立德树人根本任务?

　　学校课程文化建构可以采取自上而下的演绎路径,实现从文化概念到课程设计的合生;也可以采取自下而上的归纳路径,实现从课程实践到文化逻辑的合生。不论采取哪一条路径,我们都必须为学校课程文化变革提供充分理由或理据,增强学校课程文化变革的认同感。在某种意义上,这也是一种文化自觉。

一、学校课程文化的想象力　　118

二、学校课程文化变革的"摄入"方法　　123

三、学校课程文化创意的"合生"之道　　127

▲ 第18问 ▲

高品质学校课程体系有哪些标准? 好的学校整体课程规划是怎样的? 一份学校整体课程规划可以用多长时间?

　　高品质课程体系有七条标准:有清晰的价值取向,有完整的育人思维,有丰富的内容设计,有活跃的学习方式,有增值的评价框架,有扎根的保障措施,有逻辑的体系建构。

一、源头清:学校课程规划的"文脉"   136

二、特色亮:学校课程规划的"面子"   136

三、方向明:学校课程规划的"灵魂"   137

四、有挑战:学校课程规划的"定位"   137

五、愿景感:学校课程规划的"向往"   138

六、经验性:学校课程规划的"基石"   138

七、冲击力:学校课程规划的"语言"   139

八、无止境:学校课程规划的"时态"   139

附件:湖南第一师范学院第二附属小学课程规划   141

后记   238

前　言

走向课程自觉

　　教育质量是全民教育的追求。2004 年,联合国教科文组织发布《2005 全球全民教育监测报告》,该报告从学习者的特点、社会背景、投入、教与学和成果五个维度构建了教育质量分析框架。[①] 这一分析框架聚焦全民教育过程的全维度要素及其耦合机理,为提升教育质量提供了一个认识论视角和方法论架构。2015 年,联合国教科文组织发布《仁川宣言》,倡导全纳、公平而有质量的教育,再一次为世界教育质量的提升指明了方向。[②] 近些年来,我国出台了一系列的课程教学改革政策,特别是 2014 年教育部所发的《关于全面深化课程改革落实立德树人根本任务的意见》、2019 年中共中央、国务院所发的《关于深化教育教学改革全面提高义务教育质量的意见》、2020 年教育部印发的《普通高中课程方案和语文学学科课程标准(2017 年版 2020 年修订)》、2022 年教育部印发的《义务教育课程方案和课程标准(2022 年版)》以及 2023 年教育部印发的《基础教育课程教学改革深化行动方案》等,这些文件从课程与教学改革的角度,就落实立德树人根本任务、全面提升教育质量作了政策部署,具有里程碑意义。如何推进学校课程教学改革,全面提升教育质量?每一所学校都应围绕教育过程

[①] 温从雷,王晓瑜. 构建全民教育质量评估体系的蓝图——《2005 全球全民教育监测报告》述评[J]. 开放教育研究,2006(6):93—96.

[②] 周红霞. 2030 年教育:迈向全纳、公平、有质量的教育和全民终身学习——2015 年世界教育论坛《仁川宣言》[J]. 世界教育信息,2015(14):35.

中的全维度要素进行设计,探索自己的课程变革之路,都应该走"自主性变革"道路。

众所周知,对学校课程变革没有清晰的自我认知,没有推动课程变革的意识和能力,是不可能真正推动学校课程变革的,幻想通过浅尝辄止的改革提高教育质量也是不可能的。让一所学校认识到变革,并具有推进变革的能力,这是学校课程变革取得成功的必备条件。

有学者将课程变革归纳为"自上而下"和"自下而上"两种模式。① 笔者认为,学校课程变革有三种模式:一是"自下而上"的自主性变革,二是"自上而下"的强制性变革,三是"平行主体"的互动性变革。很明显,第一种变革模式是阻力最小的,是最有利于学校课程深度变革的。任何被动的以及无约定的变革,任何只有空洞的理念或口号而无实质性操作路径的变革,都是不会成功的。只有参与者真正自主决策,且有着约定的操作程序和实践范式的变革,才能真正到达课程变革的目的地,这便是自主性变革的意义所在。

所谓自主性变革,用费孝通先生的观点来说,就是基于"文化自觉"的课程变革。在费孝通看来,文化自觉是特定文化情境中的人对自身文化的"自知之明",是对自身文化处境、演化过程以及未来前景的充分体认。② 换句话说,文化自觉本质上就是文化的自我觉知、自我体认、自我反思与自我创造。要提升学校课程品质,也需要有这样的"文化自觉"。笔者认为,课程领域中的文化自觉即课程自觉,它是人们基于对课程的理性认识,为课程品质的提升而产生清晰的目标意识和科学的路径观念,自觉参与课程变革实践的理性之思与理性之行。当我们拥有了课程自觉的时候,学校课程变革便是自主性变革。

自主性变革不是一个简单概念,而是一种思想、一种行动、一种有密度的文化自觉,它包含清晰的课程自知、透彻的课程自在、积极的课程自为、深刻的课

---

① 于泽元.课程变革与学校课程领导[M].重庆:重庆大学出版社,2006:53—59.
② 费孝通.费孝通论文化与文化自觉[M].北京:群言出版社,2005:212.

程自省以及持守的课程自立等文化特质。

1. 清晰的课程自知。文化自觉必须从认识自己的文化处境开始。课程自知是人们对课程情境的自觉理解、对课程理念和愿景的清晰判断、对课程内容和框架的基本认识、对课程实施路径和方位的整体把握。认识课程,认识自我,这不是一件容易的事。对一位校长来说,课程自知意味着对学校课程规划的整体理解,自觉研判学校文化与课程建构的关系、育人目标与课程架构的关系、资源调配与课程实施的关系、质量提升与课程管理的关系;对一位教师来说,课程自知意味着对学科课程群建设的自觉思考,自觉跳出"课程即科目""教材即课程""课程即教学内容"等狭隘的课程观,建立与立德树人要求相适应的崭新课程观,确立丰富学生学习经历的课程育人观。

2. 透彻的课程自在。萨特说:"人首先存在与自身相遇,在这个世界上崛起,然后才规定他自己。"[①] 他将人之存在分为"自在"和"自为"两个维度,深刻地揭示了人之存在的"客观环境"和"主观意志"。在他看来,"任何真理和行动既包含客观环境,又包含人的主观性在内"[②],"世界是自为的整个处境,是自为的实存的衡量尺度"[③]。对学校课程变革而言,课程自觉需要全面洞察学校课程自在的外部环境,需要完整把握课程自在的文化处境,需要清晰认识课程变革的制度环境和现实可能,进而意识到哪些是可为的,哪些是不可为的;哪些是必须做的,哪些是可选择的;哪些是自己即可为的,哪些是需要制度支持的。

3. 积极的课程自为。人是自在之在和自为之在的结合。人有自在之在,比如人的身体、职业、角色等,但是我们不能根据这些自在之在来判断人的本

---

① [法]让-保罗·萨特. 存在与虚无[M]. 陈宣良,等,译. 北京:生活·读书·新知三联书店,2007:293.
② [法]让-保罗·萨特. 存在主义是一种人道主义[M]. 周煦良,汤永宽,译. 上海:上海译文出版社,2008:2.
③ [法]让-保罗·萨特. 存在与虚无[M]. 陈宣良,等,译. 北京:生活·读书·新知三联书店,2007:384.

质。按照萨特的观点,自为之在是自我规定的,具有超越性的存在。① 换言之,人的本质不是先在的,不是被给定的,而是意识参与的自由选择与实存面对。觉醒的意识是自为的内在结构,自为之在就是面对自我在场的觉醒和行动。对学校课程变革而言,课程主体按照课程发展规律,通过自身的自觉行为,积极参与学校课程变革,实现课程品质的提升就是课程自为。课程自为意味着我们对课程自在的不满足,意味着我们开动脑筋积极谋划学校整体课程变革,意味着我们积极挖掘学校课程变革空间,意味着我们通过直面本己的课程实践培育新的文化,意味着我们在积极的卷入中推进课程深度变革。

4. 深刻的课程自省。课程自省即课程反思。杜威认为,反思就是有意识地探究行动和结果之间的联系,并使二者实现更深层次的意义连结。② 学校课程变革是一种反思性实践,需要对实践进行反思,再将反思带到新的实践中去。反思性实践是一种主动且持续地审视理论、信念和假设的过程,它可以帮助我们在课程实践中审思每一个专业判断之下的潜在逻辑,选择合适的方式应对可能的情境。课程反思是具有超越属性的反思,当站在既定的框架里去检查某些规则的时候,是无法发现这些规则的问题的;但如果可以跳脱出来,不带评判和预设地去分析这些规则,其中的不妥之处就会被看到。课程反省是一种能力,当掌握了这项能力的时候,便会像"觉醒"了一样,对相同的世界产生不一样的"看法"。

5. 持守的课程自立。《礼记·儒行》有云:"力行以待取,其自立有如此者。"行动是最好的自我确证,人只有在行动中,才能真正发现自己的力量。课程自立要求一个人认识到课程变革是自己的事,要有自己的立场、自己的创见,自持自守,不为外力所动,不随波逐流,进而"回到粗糙的地面"(维特根斯坦

---

① [法]让-保罗·萨特. 存在与虚无[M]. 陈宣良,等,译. 北京:生活·读书·新知三联书店,2007:504.
② [美]约翰·杜威. 杜威教育论著选[M]. 赵祥麟,王承绪,编译. 上海:华东师范大学出版社,1981:331.

语），自觉参与到课程变革中来。课程自立本质上是在课程自知、课程自在、课程自为以及课程自省的作用之下，依靠自己的自觉和力量对课程实践有所贡献，并在此过程中逐渐提升自己的课程能力和专业成熟度，基于行动确证自己的"课程人"地位。

以上五个方面是"自主性变革"的文化自觉之表征。当一所学校拥有自主性变革意识的时候，学校课程的主体状态就会发生一系列的变化。因此，自主性变革是学校生机活力的主体源泉，是落实学校办学自主权的内在意蕴。一所学校仅仅有一些如人事权、经费处置权等外在的办学自主权是远远不够的，进入深水区的学校课程变革亟须在课程的文化自觉方面推进具有内在意义的自主性变革。迈克尔·富兰指出，影响学校课程变革的因素主要有三个方面：一是变革的特征，如变革方向的明确性、过程的复杂性和结果的实效性；二是学校的因素，包括学校所在地、环境以及包含校长和教师在内的主体状态；三是外在影响因子，包含政府和媒介对变革的态度等。[①] 影响学校课程变革的因素当然是复杂的，其中一个方面不加以配合，整体效果就会受到影响，甚至会发生"无变革"现象。自主性变革其实是对影响学校课程变革的内外因素有全面而透彻的自知和自觉，并基于这种自知和自觉推动的学校课程深度变革。

如何寻找一条务实可靠的课程变革之路，让学校迈向自主性变革呢？笔者认为，自主性变革意味着一所学校自觉地感知到学校整体课程谱系，自觉地意识到学校课程变革逻辑，自觉地基于学校整体课程规划建构自己的课程模式。实践和研究表明，学校整体课程规划是自主性变革的关键路径，是提升学校课程品质的有力抓手。[②]

面对丰富的实践以及专业的挑战，自主性变革不是一个简单的流程，它需要我们在学校整体课程规划与实施中不断反思与提升，如此才能走向课程自觉

---

① Fulan, M. The New Meaning of Educational Change (2nd) [M]. New York: Teachers College Press, 1991: 66 - 68.
② 杨四耕. "品质课程"的行动架构与实施策略[J]. 上海教育, 2018(9): 66—69.

的美好境界。诚如费孝通先生所言:"文化自觉是一个艰巨的过程。"当我们通过自主性变革,有了清晰的课程自知、透彻的课程自在、积极的课程自为、深刻的课程自省以及持守的课程自立的时候,我们便作为"有创见的主体"主动地介入到课程决策、设计、实施、评价与管理的全过程之中了。如此一来,学校课程深度变革便自然而然地发生了,全面提高教育质量便有了可能。

▲ 第 1 问 ▲

为什么要研制学校整体课程规划？研制学校整体课程规划的政策背景是什么？每一所学校都需要学校整体课程规划吗？

> 学校整体课程规划是为落实国家课程政策，对学校课程实践"是什么""应是什么"以及"如何做"的整体描绘与系统设计，既包含了对学校课程本质、目标和内容之间关系的系统认识，又包含对学校课程实施、管理和评价的整体构想。

自 20 世纪 70 年代以来，全球范围内兴起了"学校改进""学校重建"运动，这些改革运动都致力于提高教育质量、促进学校发展。如何提升教育质量、促进学校高质量发展？作为学校变革核心领域的学校课程建设自然首当其冲。研制学校整体课程规划，是对课程改革存在的问题的积极回应，也是对当前课程改革政策的落实措施。

一、现实问题的回应

据笔者多年的观察与研究，对中小学而言，良好的课程有以下基本特征：一是倾听感，回应孩子的学习需求；二是逻辑感，严密的而非大杂烩或拼盘式的；三是统整感，更多地以嵌入方式实施而非简单地做加减法；四是见识感，以丰富学生的学习经历而不以知识拓展与加深为取向;五是质地感,课程建设触及教学变革,对教育质量提升有重要影响。①

当前,很多学校课程变革的热情比较高,但是碎片化、大杂烩式的课程改革普遍存在,具体表现为以下几个方面。

1. 不贴地。没有学校课程情境的分析,采用集团"空降式"的课程开发方式,不基于学校实际,没有在地文化意识,不关注学生的学习需求。失去了情境的课程,看不到课程开发的实践脉络;脱离了学生的实际情况,教师的一厢情愿是没有精彩可言的。

2. 缺理念。"没有课程观的课程"普遍存在,只知道课程这件事,不知道课程背后的价值取向,认为课程似乎是价值中立的,看不到课程治理背后的国家意志,对课程的政治要求、战略属性和民生观点采取无视的态度。

3. 无目标。为课程而课程,课程建设似乎是锦上添花的事,只为赢得"赏识"或"加分"。课程建设不是基于育人目标的实现,没有育人目标意识,育人目标与课程目标不能很好地实现对接。

4. 无逻辑。没有学校整体课程规划,学校课程建设只是量的累加,没有逻辑体系意识。很多校长对于学校文化与课程建设的关系、学校课程哲学以及自始至终贯穿其中的逻辑没有概念,觉得这是专家的事。

5. 大杂烩。对学校诸多课程与活动无合理分类,课程之间的关联性与结构性比较弱,处于杂乱无序的"碎片"及"拼盘"状态。"学校课程是一个筐,什么东西都往里装"的现象很多见,如此很难以发挥学校课程整体育人功能。

6. 不活跃。学校课程实施方式单一,只见课堂教学,只研究有效教学,至于这个"效"指向哪里并不在乎。对于学校课程实施的多维途径以及多样方式视而不见,社团学习、校园节日、户外学习、项目学习、问题学习、视频学习等途径和方式用得很少。

---

① 杨四耕.学校课程深度变革的五要素分析[J].中国教师,2016(6):63—67.

7. 少评价。课程开发随意性比较大，没有课程认证与评估，没有具体评价考虑，课程实施效果不得而知。对于诸如表现性评价、展示性评价、闯关式评价、游园式评价等具体的课程评价方式了解得太少。

8. 无关联。课程与教学分离，课程与教学两张皮，在他们看来："课程是虚的，教学是实的。"学校课程变革没有真正触及课堂教学改革，课程建设与质量提升没有直接关系。因此，抓教学是正业，变课程是副业，课程开发往往浅尝辄止。

9. 弱管理。学校课程建设不受重视，课程管理比较松散，课程意识普遍薄弱。对于课程的价值引领、制度建构、组织建设、课程研修等管理方式的运用基本上没有做到位。还有很多学校觉得课程管理是上级的事，与自己无关。

总而言之，这些林林总总的问题确实值得关注，它们是研制学校整体课程规划必须回应的问题。

二、课程政策的回响

让一个人认识到变革，并具有推进变革的能力，这是学校课程变革取得成功的必备条件。美国学者本尼斯（W. Bennis）在作了大量考察之后认为，课程变革有三种情况：一是自主性变革，这种变革参与者拥有一定的课程权力，以事先约定的方式，遵循特定的程序履行课程职能；二是强制性变革，这类变革是由一小部分人决定的，大多数人没有决策权，只要服从和执行即可；三是互动性变革，这种变革以各部分人共同决定目标、共享课程权力为特征，但是大家因为缺少集体审议，没有约定的程序，各行其是而往往不知道如何推进变革。[①] 很明显，第一种变革模式是阻力最小的，是最有利于学校课程深度变革的，因为那是参与者自主决策的变革，有着约定的操作程序和实践范式。任何被动或无约定

---

① 施良方. 课程理论——课程的基础、原理与问题[M]. 北京：教育科学出版社，1996：135.

的变革,任何只有空洞的理念或口号而无实质性操作路径的变革,都是不会成功的。

近些年来,教育部先后颁布的《普通高中课程方案(2017年版2020年修订)》和《义务教育课程方案(2022年版)》明确要求:制订满足学生发展需要的学校课程实施规划,注重整体规划,有效实施国家课程,规范开设地方课程,合理开发校本课程,将国家育人理念、原则要求转化为学校具体育人实践活动。2023年5月,教育部办公厅印发的《基础教育课程教学改革深化行动方案》指出:在课程实施过程中,切实加强国家课程方案向地方、学校课程实施规划的转化工作。坚持因地制宜"一地一计"、因校制宜"一校一策",把国家统一制定的育人"蓝图"细化为地方和学校的育人"施工图",明确课程教学改革的具体路线、措施,提出困难问题破解之策。坚持循证决策,健全监测反馈机制,持续优化改进课程实施规划。地方各级教育行政部门及专业机构督促指导学校根据培养目标,立足办学理念和学生发展需要,分析资源条件,因校制宜规划学校课程及其实施。学校以促进学生全面而有个性地发展、健康成长为目标,高质量落实国家课程,建设校本课程,将课程理念、原则要求转化为具体的育人实践活动,构建体现学校办学特色的课程育人体系,注重持续优化。义务教育阶段确保全面落实国家课程,注重与地方课程和校本课程的统筹实施;普通高中在保证开齐开好必修课程的基础上,注重适应学生特长优势和发展需要,提供分层分类、丰富多样的选修课程,形成体现学校办学特色的课程系列。

当前,虽然诸多学者对课程规划的内涵、价值以及实施路径进行了探索,然而在实践领域如何使以学校为主体的学校课程规划既能"顶天",成为课程改革政策落实的实践载体,又要"立地",成为教师课堂教学实现准确领悟的指南的问题,尚未得到深入探索。[①] 学校整体课程规划是为落实国家课程政策,对学校课程实践"是什么""应是什么"以及"如何做"的整体描绘与系统设计,既包含

---

① 吴立宝,刘智欢,周丹凤.学校课程规划的现实需求与路径探寻[J].教学与管理,2024(24):33—36.

了对学校课程本质、目标和内容之间关系的系统认识,又包含对学校课程实施、管理和评价的整体构想。为了实现"顶天""立地"的课程发展愿景,现有课程政策要求每一所学校都要研制整体课程实施规划。

▲ 第 2 问 ▲

何谓学校整体课程？什么是学校整体课程规划？学校整体课程规划包含哪些要素？这些要素之间有什么关系？如何理顺这些要素之间的关系？

> 学校整体课程规划是为推进有逻辑的学校课程变革而研制的指导学校课程实践的文本，是课程权力分享与课程决策统一的过程，是课程决策、课程设计以及课程编制过程的有机统一。

整体课程是 20 世纪 80 年代末兴起的一种课程思潮。这种课程思潮以培育完整的人作为价值追求，架构了一幅富有人文主义情怀的课程画卷。[1] 整体课程注重课程意义的整体追寻，赋予课程变革的创造性品格，坚持课程内容的联系思维，恢复课程旨趣的超验品质。

学校整体课程是这种课程思潮的时代回响。在这里，学校整体课程显然不是个别年级或学科领域的课程，也不是这些课程的简单拼凑与组合；不是个别专题教育的课程文本，也不是割裂的课程实施行为与思考，而是集中学校的人力、物力和全部资源，努力实现学校课程横向统整与纵向连贯，以实现课程的可持续发展。在笔者看来，学校整体课程是以学校为主要视点，包含整体的情境

---

[1] 安桂清.整体课程研究[D].上海：华东师范大学，2004：2.

脉络、整体的价值追求、整体的目标预设、整体的学习领域、整体的实施途径、整体的评价方式、整体的学习时间、整体的资源供给、整体的参与主体、整体的管理手段以及整体的发展效益等课程发展要素的有机整合。

何谓学校整体课程规划？施良方先生认为，课程编制是完成一项课程计划的整个过程，它包括确定课程目标、选择和组织课程内容、实施课程和评价课程等阶段；而课程设计是课程所采用的一种特定组织方式，它主要涉及课程目标以及课程内容的选择和组织。① 在笔者看来，学校整体课程规划不仅包含课程设计和课程编制的全部内涵，还包含分析学校课程情境、确定学校课程哲学在内的课程决策的意涵与过程。换言之，学校整体课程规划是为落实国家课程政策、推进有逻辑的学校课程变革而研制的，指导学校课程实践的文本，是课程权力分享与课程决策统一的过程，是课程决策、课程设计以及课程编制过程的有机统一。

按照学校整体课程的意涵，结合学校整体课程规划的实践经验，笔者认为研制学校整体课程规划，关键在于以下七个方面的工作。

一、清晰学校课程情境

学校整体课程规划的第一步就是分析学校课程情境。这是课程模式凸显个性的客观基础，是学校课程适切性的重要前提。脱离学校实际情境的课程模式建构是没有意义的，无益于学生发展。学校课程情境包括外在环境和内在情境，外在环境包括时代发展背景、地域文化背景、社区环境，内在情境包括学校办学传统、办学条件、学生生源与学情、教师素质与结构等。学校课程情境分析体现在：时代背景下对教育发展有哪些新要求，学校所处的文化生态环境有哪些优势，学校的哪些课程资源可以开发成为学校的校本特色课程，社区有哪些

---

① 施良方.课程理论——课程的基础、原理与问题[M].北京：教育科学出版社，1996：81.

优势课程资源,学校的办学传统如何进行扬弃与继承,学校内部拥有哪些优势与不足,学生的学习特点和教师素质结构的优势与不足等。在学校课程情境分析的基础上,还要对学生的需求进行调查,了解现有课程的实施情况,发现学校课程中存在的问题,把握育人目标的线索等。因此,学校课程情境分析是学校整体课程规划的基本前提。

二、高瞻学校课程哲学

学校课程哲学是指一所学校课程变革信奉的理念和课程建设的价值追求。有学者认为,学校教育哲学在内容上包括学校使命、学校愿景和育人目标,其中育人目标是核心,表现为对学校发展的核心价值观、理想以及培养什么样的学生的一种本质性理解与规定。① 学校教育哲学对学校各项工作有着渗透性的指导作用。由学校教育哲学通过逻辑演绎而建构的学校课程哲学,特别是其中的学校课程理念,对课程建设而言具有重要作用,它是整个课程模式的灵魂,引领着课程模式的构建,贯穿于学校课程变革之始终。学校课程哲学的独特性和坚定性有利于凸显学校课程模式的个性,有利于凸显学校课程变革的价值追求。当然,学校课程哲学不是学科意义上的哲学,而是观念层次上的哲学;不是整个教育层面的哲学,而是具体学校层面的哲学,是学校自主建构的、指引学校课程变革的核心精神。研制学校整体课程规划,要注意基于学校课程情境,包括研究学校的历史和现状,把握学校教育哲学和办学理念,在此基础上进行必要的逻辑演绎与深度推理,从而使学校教育哲学、办学理念与课程理念在逻辑上内在相联。

---

① 陈建华.学校应该有自己的教育哲学追求[J].教育科学研究,2007(1):22.

三、把握学校课程功能

课程功能是指课程在与环境相互作用过程中表现出来的对环境的比较稳定而独特的作用与影响,既包括输入环节课程对环境的反作用,也包括输出环节课程对环境的直接作用。不同类型的课程,如学科课程与活动课程、分科课程与综合课程、必修课程与选修课程、显性课程与隐性课程等,承载着不同的功能;同时从功能的指向对象来看,又可分为对学习者个人或人群的功能和对社会的功能。[1] 学校课程模式是根据特定的课程功能构建的,而特定功能的发挥是保持课程结构稳定性的必要条件。在个性化课程模式中,必然包含相对应的课程功能,它是特定课程功能的耦合系统。育人目标和课程目标在很大程度上规定着课程的功能,蕴含着特定的功能期待,包括课程的方向、水平、广度、深度、效果等,二者直接凸显了课程功能的多样性。在课程模式建构中,不同类型的课程总是指向特定的功能,具体科目也承担着特定的育人功能。研制学校整体课程规划,要注意在厘定学校育人目标的基础上,针对不同年级对育人目标进行合理的分解,形成有机对接的课程目标体系,以便于目标导向的课程体系的建构。

四、设计学校课程框架

郭晓明教授曾经提出"三层次—两类型"课程结构观。"三层次"是指宏观、中观、微观,"两类型"是指实质结构和形式结构。[2] 实质结构是对课程的质的规定性,反映着课程的内在价值取向,是对课程的深层理解,决定着课程的形式结构,包括实质性构成要素及其关系。有学者提出,现代学校课程的实质结构

---

[1] 郭晓明.课程结构论:一种原理性探寻[M].长沙:湖南师范大学出版社,2002:102.
[2] 郭晓明.课程结构论:一种原理性探寻[M].长沙:湖南师范大学出版社,2002:82.

包括自我发展课程、人格课程、情感课程、知识课程和实践课程,它们形成一个立体结构,以自我发展课程为灵魂,以人格课程、情感课程、知识课程和实践课程为载体,反映"重视学生发展的全面性、重视经验在课程中的作用"的价值取向。[①] 课程的实质结构凸显的是对独特的课程哲学和特定课程功能的具体规定,是课程哲学和功能在课程结构层面的具体反映。形式结构主要包括课程类别和不同类别之间的关系,即"类的结构"和"关系结构"。[②] 研究和实践表明,研制学校整体课程规划,既要关注学校课程的宏观、中观和微观三个层次,又要关注学校的实质结构和形式结构,基于特定的逻辑对学校课程进行合理分类,做到不交叉、不重复。在此基础上,还要进一步按照年级和学期进行课程布局性设计(即课程设置),以形成整体性的学校课程框架。一句话,研制学校整体课程规划,要基于对学校课程实质结构的深刻理解,把握学校课程的横向分类与纵向布局。

五、激活学校课程实施

随着学校课程变革的推进,学校开始着眼于自身的优质资源并开发具有本校特色的课程,学校课程呈现出多样化的特点。但并不是所有的学校都因此发展成为优质学校,原因就在于很多学校止于单一的校本课程开发,忽略课程实施的整体运营。学校很可能只是为了适应改革而开发了课程,但实际上这些课程只是学校整体课程的附属品,学校整体课程结构没有变化,课程观念也没有变化,课程实施形态依然没有变化。形式上的变化并不能引起学校课程的深层变革,反而弱化了学校课程本身的内在价值。笔者认为,学校课程实施的设计最重要的是要按照立德树人的要求,从丰富学生学习经历的角度,充分考察学校课程实施的多维途径,如课堂教学、社团活动、研学旅行、校园节日、创客空

---

① 冯国文.构建现代学校课程结构模式[J].课程·教材·教法,1999(5):6.
② 褚洪启,邢卫国.促进课程一体化的10种模式[J].教育学报,1992(3):37.

间、艺术表演、故事沙龙、项目学习、仪式教育、隐性环境等。① 多维课程实施途径的本质就是落实全面育人、全策育人，以及学习方式变革，它是育人方式变革的重要方面。当然，学校课程功能是整合的，课程结构是一体的，在课程实施上也需要考虑课程统整，以最大化地发挥各种类型课程的功能。

六、创新学校课程评价

课程评价是指根据一定的价值标准，通过系统地收集有关信息，采用定性、定量的方法，对课程立意、计划、准备与投入、实施、效果等方面作出价值判断并寻求改进途径的活动与行为的总和。课程评价指向课程模式产生的全过程，而不是某个方面，在课程模式建立的各个环节都要有相应的监督与评价，在保证每一个环节达到标准的同时，使课程模式的整体效果达到预期的标准。课程立意的评价即对课程建设指导思想的评价，主要包括是否与社会的教育价值观相一致、是否与学校发展的实际情况相一致、是否与受教育者对教育的客观需要相一致等；课程计划的评价包括课程设置、课程结构、课程内容、课程形式和课时安排等方面的评价；课程准备与投入的评价主要包括资源（硬件与软件）、人员（学生与教师）、环境（校园环境与文化）等的准备情况；课程实施的评价主要关注教学过程的有效性，包括教师的"教"与学生的"学"；课程效果的评价则主要是以课程设计目标为标准，考查学生发展情况、学生的满意度及其他相关主体的满意度。学校课程建设需要依据本校课程评价的价值取向，制订符合本校实际的评价标准。同时，每一个环节的课程评价重点关注的不是评价的结果，而是与评价标准之间的差距以及如何在新循环的课程建设中加以改进。有学者认为，学校课程评价是以学校课程为对象开展的评价活动，对学校课程进行

---

① 有兴趣的老师可以进一步阅读：杨四耕.课程实施的18种方式[N].中国教师报，2017-12-27(12).

科学评价,可以系统地描述学校课程的存在样态与实际效果,并以此作为学校课程不断改进的抓手。① 笔者认为,学校课程评价可以包括以下五个方面:学校课程文本的全面分析、学校课程实施的过程观照、学校课程建设的特色呈现、学校课程主体的发展状态以及学校课程资源的丰富程度。同时,学校整体课程规划要特别关注课程评价方式的多维运用,合理把握课程评价在课程发展全要素和全过程中的作用,尤其是要运用多种评价创意,在实践层面关注对学生、对教师以及对课程本身的评价。②

七、探索学校课程管理

课程管理是指以课程为对象所施加的决策、规划、开发、组织、协调、实施等管理活动和管理行为的总称。一所学校的课程管理主要包括课程管理理念、课程开发管理、课程实施管理等。就管理方式而言,主要包括以下几个方面。一是价值引领,也就是学校课程的所有要素都应该按照学校课程哲学的意涵来推动,学校课程哲学应该渗透到学校课程运行的全过程之中。价值引领是学校课程管理的重要方面。二是组织建设,要设立学校课程管理的组织机构,重视人员配备、机构建立及责任分配等要素,即学校领导班子的领导与监督、全体教师的素质与结构、学生的全程参与、专家介入、家长和社区的支持,以及课程领导小组的建立。三是资源利用,课程资源是指学校的硬件设备与软件设施,包括基本设备,如图书馆、实验室、活动室等;与校本课程直接相关的条件,如特色教室、校本教材等;也指学校拥有的在地文化资源。学校应在已有条件基础上,尽可能开发新资源,提高资源的利用率。四是制度建构,包括课程计划的制订、教师角色与责任分配、课程审议等的规约。课程制度是影响课程有效实施的重要因素。除了这几种管理方式,还有时间管理、主体参与、课题研究、课程研修以

---

① 李红恩.学校课程评价的意蕴、维度与建议[J].教学与管理,2019(12):1—4.
② 杨四耕.学校课程评价的18种创意[N].中国教师报,2019-01-16(6).

及特色聚焦等方式,它们都可以有效地推进学校课程发展,这也是学校整体课程规划需要好好思考的议题。

总之,一所学校应该有自己的课程变革逻辑,应该基于整体的情境脉络,把握整体的价值追求,厘定整体的课程目标,设计整体的学习领域,激活整体的实施途径,创新整体的评价方式,调节整体的学习时间,挖掘整体的资源供给,激发整体的参与主体,运用整体的管理手段,提升整体的发展效益,推进有逻辑的课程变革。

▲ 第 3 问 ▲

学校整体课程规划需要课程理论指导吗？中外课程理论那么丰富，我们如何选择适宜的课程理论来指导学校整体课程规划呢？如何采取整合性的课程理论架构来指导学校课程规划？

> 由于学校课程实践的复杂性，学校整体课程规划需要整合性的课程理论架构作指导。"首要课程原理"是为学校课程情境分析、课程哲学厘定、课程目标设计、课程内容编制以及扎根过程实施与评价等课程实践活动提供指导性意见的整合性理论架构。

西方课程研究已有一百余年历史，对我国中小学课程变革实践影响比较大的当属课程开发模式研究。西方课程开发模式主要有以下几种：一是课程开发的目标模式，它是以明确的目标为核心开展课程研制的模式，其代表人物有博比特、泰勒和布卢姆；二是课程开发的过程模式，它旨在通过详细分析学科结构，详细说明内容和选择内容，遵循程序原理来进行课程研制，代表人物是斯滕豪斯；三是课程开发的情境模式，强调通过社会文化情境的分析，反对在脱离社会现实及学校具体情境的情况下研制课程方案，劳顿和斯基尔贝克是情境模式的主要代表人物；四是课程开发的实践模式，以施瓦布为代表，他认为人们以往一味地去寻找课程研制的一般理论，而忽视回答实践中遇到的具体课程问题。因此他提出通过课程审议洞察具体的实践情境，确定迫切需要解决的问题，提出可供选择的解题方案是课程开发的重要任务①。

自20世纪90年代以来,人们逐渐不再局限于依据某种单一的课程开发模式进行课程开发,而是根据办学实际、育人目标以及学生的特点等,采取整合的课程开发模式,以实现课程开发目标。如我国课程学者在批判继承东西方课程合理内核的基础上提出了"人化—整合"课程研制方法论,指出了该方法论的教育学标准、范式坐标、本质特征以及框架设想。② 笔者认为,学校课程实践的复杂性,决定了学校整体课程规划需要整合性的课程理论架构作指导。在长期的学校课程实践指导过程中,笔者总结了用以指导学校课程设计与实施的"首要课程原理",主要包含以下五个基本原理。③

一、聚焦学习原理

1902年,杜威在《儿童与课程》(The Child and the Curriculum)一书中提出:教育过程的基本要素是未成熟的儿童以及体现成人成熟经验、社会目的、意义和价值的课程。他指出:"儿童和课程仅仅是构成一个单一的过程的两极。"他以一个全新的视角揭示了一个观点,即课程内容的逻辑顺序与儿童生长的心理顺序在本质上是一致的,它们都是儿童主动活动的结果。为此,他提出要研究儿童不同发展阶段的需要与可能性,给儿童提供有助于其"生长"的课程。他说:"儿童的世界是一个具有他们个人兴趣的人的世界,而不是一个事实和规律的世界。儿童世界的主要特征,不是什么与外界事物相符合这个意义上的真理,而是感情和同情。"同时,"兴趣的价值在于它们所提供的那种力量,而不是

---

① 黄光雄,蔡清田.核心素养:课程发展与设计新论[M].上海:华东师范大学出版社,2017:109—140.
② 郝德永.课程研制方法论[M].北京:教育科学出版社,2000:307.
③ 杨四耕.首要课程原理:学校课程发展的整合性架构[J].江苏教育,2019(59):9—12.

它们所表现的那种成就。"①儿童需求是课程的核心。孩子们需要什么、喜欢什么,就给他们配置什么样的课程,这是学校课程建设的人学逻辑。学校课程变革的一切均需从这一点出发。围绕学生,聚焦学习,提升学力,这是学校课程变革的中心任务。

结论是:生长是学校课程的价值原点,是学校课程的第一要义。除了生长,课程别无所求,这是学校课程深度变革的旨趣所在。

二、情境慎思原理

学校课程情境是学校课程变革置于其中并受其影响的办学背景和育人情境,具有传统性、现实性、整体性、差异性以及变动性等特点。学校课程情境的构成因素复杂多样,包括学校内外部的诸多因素。明确学校课程情境,是学校课程发展的起点和前提。

英国课程学者劳顿指出:课程开发必须关注宏观文化背景,研制课程要先进行"文化分析"。②的确,课程生成于特定的时代背景与文化架构之中,是文化选择的结果,我们不能脱离社会现实以及学校具体情境在"真空"中开发课程。只有在"情境慎思"的基础上,我们才能准确把握学校课程变革的宏观背景,深刻理解课程变革的文化架构,进而准确地揭示课程的本质,制订出立足在地文化资源、基于学校发展现实的课程方案。

除了关注宏观文化背景,学校课程建设还必须对学校微观情境进行分析,将关注的焦点放在具体学校和教师身上。英国课程学者斯基尔贝克在对具体的学校情境进行微观层面分析的基础上,构建学校课程研制模式,其中心及焦点在于具体的单个学校及其教师,并认为课程研制是促进学校获得真正发展的

---

① Dewey, J. The Child and the Curriculum [M]. Mansfield Centre, CT: Martino Publishing, 2011:9-15.
② 单丁.西方课程流派研究[M].济南:山东教育出版社,1998:442.

最有效方式。这种模式由五个具体阶段构成：分析情境、拟订目标、设计方案、实施方案、评估与评价。这是斯基尔贝克课程开发"情境模式"的基本做法。①

三、文化融入原理

在不少人的眼睛里，课程就是分门别类的"学习材料"。当我们走出这种视野，把课程理解为每一个人活生生体验到的存在的时候，课程就具有了全新的含义，它不再只是一堆材料，而是一种可以进行多元解读的"文本"。通过"解读"，我们可以获得多元话语，可以得到关于课程的独特理解。派纳说：课程是一个高度符号性的概念，它是一代人努力界定自我与世界的场所。它允许人们从不同的视域来理解课程，通过个性化的"复杂会话"，课程那被久久遗忘的意义得以澄明："学校课程的宗旨在于促使我们关切自己与他人，帮助我们在公共领域成为致力于建设民主社会的公民，在私人领域成为对他人负责的个体，运用智力、敏感和勇气思考与行动。"在这里，"课程不再是一个事物，也不仅是一个过程。它成为一个动词，一种行动，一种社会实践，一种私人的意义，一种公共的希望。"②

当下，有不少学校的课程建设还只是课程建设"这件事"而已，他们很少思考课程内蕴的价值观与理念，很少将文化融入课程，似乎课程与文化无关，只需要投入力量"建设"即可，只需要"开发"即可。这些学校所做的教育往往是"无态度的教育"，所开发的课程往往是"没有课程观的课程"。由此，点状的、碎片化的课程比比皆是；没有明确的目标指向，价值取向不清晰的课程也是常态。可以说，杜绝"没有课程观的课程"是当前课程改革的重要议题。

---

① 黄光雄，蔡清田.核心素养：课程发展与设计新论[M].上海：华东师范大学出版社，2017：132—137.
② 张华.走向课程理解：西方课程理论新进展[J].全球教育展望，2001(7)：40—48.

派纳说:课程是一种复杂的会话。① 理解课程意味着从不同"视域"理解课程、建构课程的意义;课程理念不是被动依附于实践,而是把实践作为反思和解读的文本以及需要被理解和建构意义的"符号表征"。于是,课程领域便转变为"多元主义的课程理解"。课程即"复杂的会话"。要把当代课程领域理解为"话语""文本",通过话语来对待、分析学校内所发生的事情,反思情境,形成语言以更仔细、更准确、更充分地描述和理解这种情境。如此一来,每一所学校都可以有自己独特的课程文化,都可以有自己独特的课程哲学,并让思想的光辉映照学校课程。

四、目标导引原理

现代课程理论之父泰勒在他的专著《课程与教学的基本原理》一书中,提出了课程开发的"泰勒原理"。② 由此,他建立起了课程研制活动的四个基本环节:确定基本目标,选择学习经验,组织学习经验,评价学习结果。

笔者认为,学校课程变革不是漫无目的的"撒野",而是基于目标的导引,建构学校课程体系的过程。学校课程设计在实践中,具体操作如下。首先,确定学校育人目标。育人目标的确立必须依据全面发展的教育方针要求,结合学校课程理念,精准地确定学校育人目标。其次,厘定学校课程目标。学校课程目标是育人目标的年段要求和具体表现,它可以对照国家课程方案的要求和学校的特定实际。最后,建构学校课程体系。基于课程目标,建构学校课程体系:横向上,要求对学校课程进行逻辑梳理与分类,搭建学校课程结构;纵向上,要求按照年级与学期时间序列匹配课程,形成可见的课程图谱。可以说,学校课程体系建构是目标导引的理性精神照耀学校课程变革的过程。

---

① 王永明.威廉·派纳对美国课程的反思和重构——派纳的课程观述评[J].教育学报,2014(5):27—34.
② [美]拉尔夫·泰勒.课程与教学的基本原理[M].施良方,译.北京:人民教育出版社,1994:17.

五、扎根过程原理

英国课程学者斯滕豪斯在 1975 年出版的《课程研究与研制导论》中,首倡课程开发的过程模式。① 过程模式重视基于"教育宗旨"的课程活动过程,强调通过对知识形式和活动价值的分析来确定内容,主张通过加强教师的发展来激活学校课程,要求教师在课程开发过程中,通过反思澄清隐含在课程实践过程中的价值要素,提升课程变革的价值理解力和判断力。因此,课程变革必须激活包括教师和学生在内的课程实践过程,回归课程的实践旨趣。

美国课程学者施瓦布认为:课程是一个相互作用的"生态系统",它建立在对课程意义的"一致性解释"基础上,通过这个"生态系统"要素间的相互理解、相互作用,实现学生学习需求的满足和德性的生长。② 的确,课程对人的成长与发展的影响是整体性的,其内在的力量是系统发生的,需要多维度地系统聚合,以促进课程与生活的全面融通。因此,多维的课程实施路径、多元的课程评价方法以及多角度的课程管理体系是学校课程深度变革的"生态系统"。推进学校课程深度变革必须激活这个"生态系统",才有可能真正使得学校课程变革"扎根过程",才有可能真正触及每一个儿童真实的自我,帮助他们获得独特个体的成长经历与体验。

总而言之,基于立德树人的学校课程需要依据上述五个原理来设计和推进。泰勒认为,课程研究必须关注"四个基本问题":学校应该达到哪些目标?提供哪些教育经验才能实现这些目标?怎样才能有效地组织这些教育经验?我们怎样确定这些目标正在得到实现?这四个基本问题构成了课程与教学的基本原理,为课程开发提供了坚实的理论基础和可靠的实践范式。笔者汲取诸

---

① 单丁.西方课程流派研究[M].济南:山东教育出版社,1998:484—503.
② 单丁.西方课程流派研究[M].济南:山东教育出版社,1998:236.

家观点,创造性地将泰勒的"四个基本问题"发展为学校课程实践的"五个基本原理":(1)聚焦学习原理:倾听儿童是学校课程的内核;(2)情境慎思原理:清晰学校课程变革的家底;(3)文化融入原理:让学校课程充满文化气息;(4)目标导引原理:确保学校课程变革的理性精神;(5)扎根过程原理:展现活跃的课程变革图景。这五个原理是对课程现象、课程关系及其矛盾运动的理性认识,是建立在客观的课程事实、课程现象基础上的,通过归纳、演绎等科学方法,由概念、判断和推理构成的观念体系。笔者将这一理论发现命名为"首要课程原理",其内在关系如下图所示(见图 3-1)。

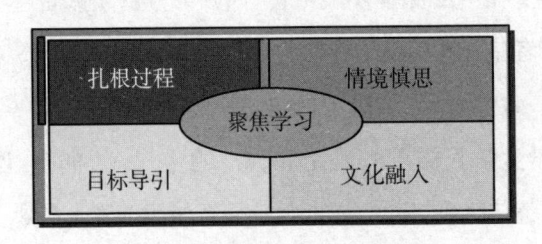

图 3-1 "首要课程原理"架构图

应该说,"首要课程原理"是基于 20 世纪以来的课程研究成果,在批判继承的基础上建构的整合性的、富有实践感的课程开发理论。它有着自己的独特的形式结构,是由不同要素构成的复杂思想体系,是原子性与整体性的有机统一。它不是金科玉律式的僵化教条,而是有待改进的学校课程变革建议;不是封闭的符号化知识体系,而是动态的开放性观念体系。"首要课程原理"具有实践浸润性,不是理论循环自证的形上之思。它是为了课程实践,通过课程实践,在课程实践中生长的课程理论。

▲ 第 4 问 ▲

在学校整体课程规划过程中，如何才能看得见课程的历史脉络、空间的育人价值和课程的主体存在？怎样才能避免学校课程规划中的语境遮蔽现象？

> 语境遮蔽使学校课程发展陷入没有前因后果的文化断裂状态，对学校课程的历史与现实、空间与资源、个体价值和社会责任模糊不清，必然无法设计出符合学校实际的课程哲学和富有质感的课程框架。

按照语境论的观点，课程是一种语境实在，是"语境中的行动"或"历史事件"，是能动主体在语境中展开的行动，与其当下的和历史的语境不可分割。[1] 但是，不少学校的课程规划遮蔽了历史和时间，看不见空间和资源，忘却了主体和立场，变成了没有语境、没有根脉的课程，成为了"抽象的课程"。

一、时间遮蔽与课程的历史感

课程是时间性存在，内含共时性要素与历时性要素，是共时性与历时性的

---

[1] Pepper, S. World Hypotheses: A Study in Evidence [M]. Berkeley: University of California Press, 1942:232.

统一。海德格尔认为:时间是领悟存在的前提境域,时间的全部意义就在于领悟和揭示存在的意义。在他看来:"此在的本真状态与非本真状态这两种基本的生存可能性在存在论上根据于时间性的诸种可能的到时。"①由此可见,时间性对于此在的本真状态和非本真状态具有根基性作用。海德格尔认为,时间性的本质就在于到时候(zeitigen),即过去、现在和未来的相互通达,是流动,而不是凝固。用海德格尔的原话说就是,"如此这般作为曾在着的有所当前化的将来面统一起来的现象称作时间性"②。这种相互通达不仅仅是事实上的活动,而且是一种可能性。

时间是一种视角、维度和眼光,教育变革需要从时间角度审视、设计和推进。③ 每一所学校都有自己的"时间简史",但是很多学校的课程,却看不到它的来龙去脉,学校课程的过去、现在和未来被遮蔽,学校的文化背景与现实情境被遮蔽,学校课程的独特性和文化根脉也因此被遮蔽,课程的人学可能性当然也被大大降低。课程是面向可能性的事件,为从时间角度把握课程的"过去、现在和未来"的相互通达,学校课程探究要有"时间智慧"。

二、空间遮蔽与课程的在场感

人是一种空间性存在。④ 因此,为人的课程也是一种空间性存在,具有自然空间与社会空间之因子,是自然空间与社会空间的统一。

海德格尔说:"空间(Raum),即 Rum,意味着为定居和宿营而空出的场地。

---

① [德]马丁·海德格尔.存在与时间[M].陈嘉映,王庆节,译.北京:生活·读书·新知三联书店,1987:362.
② [德]马丁·海德格尔.存在与时间[M].陈嘉映,王庆节,译.北京:生活·读书·新知三联书店,1987:387—389.
③ 李政涛.教育与永恒[M].上海:华东师范大学出版社,2019:45—46.
④ 史现明.海德格尔空间观念的多重意蕴[J].江汉论坛,2018(8):77—81.

一个空间乃是某种被设置的东西,被解释到一个边界中的东西。"①海德格尔的空间概念是和人的生存密切相关的,指向"生存意义",致力实现"诗意栖居"。对于海德格尔来说,真理就是"解蔽"和"在场",而"在场"就是空间性存在,真正的空间包含了"真理"的成分。从存在论视角看,自然只是"在世界中可能的存在者之存在的一种极限状况,也是世界之现象的一种极限状况"②。以物为参照系来理解空间是本末倒置,因为物作为空间性存在起源于此在生存的世界,而不是相反;物是因为在世界之中与人"照面"才是其所是,物首先是在栖居意义上说的,其本质是人之此在。

空间是一种价值观,具有独特的育人价值。③ 自然空间中有课程基因,社会空间中也有课程踪影,不管是自然空间,还是社会空间,都蕴含着教育意义。但是,不少学校漠视空间的教育价值,对空间的课程维度缺乏应有的敏感,包括对学校内和学校外的自然空间和社会空间缺乏应有的关注。自然内蕴教育的原初智慧,让儿童感受自然的奥秘是课程的应有之义,让儿童远离"自然缺乏症"是课程的分内之事。社会是教育的基本维度,教育空间绝不止于学校,博物馆、美术馆、图书馆、街道社区、游乐场……都是教育的空间,都可以成为课程资源。空间的气息是生命的气息,当空间的教育价值被遮蔽时,课程便丧失了生命的活性;当所有的空间都汇聚成一本书时,"完整的课程"便露出端倪,教育的伟力便初步显现。

三、主体遮蔽与课程的责任感

课程为了谁?这是谁的课程?这些问题一直是被遮蔽的,似乎不用问,也不用说。在课程开发方面,人们关心"什么知识最有价值"甚于"谁的知识最有

---

① [德]马丁·海德格尔.面向思的事情[M].北京:商务印书馆,1996:15.
② 屠兴勇."空间性"的现象学沉思[J].贵州师范大学学报(社会科学版),2009(4):99—104.
③ 李政涛.教育与永恒[M].上海:华东师范大学出版社,2019:54—55.

价值"。普遍的问题是:学校课程价值定位的知识取向凸显,人的迷失成为学校课程常态。

人是课程的前置因素,是课程的首要定义。派纳认为:课程即"自我履历",课程是存在体验,是"具体存在的个体",是活生生的存在。"人的经验的中心是其特殊性","人的生活的深刻性只能在独立个体的领域中探寻"。① 课程是个体解放和意义获得的过程,不论是教师还是学生,都是课程意义的参与者和创造者,他们不是孤立于课程之外的,而是课程的有机构成部分。教师即课程,学生即课程,他们以全部的情感和生活参与到课程创作之中。学校课程的主体遮蔽,本质是将师生排斥在课程之外的,让师生跟随在知识目标的后面亦步亦趋。

人不是孤立的,为人的课程因而也不是孤立的,它具有社会建构的属性。美国当代批判课程论者弗雷尔指出:课程不是静态的产品,而是反思性实践,是相互作用的真实情境;反思性实践是社会性实践,是在与世界、社会和文化的互动中进行的;反思性实践是一种批判性实践,是意义创造过程。② 可以说,课程作为反思性实践本质上是将知识视为社会建构的过程,是师生共同参与意义创造与社会实践的过程。

"意义与语境是本质地联系在一起的","意义是在特定的语境中实现的"。③ 人是语境的目的,也是语境的构成。人蕴含了课程的全部秘密,脱离特定主体的、抽象的课程是没有意义的,真正有意义的课程是师生参与其中的,反映学习者的兴趣、需要和取向的,是教师意识到且能驾驭的课程。因此,师生是学校课程发展的主体,是课程情境分析的一个重要维度。摸清学生的学习需求,知晓社会对学校课程的要求,明确教师的课程能力,是学校课程情境分析的重要内容。如果看不到教师、学生与环境的相互作用,那么这种主体遮蔽必然

---

① Pinar, W. F. The Abstract and the Concrete in Curriculum Theorizing [J]. Curriculum and Instruction: Alternatives in education, 1981:434.
② 单丁.课程流派研究[M].济南:山东教育出版社,1998:312—313.
③ 郭贵春.走向语境论的世界观[M].北京:北京师范大学出版社,2012:363—364.

导致学校课程发展方向的迷失,必定使其在价值定位上感觉不到课程的需求者和参与者的立场。

总之,语境遮蔽将使学校课程发展陷入没有前因后果的文化断裂状态,对学校课程的历史与现实、空间与资源、个体价值和社会责任模糊不清,必然无法设计出符合学校实际的课程哲学和富有质感的课程框架,学校课程也会因离开"生活世界"而变得没有生气。推进学校课程变革,需要从时间、空间以及主体角度探寻学校课程的文化情境;提升学校课程品质,需要从时间、空间以及主体角度建立学校课程的语境逻辑。

▲ 第 5 问 ▲

学校整体课程规划应从哪里入手？如何分析一所学校的课程情境？学校课程情境分析包含哪些内容？如何进行学校课程情境分析？

> 学校课程总是处于一定的情境脉络之中，是特定语境下的产物。学校整体课程规划必须探明学校课程情境及其内在逻辑，强化对学校课程情境的多维理解，使学校课程情境的要素、联结和效应获得系统分析和合理说明。

何谓学校课程情境？我们认为，学校课程情境是影响学校课程发展的情境脉络和文化背景，是学校课程发展在时间、空间以及在其间一切可观察的和不可观察的系统集合。学校整体课程实施规划要注意把握学校课程情境的基本特征，运用学校课程情境的 T-PS 分析模型，为学校课程情境分析提供思路和工具。[①]

一、学校课程情境的基本意涵

学校课程情境是学校课程变革置于其中并受其影响的文化背景和育人情

[①] 杨四耕.学校课程情境的语境论特征与分析模型[J].教育学术月刊，2022(12)：3—9.

境,是课程育人的意义扩展的切入点和文化涵养的重要来源。语境是具有本体论性的实在。① 作为课程发展语境的学校课程情境具有客观实在性与主观赋意性、文化传承性与应时发展性、整体囊括性与矛盾转换性、意域潜在性与对话依赖性、现实差异性与特色累积性等特征。

(一) 客观实在性与主观赋意性

学校课程情境本质上是一个动态的教育进程,是一个具备时空要素和关联紧密的场。它既是一个蕴含着课程要素和内在动力的复杂整体,又是一个涵摄内外时空的开放系统。② 学校课程情境具有客观实在性,是不以人的意志为转移的客观存在,有其自身发展的规律。学校课程发展总是在特定的情境中进行的,不管人们的主观愿望如何,也不管人们是否"看见"它,都无法阻隔它的存在及其影响。同时,学校课程发展客观上又构成其现存情境并对之产生一定的影响,人们同样不能无视和阻隔这种影响。

有学者认为:语境约定了意义,是意义的判断标准;对特定语境结构的理解,就是接受相关意义的可能性条件。③ 学校课程情境是客观的,也是可知的,人们可以发现、以丰富内涵赋予学校课程情境。换言之,学校课程情境具有主观赋意性,人们可以在特定语境或问题框架中赋予学校课程情境以约定性假设。对于不同学校的课程情境,人们则会给予不同的约定性假设。正是在这一约定之中,体现出学校课程情境所具有的不可通约性。这是因为学校课程情境虽然具有客观实在性,但这并不意味着对它的赋意具有普遍性和随意性。恰恰相反,"只有在一个确定的语境中,人们才可以通过特有的约定形式在不同的层面对可能的意义进行多元化的构造和说明。"④任何一次学校课程情境分析过

---

① 郭贵春.走向语境论的世界观[M].北京:北京师范大学出版社,2012:362.
② 谢翌,罗玉莲.解读课程情境:心理场论作为课程理解的方法论[J].师资培训研究,2004(4):16—21.
③ 郭贵春.走向语境论的世界观[M].北京:北京师范大学出版社,2012:364—365.
④ 胡瑞娜.20世纪反实在论语境分析方法的建构[J].哲学研究,2005(11):49—54.

程都必须在具体的、特定的、确定的语境中进行。只有在特定语境框架内,学校课程情境的主观赋意才具有历史合理性和文化韵味感。

(二) 文化传承性与应时发展性

学校课程情境是一种文化存在,具有文化传承性。从根本上看,文化传承性是学校课程发展各要素特定联系方式所表现出来的"文化惯性"。学校课程情境一旦形成,就具有了一定的稳定性。这种稳定性表现在:学校多年来形成的办学传统、制度规范、文化风俗、价值观念等是不可以朝令夕改的;学校办学历史中的典型事件、理念话语、优秀事迹等被长期传诵与反复提起;学校课程内在构成要素包括的育人目标、知识经验、学习活动方式等具有相对稳定性;学校课程环境,课程决策者、设计者、实施者、管理者以及相应的资源条件及其组合方式也具有稳定性;任何学校的课程结构都是人、社会、知识等客观因素对课程制约的产物,亦具有稳定性。这些稳定性其实是历史传承性的具体表征。

当然,学校课程情境是不断发展变化的,一成不变的学校课程情境是不存在的,无论是学校课程情境各要素本身,还是各要素间的相互关系,抑或是情境因素对课程活动的作用,都是不断发展变化的。学校课程情境根植于社会土壤,表征着学校发展情况。随着社会发展变化,学校课程情境也会在历史际遇中得到丰富和完善,学校课程情境也因而具有应时发展性。因此,研究学校课程情境不仅要认识其现状,还要认识其变化发展规律,善于对学校课程情境作动态考察,深刻理解社会诸要素如何通过各种途径进入学校课程情境,从而对学校课程发展产生影响的,以及其影响方式是怎样的,效果如何评估等。这是课程理解力的重要方面,也是课程自觉的具体表现。[①]

学校课程情境的文化传承性与应时发展性是辩证统一的。正如叶澜教授所指出的:学校文化本身也应体现指向未来和超越的本质,真正面向未来的学校文

---

① 杨四耕.自主性变革:走向课程自觉的美好境界[J].中国教育学刊,2020(5):66—70.

化是扎根于传统与现实的文化土壤中,且能孕育出超越历史与现实的文化。①

(三) 整体囊括性与矛盾转换性

学校课程是一个可控的系统,不论是课程理念,还是课程目标,抑或课程内容与实施,都是学校在课程实践中不断加以调整和推进的,由此"演绎"而成的学校课程情境当然也是一个系统整体。"语境原则在本质上就是整体性原则","语境中的每一个基本要素都不可能彼此孤立地存在,相反,它们都是整体语境中的一个有机组成部分"。② 学校课程情境的整体囊括性是指学校课程情境的各要素以及全过程构成一个系统整体,它们既各自从不同的方面和不同阶段对学校课程产生影响,又作为一个结构化系统对学校课程发展产生整体性影响。因此,对学校课程情境进行综合分析,既要全面把握学校课程发展过程的各个维度和要素,又要深刻理解学校课程发展全过程的不同阶段和情况,形成对学校课程情境的整体认识和纵深把握。

语境是结构性的存在,意义存在于语境的结构关联之中。③ 学校课程情境各要素与全过程运行是课程系统多层次、多因素矛盾转换的过程,具有矛盾转换性,既包含学校课程系统内部要素的矛盾转换,如课程理念、课程功能、课程目标、课程类型、课程内容、课程实施方式之间的矛盾转换;又包含学校课程与外部因素之间的矛盾转换,如社会政治、经济与文化等对课程理念、目标、内容和实施的影响。历史地看,恰恰是学校课程发展诸矛盾转换的特征彰显出学校课程情境的整体囊括性。

(四) 意域潜在性与对话依赖性

学校课程情境具有潜在意域,需要通过课程探究或对话唤醒其内在价值与

---

① 叶澜. 试论当代中国学校文化建设[J]. 教育发展研究,2006(8A):1—10.
② 胡瑞娜. 20 世纪反实在论语境分析方法的建构[J]. 哲学研究,2005(11):49—54.
③ 郭贵春. 走向语境论的世界观[M]. 北京:北京师范大学出版社,2012:364—365.

意义。语境论注重动态活动中真实发生的事件和过程,即在特定时空框架中不断变化着的历史事实。可变的事件本身具有主体的目的和意图,主体参与到了事件和语境的构造中,同时,语境反过来也影响到了主体的行为,这是一种相互促动的、关联的实在图景。① 学校课程情境的意域潜在性是相对学校课程发展过程而言的。从语境论观点看,学校课程情境中的实体、事件以及现象等是相互关联的,不同的语境会形成不同的理念和立场,因此学校课程哲学就会具有不同的表述及意义。由此,学校课程情境具有的本体论性使之成为判断意义和价值的本质基元,具有意域潜在性,对学校课程发展具有潜在的影响。

当然,这种潜在的影响要依赖课程探究或对话才能显现出来,这就是学校课程情境的对话依赖性。意义与语境是本质地联系在一起的,没有围绕特定课程情境的探究与对话,学校课程情境的意义就无法得以显现。"语境的本体论性决定了它的约定性,它的约定性是以本体论性为前提的。语境的约定性只是展示了意义的各种可能的现实性,而不是它的本质的存在性。"② 因此,语境先于意义,意义依赖语境。学校课程情境彰显了学校课程发展的方向和意义之可能,它是学校课程发展的语境逻辑,为架构学校课程理念、目标、内容、实施和评价等提供了重要依据。

(五) 现实差异性与特色累积性

每一所学校由于其历史和现实条件、课程发展的路径和实践不同,学校课程情境会呈现出很大的现实差异性,从而形成各具特色的"学校课程史",这对学校课程实践丰富的学校来说更是如此。学校课程情境的现实差异性不仅存在于不同学校之间,就是同一所学校的不同发展阶段也会表现出很大的不同。对学校课程情境进行分析既要分辨不同学校的现实差异并把握造成现实差异的原因,又要关注一所学校不同发展阶段的课程发展状况,对学校课程情境作

---

① 殷杰.语境主义世界观的特征[J].哲学研究,2006(5):94—99.
② 郭贵春.走向语境论的世界观[M].北京:北京师范大学出版社,2012:364.

分期研究,把握不同发展阶段的情况及其联系。

学校课程情境的现实差异性,使其育人方式表现出很不一样的样态,这导致学校培养出来的人,包括学生的发展状态和教师的专业状态也往往很不一样。因此,学校课程情境的现实差异性在一定程度上体现了一所学校的课程特色和创新,学校课程情境在不同阶段的特色和创新具有累积性,这构成了学校课程情境的特色累积性,学校课程变革往往是由小到大、由点到面,不断累积成大的、整体的变革。语境是有序与无序、偶然与必然的统一。对学校课程情境进行分析,要深入到具体的历史细节中去作细致的、可信的陈述,要把握学校课程改革过程中的各种"小事件""小创新"及其积极意义。

总之,"语境从时间和空间的统一上整合了一切主体和对象、理论与经验、显在与潜在要素,并通过它们有序的结构决定了语境的整体意义。语境的实在就体现在这些结构的现存性及其规定性之中,并通过这种结构的现实规定性展示它一切历史的、具体的动态功能。"[①]学校课程情境的上述特征,对于我们把握学校课程发展状况,发现学校课程情境中所蕴含的思想痕迹和价值内核,探寻理想的、规范的、抽象的学校课程哲学,凸显"学校课程史"的当下意义,是有方法论启迪的。

二、学校课程情境的分析模型

语境论是一种世界观与方法论,它强调从综合的和动态的视角审思事物及其发展。[②]历史是凝重的,它定格在过去,潜隐于现在,折射着未来。学校课程发展是一个连续的过程,每一项变革都只是这个连续过程中的一个阶段或者环节,它既承接历史,也导向未来。当我们继续前行的时候,有必要回首一望:我们的历史方位在哪里,我们立足怎样的文化背景,我们要到哪里去,我们都做了

---

① 郭贵春.走向语境论的世界观[M].北京:北京师范大学出版社,2012:代序 7.
② 郭贵春.走向语境论的世界观[M].北京:北京师范大学出版社,2012:代序 9.

些什么,有哪些经验教训;我们现在正做着什么,如何面对那些成就,如何研究存在的问题,有哪些经验教训值得总结,未来我们将走向何方。了解学校课程情境是理顺学校课程发展思路的基本前提,推进学校课程深度变革需要笃信"情境慎思原理"。①

影响学校课程发展的因素是复杂多样的。陈侠先生认为,学校课程受到经济制约或生产制约、政治制约或目标制约、文化制约或知识制约、学生制约或儿童制约。② 这些因素是学校课程情境分析需要关注的。蔡清田认为,学校课程情境分析主要包括:分析过去与现在的课程发展状况、当前学校课程发展的需求、学校课程发展的影响因素、学校课程发展的方向与特色。③ 富兰等人将影响课程变革的因素分为四类:(1)课程变革的特征;(2)学区的特征;(3)学校的特征;(4)外部环境的特征。④ 学校课程情境的构成因素涉及学校内部的一切事物,包括物质的、精神的、有形的、无形的,同时还涉及到学校外部的诸多因素。这些因素有的对学校课程发展起着直接的、关键的作用,有的则起着间接的、一般的作用。

学校课程情境的构成要素是多元的、多层的、复杂的。从语境论角度看,学校课程情境分析可以分为客体集 P、主体集 S、时序集 T 等三个部分。其中,客体集 P 是学校课程情境的客观构成要素之集合,这些元素具有明显的客观性、历史性和现实性。客体集 P 是学校课程情境的组成部分,如空间、资源、设备等,有无穷多项。我们将客体集 P 表示为:客体集 $P=[P_1,P_2,P_3,P_4\cdots]=$[客观的、历史的、现实的情境要素]=[空间,资源,设备……]。主体集 S 是主体分析学校课程情境的思路、工具和方法等要素之集合。主体是学校课程情境的分析者或参与者,主体的专业水准、价值取向和参与程度等影响着学校课程发展。

---

① 杨四耕.首要课程原理:学校课程发展的整合性架构[J].江苏教育,2019(8):7—10.
② 陈侠.再谈课程原理[J].课程•教材•教法,1989(5):13—16.
③ 蔡清田.学校整体课程经营——学校课程发展的永续经营[M].台北:五南图书出版公司,2002:40—60.
④ 张华.课程与教学论[M].上海:上海教育出版社,2000:353—358.

这些要素具有主体性、能动性和创造性。我们将主体集 S 表示为：主体集 S＝[S_1,S_2,S_3,S_4…]＝[主体的、能动的、创造的情境分析要素]＝[学校课程情境的分析者或参与者，主体的专业水准，价值取向，参与程度……]。时序集 T 是与时间关联的无限集。每一所学校的课程情境都是由学校课程发展的不同阶段构成的，每一个阶段都有相应的客体集 P 和主体集 S 参与其中，具有时序性、继承性和动态性。这一系列的因素构成了：时序集 T＝[T_1,T_2,T_3,T_4…]＝[与时间关联的动态量]＝[时序性，继承性，动态性]＝[学校课程发展阶段 1，阶段 2，阶段 3，阶段 4……]。

学校课程情境正是以上三个集合元素纵横交错、相互作用所呈现出来的整体样态。要分析学校课程情境就必须从各个元素的相互关联中寻找它的特征，分析其中的奥妙和规律。为了更好地理解它们之间的关系及其相互作用，笔者建构了学校课程情境的 T‑PS 语境分析模型（见图 5‑1），用以描述特定时间节点的学校课程情境分析的内容和工具。

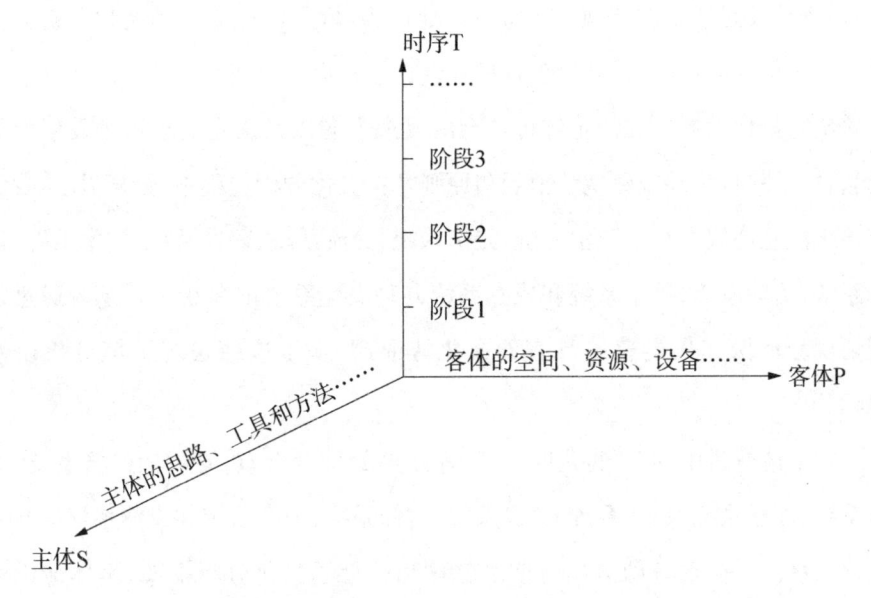

图 5‑1　学校课程情境的 T‑PS 语境分析模型

三、学校课程情境的解构策略

学校课程情境的 T-PS 语境分析模型可以用来阐释学校课程发展的不同阶段中客体和主体的运动变化情况,从而清晰地梳理学校课程哲学及其实践框架,强化对学校课程情境的语境结构的多维理解,使学校课程情境的要素、联结和效应获得系统的分析和合理的说明,避免学校课程情境分析的随意性和盲目性。下面,笔者将介绍学校课程情境的 T-PS 语境分析模型在宏观、中观和微观课程情境分析中的运用方法以及解构策略。

(一) 宏观情境分析

学校课程发展的宏观情境分析既要分析社会政治、经济与文化背景,又要分析国家教育方针、课程政策以及课程改革的基本走向。英国课程学者劳顿指出:课程开发必须关注宏观文化背景。他认为,旨在课程规划的文化分析会涉及这样一些问题:现行社会是怎样的社会?该社会在以何种方式发展?社会成员希望它如何发展?在决定这种社会的发展方向以及决定实现这种发展所需的教育手段时,将涉及哪些价值观与原则?在文化分析过程中,劳顿提出,我们应该把注意力放在社会政治系统、经济系统、交流系统、理性系统、技术系统、道德系统、信仰系统、美学系统和成熟系统九种文化系统的分析上。笔者通过宏观情境分析探究人类普遍具有的文化特征,并基于这些宏观情境分析研制课程。[1]

在上述分析中,基于特定时序 T,客体集 P 即社会政治系统、经济系统、交流系统、理性系统、技术系统、道德系统、信仰系统、美学系统和成熟系统这九种文化系统。主体集 S 即劳顿所谓的哲学和社会学文化分析框架,具体地说就

---

[1] 单丁.课程流派研究[M].济南:山东教育出版社,1998:444—445.

是:首先讨论哲学问题,通过分析人类文化的共同特征,确定教育目的及知识价值观;其次讨论社会学问题,通过分析特定社会文化的变量,判断现存社会性质及理想的社会蓝图,确定教育的社会职责;再次着手对文化进行选择;最后把心理学理论应用于课程编排过程。①

学校课程生成于特定的时代背景与文化架构之中,是文化选择的结果,我们不能脱离社会现实在真空中开发课程。学校领导团队要注意分析社会、政治、经济与文化发展以及国家课程改革政策,只有在情境分析的基础上,才能准确把握学校课程变革的宏观背景,深刻理解课程变革的文化架构,进而准确地揭示课程变革的本质,制订出符合学校发展实际的课程方案。

(二) 中观情境分析

学校课程发展的中观情境分析主要包括学校所在区域实际、社区资源以及家长期望和要求。我们可以通过走访、座谈、问卷、观察、资料查阅等方式,确定在地文化资源状况,分析这些本土资源的可利用性以及社区对学校课程变革的支持性和可行性,研究家长参与课程变革的可能性和具体要求等。

在上述分析中,基于特定时序 T,客体集 P 即学校所在区域实际、社区资源以及家长期望和要求。主体集 S 即走访、座谈、问卷、观察、资料查阅等分析工具和做法。区域是学校课程发展的重要支撑,社区是学校存在的环境,学校课程发展需要得到区域和社区的广泛支持。学校应尊重家长在学校课程建设上的合理意见,认真分析家长对自己孩子的发展和学校课程方面的期望。此外,学校课程发展还要充分考虑大众媒体的因素,注重对校外教育机构因素的分析。因此,学校应充分把握学校课程中观情境,以利于推进学校课程变革。

---

① 黄光雄,蔡清田. 核心素养:课程发展与设计新论[M]. 上海:华东师范大学出版社,2017:132—133.

(三) 微观情境分析

学校课程发展还要对学校微观情境进行分析,将关注的焦点放在学校的具体情况和师生方面。英国课程学者斯基尔贝克说:"设计课程的最佳场所在学生和教师相处的地方。"他将学校课程情境分析的焦点放在具体的学校及其教师上,认为教师要通过教会学生领悟文化价值,掌握用以解释文化的各种结构和各种符号系统来改造学生的经验。[①]

笔者以为,学校微观情境分析主要包括:(1)学生,学校课程变革首先要基于对学生的分析研究,主要包括学生数、年龄状况、男女生比例、家庭背景,以及知识、能力、兴趣、爱好等;(2)教师,作为学校课程发展的核心要素,教师的专业素养直接关系到课程发展的水平,教师情况分析包括教师数、年龄分布、性别比例、学历结构、职称结构、专业结构、政治成分结构、身体健康状况、师生比、工作负荷、学术专长、事业心、责任感、合作态度等;(3)学校,分析要素包括组织架构、课程资源和课程制度,学校的组织架构是为实现教育目标,经由分工与合作,制订不同层次的权利和责任制度,从而构成的人群集合系统,课程资源状况则包括人力资源、财力资源、物力资源、时间资源、信息资源等,课程制度则包含师生参与课程活动的基本准则和学校管理课程的制度规范等。对这些情况进行分析需要细致的调查和数据统计,有针对性地对影响学校课程发展的因素作出分析和判断。

在学校课程微观情境分析中,基于特定时序 T,客体集 P 即学生情况、教师情况和学校情况,主体集 S 即把握学校课程微观情境因素的具体分析方法,主要有五种:一是内外兼修方法,将学校课程史(内史)与学校发展史(外史)兼容合并分析;二是古今统一方法,把学校课程的"过去历史"与"当下走向"结合起来研究;三是史论结合方法,把学校课程史与学校课程哲学结合起来讨论;四是历时共时方法,同时运用历时的纵向研究方法和共时的横向研究方法来确定学

[①] Skilbeck M. School-Based Curriculum Development [M]. London: Harper & Row. 1984:99-101.

校课程历时态的各种思想、观点的关联和共时态的各种行动、思想、观点及文化的关联;五是SWOT分析方法,就是分析学校课程发展的优势(Strengths)、劣势(Weaknesses)和机会(Opportunities)、威胁(Threats),对学校课程发展作出清晰、准确的研究,根据分析结果制订课程发展方略。

总之,课程研究是场景化的,必须深刻理解特定场景中的课程实践。运用学校课程情境的T-PS语境分析模型可以比较好地把握特定时间段的学校课程宏观、中观和微观情境,有利于研判特定场景中的学校课程哲学和课程实践策略,推进学校课程深度变革。

▲ **第 6 问** ▲

学校需要课程哲学吗？学校课程哲学的逻辑起点在哪里？如何确定一所学校的课程哲学？

> 学校课程哲学的确定需要基于学校课程情境，以"自我意识的觉醒"为起点来分析学校特定的"履历情境"，从寻找学校课程哲学的"最佳隐喻点"，进而用"本质直观"和"虚无的创造"来思考学校课程的价值追求和文化立场，重建学校教育信仰。

在不少人眼里，课程即知识，课程即学科，课程就是分门别类的学习材料。这其实是原子论、实体论课程思维的表征，是走在"课程开发"道路上的必然结论。美国当代课程学者威廉·F. 派纳（William F. Pinar）提出的"存在体验课程"呈现了另一种看法，他认为，"课程开发"不是课程的未来之路，课程的未来方向是"课程理解"，我们必须视课程为"符号表征"，用个人的视角去理解课程所承载的意义，通过"复杂的会话"，从历史的、政治的、种族的、性别的、现象学的、自传的、解构的、美学的、神学的、制度的、国际的角度解读课程的意义。① 基于"课程理解"确定学校课程哲学，赋予课程以文化属性，是学校课程

---

① [美]威廉·F. 派纳，等. 理解课程：历史与当代课程话语研究导论[M]. 张华，等，译. 北京：教育科学出版社，2003：译者前言 2.

发展的关键环节,也是"品质课程"的一个重要特色。① 这里,笔者以派纳的"存在经验课程"为理论基点,从学校课程哲学生成的前提、内核和演绎三个方面分析学校课程哲学的确立过程与方法,并辅之以合肥市蜀山区稻香村小学围绕立德树人根本任务确立学校课程哲学之案例,微观描述在学校课程之中落实立德树人价值追求的内在机制,以期为有志于提升课程品质的学校提供方法论启迪。

一、前提:课程意识的自我觉醒

学校课程哲学是学校对自身课程意义和使命的价值判断,是学校思考与处理课程实践的意义理解方式,是在历史与现实的碰撞中不断扬弃的过程。就其来源而言,学校课程哲学可以通过赋予已有课程理念新意加以优化,也可以从学校办学理念中逻辑推导,还可以从时代精神中精准提炼。

不管何种来源,学校课程哲学生成的基本前提是学校课程团队"自我意识的觉醒"。派纳认为,肯定自我意识、唤起自我意识的觉醒和提升是促进彻底文化变革的核心。② 派纳把"自我意识"作为学术关注的焦点,这源于派纳"存在经验课程"的现象学哲学基础。

派纳说:"解放是一种过程,而且它有实现的不同程度","解放本然上是暂存的,也就是说,解放并不指某种完结的或静止的东西。"③如何实现派纳所谓的过程性的、开放性的"解放"?胡塞尔现象学所倡导的"回到事情本身"是回应此问题的方法论立场。"回到事情本身"的方式是本质直观,是超越经验而到达本质观念。"事情本身"是与人相关的情境和事件,仅仅靠经验实证与自

---

① 杨四耕.学校课程变革的逻辑与深度[J].中小学教育(人大复印资料).2016(7):45—47.
② 袁桂林.派纳论"概念重构"和理解课程[J].外国教育研究,2003(1):1—8.
③ Pinar, W. F. The Abstract and the Concrete in Curriculum Theorizing [J]. Foundation Studies, 1979(1-2):3-15.

然探究是不可能实现对其本质进行理解的,它需要依托"意向性"才能直观本质。学校课程哲学是对课程现象的本质直观,是对学校课程的本质性理解。而要实现这一点,就必须"回到事情本身",也就是"回到课程现场"。这是确定学校课程理念的"现象学方法",派纳将之称为"自我履历法"。所谓"自我履历",即自我在其生活世界中的生活经验的记载,是自我意识的回归,是心灵的自由联想,是构建"有用的过去"(Usable Past),进而朝向未来之可能的创造。[①]

为此,笔者在探究合肥市稻香村小学课程哲学的时候,就采取了"现象学方法"或"自我履历法"。笔者进入学校现场,倾听教师的声音,与学校课程团队对话,"还原"学校课程实践的历程。笔者了解到:学校创办于1949年,有比较悠久的办学历史。学校践行"稻香"文化,如诗云:"雨过城荫碧潆长,画龙彩鹢斗芳塘。使君心似冰壶月,不闻荷香闻稻香。"学校在课程建设、教学改革、教育科研、家校合作等方面取得了可喜的成绩,赢得了社会的广泛赞誉。"挟乒足一体,享儒墨之风",学生博文约礼、知行合一;教师敬业爱生、笃学精技。悠久的历史书写着稻香村小学光辉灿烂的篇章,如今的学校已经成为师生发展的乐园、教育科研的沃土、社会信赖的品牌,学校是安徽省百所经典诵读工程试点学校以及安徽省足球、乒乓球传统项目学校。为此,学校顺势而为,开发了一系列深受孩子们喜爱的课程。多年来,学校教师孜孜以求、锐意进取,在特色课程开发上勤耕不辍,形成了稳定的"经典立德,乒足健体"的办学特色。与此同时,学校课程发展也面临着一系列的问题,如学校课程哲学的建立问题、教师的课程开发意识与研究能力问题、学校课程体系的丰富和完善问题、学校课程管理制度的支持和跟进问题等。

学校课程哲学是对学校课程实践经验和现实问题的本质之思,是对特定情境中课程价值的理性思考和意义创造。面对上述稻香村小学的课程现况,我们

---

① 单丁.课程流派研究[M].济南:山东教育出版社,1998:280—281.

如何思考学校课程的理念和本质呢？是让课程意识继续"沉睡"，还是"觉醒"？这两种选择暗含着对待学校课程截然不同的立场。

课程意识的"沉睡"意味着把课程视为"法定的"知识或产品，认为课程是由教育行政部门制订的，是由专家设计的，是至高无上的权力的象征；学校在课程变革中是"接受者""传递者"和"实施者"，不能有自己的课程理解，教师也因此被排斥在课程的形成过程之外。很显然，那种认为课程是"普适性的""公共的""共同的"或"普遍法则"的观点，其根本缺陷在于忽略了学校的课程权力和课程主张，是对文化育人、价值育人的一种漠视，是对学校课程领导角色与过程的否定。

课程意识的"觉醒"意味着敢于提出自己对课程的独特理解，敢于提出自己的课程哲学。学校如何看待课程的本质，如何理解特定课程的性质和价值，直接影响着学校课程品质，影响着教师对课程的系统理解与处理方式。学校课程哲学是生成的，是课程意识觉醒的结晶。从概念内涵角度看，学校课程哲学需要明确这样两个基本问题：主张什么样的课程观，反对什么样的课程观。其核心是如何对待课程、处理课程的一套观念系统。①

存在主义哲学家萨特（Jean-Paul Sartre）说：存在先于本质，人首先是他的存在、露面、出场，后来才说明自身。"只在后来人要变成某种东西，于是人就按照自己的意志而造就他自身。"于是他断言："人，不外是由自己造成的东西，这就是存在主义的第一原理。这一原理，也即是所谓的主观性。"②换言之，人必须从虚无开始按照自主意识来创造自己，并为自己的行动承担责任。按照萨特的观点，学校课程哲学其实是"按照自己的意志而造就他自身"的"虚无的创造"，是学校课程团队立足学校的"履历情境"，按照自主意识赋予课程以意义的过程。

立足学校的"履历情境"，赋予课程以意义的方式是联系性的。派纳的合作

---

① 郭元祥. 教师的课程意识及其生成[J]. 教育研究，2003(6)：33—37.
② 李清. 萨特存在主义人学思想探析[D]. 天津：天津师范大学，2014：23.

伙伴、美国课程学者格鲁梅特（Madeline Grumet）曾对"自我履历"投注了巨大的热情，她认为"自我履历"是自我的记录，是生活经验中反思自我和确证自我的一种方法，可以充分"自由联想"并进行必要的"陈述分析"。她说："课程是我们和儿童关于过去、现在和未来的集体经历（Collective Story）。"在她看来，揭示学校课程哲学的过程本质就是概念重建的过程，是"反省性检查"（Reflexive Scrutiny）的过程，也是"自我知识探求"（Pursuit of Self-knowledge）的过程。① 当我们将学校课程与世界、与他人、与自身建立起广泛联系，并展开充分的对话的时候，我们的课程意识就开始觉醒，学校课程的意义就开始激活，学校课程哲学就开始显山露水。这就要求学校课程团队通过不断地探寻，建构起学校课程与个人生活、社会环境的意义与关联，不断审思学校的历史和现实，形成个性化的课程价值判断。

二、内核：学校课程的内在信仰

派纳认为："由于工具理性的膨胀，使得理论萎缩成对预测和控制人类事物的判断和验证。"他认为："今后课程理论的研究应重建沉思的真义，而避免使理论成为实践的指导手册"，"课程理解的最终目的是对课程与课程事件赋予新的意义……它不再只是一堆学习材料或符号"。② 当下，有不少学校的课程建设还只是课程建设"这件事"而已，他们很少思考课程"这件事"内蕴的价值观与背后的理念，很少将文化融入课程，似乎课程与文化无关，只需要投入力量"建设"即可，只需要"开发"即可。这些学校的教育往往是"无态度的教育"，他们的课程往往是"没有课程观的课程"，是"没有意义感的课程"，是"没有灵魂的课程"，是无法真正落实立德树人根本任务的。由此，点状的课程、碎片化的课程比比皆是，没有明确的目标指向、价值取向不清晰的课程也是常态。可以说，杜绝

---

① Grumet, M.R. Autobiography and Reconceptualization [J]. Counterpoints, 1999, 70:24-30.
② 袁桂林. 派纳论"概念重构"和理解课程[J]. 外国教育研究, 2003(1):1-8.

"没有课程观的课程"是当前课程改革的重要议题。

学校课程哲学是学校团队对课程价值的系统感知,是学校课程设计与实施的文化影响因子。学校课程哲学作为对课程存在的反映,其基本形式是观念性质的,内蕴着课程理念及其方法论,其内核是学校教育所秉持的"信仰"或"信条"。

以稻香村小学为例,学校基于"稻香"文化,依据自身的文化积淀和现实基础,立足于儿童的成长和发展,确立了独特的教育哲学——"醇香教育"。在他们看来,"醇香教育"是散发着迷人馨香的教育,是灵魂渗着香气的教育,是以"醇香"之手段培育"醇香"之人的教育,是学校发展素质教育的个性化探索。"醇香教育"之"香"寄寓着"德香修身、书香启智、汗香健体、艺香怡情、技香勤耕"的美好课程愿景。

在稻香村小学,教育是一种浸润。气质儒雅的师生言行自带幽兰之香,书香、墨香随处可觅,文化的引领对于儿童来说是可感的。在他们看来,儿童是自然的存在,是具有蓬勃生命力的个体,是世界的未来和人类的希望。每一个孩子都是美好的天使,都有着无穷的潜力,他们所具有的诗性应该被成人世界所认知、所重视。因此,学校提出"让美好与孩子们相伴相随"的办学理念,进而就有了如下学校教育信条:

  我们坚信,
  教育是书香的浸润;
  我们坚信,
  学校是香气四溢的地方;
  我们坚信,
  每一个孩子都是美好的天使;
  我们坚信,
  让儿童带着香气成长是教育的最美图景;

我们坚信,

让美好与孩子们相伴相随是教育的神圣使命。

由此可见,学校课程哲学是教育信仰的另一种表达,是表征学校教育价值取向、思维方式、审美意趣的意义系统。意义赋予是学校课程哲学的来源,从"规则化的理论世界"走向"信仰化的意义世界"是学校课程探究的必然选择。学校课程不仅仅是知识技能的选择、传授,它更是一份信仰、一份憧憬、一份希望、一份把人引向澄澈之境的德性生成。

确定学校课程哲学本质上是寻找课程之意义的过程,是追寻课程之信仰的过程,是把立德树人价值追求落实到学校课程之中的过程,是一种内在机制。在怀特海那里,这种内在机制被称为"摄入"。怀特海说:"把具体要素据为己有的每一过程叫作摄入","每一种摄入都是由三个因素构成的:(1)从事摄入的'主体',即以这种摄入作为具体要素的现实存在;(2)被摄入的'材料';(3)'主体性形式',即这个主体是如何'摄入'那些材料的","对现实存在的摄入,也就是其材料包含现实存在的摄入,可称为'物质性摄入';而对永恒客体的摄入则可称为'概念性摄入'"。从性质角度看,摄入有"肯定性摄入"和"否定性摄入"两种。① 在学校课程变革过程中,从事摄入的主体是学校课程;被摄入的材料是人为赋予的"意义与信仰",属于"概念性摄入"的范畴;摄入的形式和方法是"自我履历""自由联想"和"陈述分析",最终结果是实现了"虚无的创造",即创造了那个被称为"学校课程哲学"的东西。当学校课程哲学所揭示的"意义和信仰"符合时代精神、契合立德树人价值取向的时候,"肯定性摄入"就会发生;反之,"否定性摄入"便会占据上风。怀特海的"摄入"理论实际上在发生学意义上,从微观领域说明了学校课程落实立德树人根本任务的内在机制和自组织过程。离开了这个微观机制和自组织过程,学校课程就很容易迷失方向,就很容

---

① 杨富斌,等.怀特海过程哲学研究[M].北京:中国人民大学出版社,2018:297—304.

易放弃其德性内涵,其落实立德树人根本任务的效果就会大打折扣。

可以说,学校课程哲学是对"没有课程观的课程"的救赎,是对"无意义课程观"的一种否定,是对立德树人根本任务之课程取向的回归。

总而言之,学校课程哲学需要基于学校课程情境,以"自我意识的觉醒"为起点来分析学校特定的"履历情境",寻找学校课程哲学的"最佳隐喻点",进而用"本质直观"和"虚无的创造"来思考学校课程的价值追求和文化立场,重建学校教育信仰,从发生学意义上去追溯立德树人是如何进入学校课程以及学校课程是如何落实立德树人的。

三、演绎:学校课程意义的澄明

派纳说:课程是一个高度符号性的概念,它是一代人努力界定自我与世界的场所。课程允许人们从不同的视域来理解,通过个性化的"复杂会话",它那被久久遗忘的意义得以澄明:"学校课程的宗旨在于促使我们关切自己与他人,帮助我们在公共领域成为致力于建设民主社会的公民,在私人领域成为对他人负责的个体,运用智力、敏感和勇气思考与行动。"①当我们将课程理解为每一个人活生生体验到的存在的时候,课程就具有了全新的意涵,它不再只是一堆死的材料,而是一种活跃的给予意义的"文本",我们可以借此形成丰富的话语,获得关于课程的独特理解。

在方法论层面,学校课程哲学的解读可以采用现象学的"本质还原法"。所谓本质还原就是"悬置"一切存在的东西,将它们搁置一边暂且不论。换句话说,现象学并不在乎这个对象是否存在,而是要探讨这个对象显现出来的本质理念是什么,是如何显现的。现象虽然是杂乱无章的,但想象力具有直观建构能力,它可以任意驰骋、自由变更,进而将其本质显现出来,形成稳定的结

---

① 张华.走向课程理解:西方课程理论新进展[J].全球教育展望,2001(7):40—48.

构。① 实际上,本质还原过程就是个体的理性自觉过程,就是个性化地解读学校课程理念的过程,就是价值判断的形成和丰富过程。

就稻香村小学而言,学校基于"醇香教育"之哲学以及"让美好与孩子们相伴相随"的办学理念,将课程理念确定为:让美好童年香气四溢。这意味着富有本校特点的"稻香村课程"将会开启每一个孩子的生命成长之旅,这里将用浓浓的书香润泽生命,用满满的美好滋养童年,用美美的世界引领童心!在这里,课程探究已不是"课程开发"的论争,而是联系内在精神世界和生活体验去寻找课程的意义和价值。② 的确,学校课程蕴涵着丰富的意义,不同主体从不同的视角可以对其作出不同的理解,这是在自我意识觉醒的前提下,在具体的意义化情境中,通过自由会话的精彩观念而诞生的,立德树人的价值追求也由此融合在学校课程哲学的阐释之中。于是,稻香村小学便有了以下学校课程理念的诠释和理解。

——在这里,课程即带香味的知识。"稻香村课程"是具身性的感悟体验课程。为了更好地生存,人们必须掌握各种各样的知识。然而,仅仅知道这些知识是没有多少实际意义的,化"知识"为"意义",化"见识"为"智识",这才是课程的真谛。在"稻香村"里,孩子们与"带香味的知识"在一起,潜心思考,用心感悟,获得对知识的完整而独特的感悟,最终使知识成为具有个性特质的"意义"和"智识",让孩子们产生满足感和获得感。

——在这里,课程即广阔的世界。"稻香村课程"是丰富学生学习经历的课程。学校即社会,作为一种特殊的育人环境,学校应该呈现儿童现在的生活,这是一种生动活跃的存在。同时,学校课程又不能仅仅局限在校园里,它有更广阔的空间,它源于自然又胜过自然,它源于社会又超越社会。从校内延伸到校外,让孩子们走出教室,走进社会,让他们通过活动体验、合作探究等方式,学会

---

① 邓晓芒.哲学史方法论十四讲[M].重庆:重庆大学出版社,2008:223.
② 王永明.威廉·派纳对美国课程的反思和重构——派纳的课程观述评[J].教育学报,2014(5):27—34.

服务、学会合作、学会沟通、学会生活,这便是课程的真义。

——在这里,课程即美好的拥有。"稻香村课程"是引领儿童走向美好的课程。学校有浓浓的书香味,更有暖暖的人情味。在美好的校园里,孩子们心怀美好愿望,涵养美好人格,奠定美好人生,信心满满走向美好未来。在温馨的环境里,每一位教师也努力成为视野开阔、心怀美好的"课程人"。

总之,课程就是让孩子们充分感受真善美,让教育对孩子们产生历久弥香的影响力。学校课程不是简单的"产品"或僵化的"材料",把学校课程理解为"话语",通过"复杂的会话"来分析学校课程理念,形成关于课程的更本质的、更充分的理解和表达,这是"课程理解"的重要任务。美国课程学者弗利纳(M. Jayne Fleener)指出:"课程不但定义了而且其本身就是学校教育的语言游戏。如果把课程看成'物'——教案、目的、大纲、教学效果——这种语言游戏反映的就是潜在的控制逻辑","如果把课程看成动态化过程,我们就需要改变课程的语言游戏和学校教育的意义结构"。[①] 每一所学校都可以有自己独特的课程语言,都可以有自己独特的课程理解和意义结构。

当然,解读学校课程理念的目的,不仅仅是为了"获得理解",更重要的是为了"改变现实";不仅仅在于"认识世界",同时也在于"改造世界"。因此,学校进一步将课程理念融入育人目标,确定育人目标为培养"品性有香、身体有力、读书有味、习惯有成、劳动有得"的"醇香少年",并基于此厘定学校课程目标;将课程理念融入课程框架,学校设置修身堂、启智馆、健体廊、怡情社、勤耕园等五大模块课程,支撑育人目标的实现;将课程理念融入课程实施,学校从"醇香课堂、醇香学科、醇香节日、醇香之旅、醇香社团、醇香赛事、醇香家庭"等多维途径推进课程深度变革,并辅之以恰当的课程评价方式促进课程实施。总之,将学校课程理念融入课程的全过程和全要素,让学校课程凸显"醇香教育"的内涵特征和文化气质(见图6-1)。

---

① [美]杰恩·弗利纳.课程动态学:再造心灵[M].吕联芳,邵华,译.北京:教育科学出版社,2013:145—146.

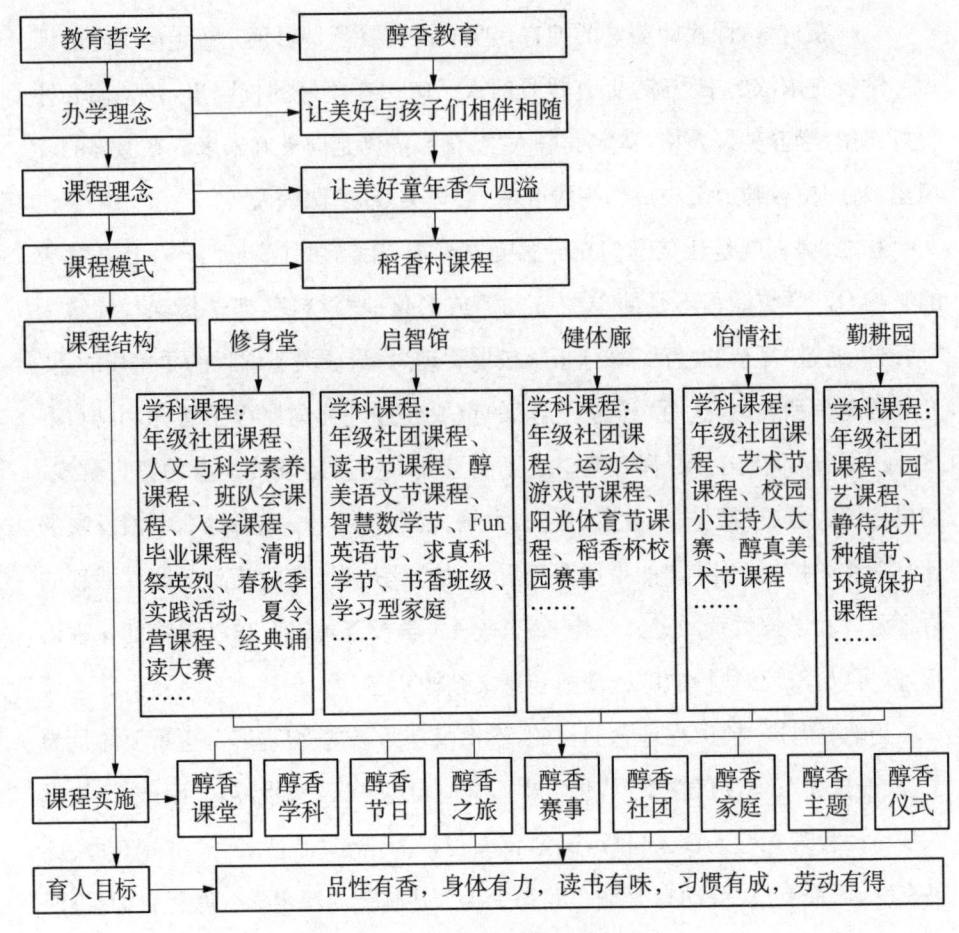

```
┌────────┐    ┌────────┐
│教育哲学│───▶│醇香教育│
└────────┘    └────────┘
┌────────┐    ┌──────────────────┐
│办学理念│───▶│让美好与孩子们相伴相随│
└────────┘    └──────────────────┘
┌────────┐    ┌──────────────┐
│课程理念│───▶│让美好童年香气四溢│
└────────┘    └──────────────┘
┌────────┐    ┌────────┐
│课程模式│───▶│稻香村课程│
└────────┘    └────────┘
```

图 6-1　稻香村小学课程逻辑图

课程结构分为：修身堂、启智馆、健体廊、怡情社、勤耕园。

修身堂 学科课程：年级社团课程、人文与科学素养课程、班队会课程、入学课程、毕业课程、清明祭英烈、春秋季实践活动、夏令营课程、经典诵读大赛……

启智馆 学科课程：年级社团课程、读书节课程、醇美语文节课程、智慧数学节、Fun英语节、求真科学节、书香班级、学习型家庭……

健体廊 学科课程：年级社团课程、运动会、游戏节课程、阳光体育节课程、稻香杯校园赛事……

怡情社 学科课程：年级社团课程、艺术节课程、校园小主持人大赛、醇真美术节课程……

勤耕园 学科课程：年级社团课程、园艺课程、静待花开种植节、环境保护课程……

课程实施：醇香课堂、醇香学科、醇香节日、醇香之旅、醇香赛事、醇香社团、醇香家庭、醇香主题、醇香仪式

育人目标：品性有香，身体有力，读书有味，习惯有成，劳动有得

笔者将学校课程哲学融入学校课程变革全过程和各要素的运作过程及其内蕴的理念摄入、涌现和自组织一般规律称为学校课程发展的"文化融入原理"。① 这一原理是笔者在大量的类似稻香村小学课程哲学确立实践的基础上，经过归纳、概括与提炼而得出的一般认识，对学校课程哲学的确立具有普遍指导意义。"文化融入原理"是学校课程实现立德树人的内在机制，是彰显学校

---

① 杨四耕.首要课程原理:学校课程发展的整体性架构[J].江苏教育,2019(8):7—10.

课程文化气质的重要方法,是学校课程领导力的一个重要指标。

在这里,笔者想借用派纳关于课程探究的"自我履历法"或"理解方法"作为这个问题的总结,以期为正在苦苦寻求学校课程哲学的校长和老师提供方法论启迪:一是回溯(Regressive),即回到过去,按原状抓住它,当它萦绕在现在之中时紧紧地抓住它;二是前进(Progressive),即想象可能的未来,注视还未出生的东西,让自己的思绪自由飞向未来;三是分析(Analytical),即批判性反思,揭示过去、现在和将来之间的意义联系;四是综合(Synthetical),即把过去、现在和未来放在一起,形成"概念完形",并阐释其中的深刻内涵。[1] 学校课程哲学由此建立,精彩观念由此诞生,学校课程由此"成为一个动词、一种行动、一种社会实践、一种私人的意义、一种公共的希望"[2]。

---

[1] Pinar, W.F. The method [M]//Toward a Poor Curriculum. Dubuque, Iowa: Kendall/Hunt Pub. Co., 1976:51-66.

[2] Pinar, W.F., Reynolds W.M., Slattery P., Taubman P.M. Understanding Curriculum [M]. New York: Peter Lang Publishing, 1995:848.

▲ 第 7 问 ▲

何谓学校课程模式?学校可以给自己的课程模式命名吗?学校课程模式包含哪些要素?这些要素之间是什么关系?

> 学校课程模式是以独特的课程理念为引领,以特定的课程结构和功能为主体内容,基于经验提炼而建构的课程实践模型。学校课程模式是学校课程实践的思维抽象,是文化自觉的具体表征。

如何寻找一条务实可靠的道路,让学校课程体系变得更活跃?笔者认为,一所学校应该有自己的课程变革逻辑,应该基于学校整体课程规划建构自己独特的学校课程模式。①

一、学校课程模式的张力

廖哲勋教授指出,课程模式是按照一定课程设计理论和一定学校的性质任务建立的、具有基本课程结构和特定育人功能的、用在特定条件下课程设置转换的组织形式。② 郭晓明教授指出,课程模式就是典型的、以简约的方式表达

---

① 杨四耕. 有逻辑地推进学校课程变革[J]. 中国民族教育,2016(Z1):24—26.
② 廖哲勋. 论中小学课程结构的改革[J]. 教育研究,1999(7):62.

的课程范式,这种课程范式具有特定的课程结构和特定的课程功能,与某类特定的教育条件相适应。课程模式既是一种结构模式,也是一种功能模式。①

综合两位学者的观点,笔者认为,学校课程模式是以学校发展背景分析为基础,以一定的课程哲学为引领,以个性化的课程结构和特定的课程功能为主要内容而建构的指导学校课程实践的运作范式。课程情境、课程哲学、课程结构、课程功能、课程实施以及课程管理与评价是学校课程模式不可或缺的构成要素。学校课程情境是课程模式的土壤,课程哲学是课程模式的灵魂,课程功能和课程结构是课程模式的主体内容,课程实施是课程模式的必要运作,课程管理与评价是课程模式的基本保障。

总体而言,课程模式是以学生发展为目标,以学校情境分析为基础,以学校教育哲学为引领,以个性化的课程结构和特定的课程功能实现为主要内容的课程综合体,是对学校课程不断解构、重组、调适的课程变革逻辑与工具,是指引学校整体课程开发的实践范式。

二、学校课程模式的特点

特定的课程情境、动态的生成过程以及多维的要素组合决定了学校课程模式有自己的特点。②

一是结构严密性。学校课程模式总是呈现自己清晰的逻辑。课程模式作为课程开发实践范式,具有观点的概括性、程序的简约性以及逻辑的严密性,是一个有着严密结构的组织化系统。一方面,课程模式的构成要素之间和要素内部组成部分之间是有机联系的,既有横向联系,又有纵向联系,横向联系也就是要素和要素内部组成部分在空间构成上要保持有规则的、恰当的有序联系;纵向联系也就是在不同学段、不同年级各要素和要素组成部分的先后承接中设置

---

① 郭晓明.关于课程模式的理论探讨[J].课程·教材·教法,2001(2):28.
② 杨四耕.有逻辑地推进学校课程变革[J].中国民族教育,2016(8):24—26.

顺序。① 另一方面,课程模式各构成要素之间及要素内部组成部分之间不是杂乱无章的堆砌,而是以一定的逻辑结构呈现,是有清晰的逻辑诉求的。课程模式的严密性要求学校课程系统不是系列课程的"碎片"或"大杂烩",而要以有逻辑的方式加以统整,使学校提供的课程是一个互相联系、彼此协调的、指向育人目标实现的有机整体,课程类别之间、课程内容之间、课程整体与部分之间有着内在的联系。课程目标之间的层次关系要与课程的整体架构保持平衡,课程内容的选择与组织要与学科的内在逻辑、学生的发展水平和社会需求保持平衡。

二是动态生成性。学校课程模式不是静止的,其建构是一个动态生成的过程,是学校课程系统随着环境的变化由平衡到不平衡,再到重新走向平衡的进化过程。在新旧需求的碰撞中,课程模式要顺利实现更替,需要具备相应的动态调适能力。课程模式的动态调适能力与课程模式的构成要素及要素内部组成部分的种类和数量密切相关。具体而言,随着学校环境的变化,课程模式的构成要素及其关系在不同条件下会发生一定的变化,通过这种调适,课程模式发展成为更为丰富和完善的整体系统。② 学校课程变革具有复杂性、生成性和创造性,是非线性的,充满着不确定性,课程模式建构要以动态的眼光积极关注新问题和新需求,及时调整实践与变革的方向,及时调整构成要素及要素内部组成部分,包括数量的变化、关系的变化、原有要素的变化和新要素的分化,不断吸收新要素,以建立新的课程系统,适应环境的变化。课程改革是进行时,那种以为学校课程变革可以因为建模成功而止步不前的想法都是幼稚的。

三是经验独特性。课程模式是情境的产物,是多样的、个性化的。各级各类学校课程模式不同,同级同类学校课程模式也不一样,这本质上是由学校课

---

① 郭晓明.课程结构论:一种原理性探寻[M].长沙:湖南师范大学出版社,2002:94.
② 郭晓明.课程结构论:一种原理性探寻[M].长沙:湖南师范大学出版社,2002,128.

程变革的实践轨迹和不同经验所决定的。课程模式指向特定的学校、特定的主体，是学校独特的课程变革实践的思维抽象。学校课程模式的独特性要求课程模式建构要以课程实践情境为依托，适应不同学校的环境特点以及学生的个性差异。可以说，个性化是学校课程模式的生命，不存在所有学校都普遍适用的课程模式。学校课程模式应结合时代发展需要、在地文化资源背景以及学校办学传统和条件，以独特的课程理念为引领，以特定的课程结构和功能体系为主体内容，基于经验提炼原则而构建。

三、学校课程模式的建构

学校课程模式建构过程实质上也是学校自主决策课程的过程，是学校运用课程自主权，致力于学校内涵发展的动态过程。一般地说，学校课程模式的生成过程如下（见图7-1）。

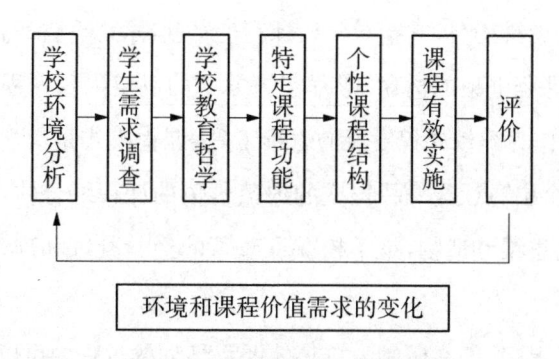

学校环境分析 → 学生需求调查 → 学校教育哲学 → 特定课程功能 → 个性课程结构 → 课程有效实施 → 评价

环境和课程价值需求的变化

图7-1 课程模式的生成过程图

学校课程模式的建构是在环境改变与矛盾运动中逐渐生成的，有其内在的逻辑结构。在学校整体课程规划过程中，我们要将学校课程模式的各构成要素尽可能想得周全一些。这样才能基于特定的课程发展情境，提出适合学校课程发展的教育哲学和课程理念，形成各要素紧密联系的课程模式（见图7-2）。

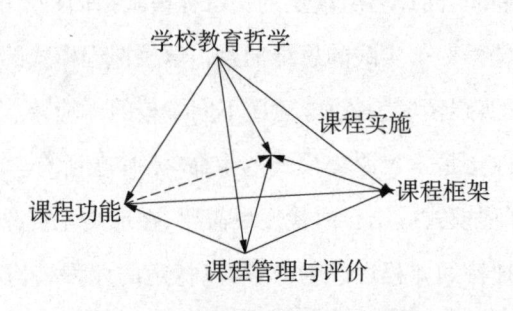

图 7-2　课程模式各要素关系图

如何理解一所学校的课程模式？可以从"点、线、面"三个维度入手。一是"点"的维度，课程模式指向为每一个学生提供适合的课程，内有一系列的课程，可以供不同个性、不同背景、不同层次的学生所享用，关注每一个孩子的成长与发展是课程模式的"点"位。二是"线"的维度，课程模式是一个生成的过程，处于从无到有、不断改进和完善的发展过程之中，是一个需要积淀、需要智慧凝聚的过程，也是一个反省实践与不断建构的过程。三是"面"的维度，课程模式是学校课程发展的思维工具，它指导学校课程变革实践，内含课程情境的分析、课程理念的厘定、课程框架的构建、课程实施方式的确定以及课程评价与保障系统的建立等。① 作为学校课程发展的思维工具，课程模式是对学校课程变革的模型描述，是一个由"点、线、面"构成的内蕴价值的课程综合体，是学校课程发展到一定阶段的思维创造物，是学校课程改革的经验凝练和理性抽象，是值得鼓励和倡导的。

在这个意义上，我们在研制学校整体课程规划的过程中可以结合实际给学校课程模式命名。例如，重庆市谢家湾小学的"小梅花课程"、上海市黄浦区中华路第三小学的"百草园课程"等，都是基于文化自觉而建构的有特点的学校课程模式。在学校整体课程规划过程中，学校课程模式的命名方法通常有哪些？笔者的经验表明，学校课程模式主要有三种命名方法：一是具象词命名，如"大

---

① 杨四耕.课程模式的三个观察维度[N].中国教师报，2015-12-23(10).

风车课程",就是用实物具象词命名的;二是描述词命名,如"涟漪式课程",就是意义描述的命名方法;三是英文组合词命名,如"CIE课程"等,就是用三个英文单词首字母组合命名的。

总之,学校课程模式是一所学校推进课程变革的思维工具和创新成果。当然,学校课程模式的建构是一个文化自觉的过程,需要学校领导团队基于立德树人的要求推进学校整体课程规划,使学校课程从"无序"状态变成"有序"状态,如此,学校才能推进有逻辑的学校课程变革。

▲ 第8问 ▲

确定学校育人目标的依据是什么？如何确定学校育人目标？怎样科学厘定学校课程目标？如何防止课程的离心化现象？

> 学校课程是为育人目标服务的，确定育人目标是厘定课程目标的前提。课程开发不是漫无目的的"撒野"，育人目标是内生于课程之中的，课程是基于育人目标导引的连续生成过程，学校应围绕育人目标的实现来推进课程育人过程。

美国管理大师彼得·德鲁克(Peter F. Drucker)在《管理实践》一书中首次提出"目标管理"的概念。他认为，所谓目标管理，就是管理目标，也就是依据目标进行的管理。我们并不是有了工作才有目标，而是相反，有了目标才能确定每个人的工作。[1] 德鲁克指出，组织一定要当心"活动陷阱"，不能只顾拉车而不抬头看路，最终忘了自己的目标。管理的核心原则就是要让个人充分发挥特长，确定共同的愿景和一致的方向，实行团队合作，调和个人的目标并实现共同的福祉。德鲁克进而强调："对于每个组织，目标界定越明确，生命力就越强；组织的绩效评价标准和尺度越多，它的行动就越有效能；组织越是严格地将权威

---

[1] 邱国栋.重新审视德鲁克的目标管理——一个后现代视角[J].学术月刊,2013(10):20—28.

性置于绩效的判定基础之上,就越具有合法性。"① 这一管理定律同样适合学校课程建设。

一、确立具有学校文化特质的育人目标

现代课程理论之父泰勒在他的专著《课程与教学的基本原理》一书中提出了课程开发的"原理"。他认为,课程研制必须关注以下连续的过程:确定基本目标,选择学习经验,组织学习经验,评价学习结果。按照怀特海的观点:过程是终极范畴,现实存在的"存在"是由其"生成"所构成的。② 因此,目标是生成的,具有过程属性。我们必须用生成性过程观看待泰勒的课程研制原理,深刻理解"目标—内容—经验—评价"这个"合生"过程,而不是原子化地将他们机械地割裂理解。事实也应该是这样的,过程是有目标的过程,课程开发不是漫无目的的"撒野",目标是内生于课程之中的。

在学校整体课程规划过程中,学校管理团队要按照党和国家的教育方针,按照全面发展的要求,确立具有学校文化特质的育人目标,进而基于此目标建构课程,推进立德树人根本任务的实现。

可现实情况是,很多学校有课程内容,无育人目标;有育人目标,无课程目标;有课程目标,无目标管理,由此造成了"课程的离心化"现象。在这些学校,课程不是为了育人,而是为了育分;不是为了育完整的人,而是为了育单向度的人。当然,这在本质上也取消了目标——人因此悄悄地消失了,不在场了。

---

① Drucker, P.F. The age of discontinuity: Guidelines to our changing society [M]. New York: Harper & Row, 1969.
② [英]怀特海.过程与实在(修订版)[M].杨富斌,译.北京:中国人民大学出版社,2013:29.

二、课程是目标导引的连续生成过程

目标管理是以目标的设置与分解、目标的推进与达成及其反馈为手段，通过自我管理来实现最终目的一种管理方法。基于过程哲学的目标管理是在组织内部建立一个"过程—目标"合生的体系，而这种体系把所有人有机地联系起来，使集体力量得以最佳发挥。学校课程变革应基于理性精神之诉求，按照过程哲学指引下的目标管理要求，将育人目标细化为课程目标，建构学校课程框架，具体操作如下。①

首先，确定学校育人目标。育人目标的确立必须依据全面发展的教育方针，结合学校课程理念，清晰地刻画育人目标。清晰刻画育人目标应注意使育人目标符合全面发展的意涵与要求，五育融合，切合实际，与学生的心理年龄和发展阶段相适应，表述应通俗易懂，生动形象。

其次，厘定学校课程目标。学校课程目标是育人目标的年段要求和具体表现，它可以对照国家课程方案的总体要求，并与学校的特定实际有机结合，逐级分解，清晰明确。

最后，建构学校课程体系。基于课程目标，建构学校课程体系：横向上，要求对学校课程进行逻辑梳理与分类，搭建学校课程框架；纵向上，要求按照年级与学期时间序列匹配课程，形成可见的、支持目标实现的课程图谱。

学校课程体系建构是目标导引的理性精神照耀学校课程变革的过程，很好地体现了育人目标同课程目标的完美结合，很好地体现了把课程作为"跑道"和作为"奔跑的过程"的有机结合。因为，从关系和时间视域看，过程标志着现实存在之间的本质联系，标志着现实发生从过去经过现在流向未来。可以说，课程是目标导引的连续生成过程。

---

① 杨四耕.应基于育人目标构建课程[J].中国民族教育，2023(4)：22.

因此，在教育学意义上，过程哲学观照下的目标管理是一种充满人文情怀的管理。在过程哲学看来，目标管理以一种生成的过程触及个体的细胞，通达他们的身体，并将寓于他们的姿势、他们的态度、他们的话语、他们的培训、他们的日常生活之中。学校应倡导团队成员通过他们自己的语言以及社会互动来形成并宣传有关育人目标和课程目标的独特界定，用这样的独特界定来驱动学校课程管理，进而确证育人目标在课程内容的支撑和课程实施的活性上得以落实。如此，在课程建设过程中，目标管理可以使组织成员对自己的"育人身份"产生特殊的认同感，而这种认同感可以由他的专业眼光来定位，并在课程设计与开发中来调整、构造和确证。

▲ **第 9 问** ▲

如何搭建学校课程框架？如何科学设计学校课程体系？学校课程设计需要按照年级和学期进行吗？如何设计跨年级、跨学期课程？

> 学校课程体系设计是对学校课程的类型、要素及其关系的综合建构。学校课程体系设计应考虑学习领域的深度和广度，要注意横向科学分类与纵向合理布局，致力于为学生提供丰富的学习经验，促进学生持续的高品质学习。

学校课程体系建构涉及课程内容的选择、课程结构的设计以及相应的课程设置。对一所学校来说，课程内容不断变异，课程类型纷繁复杂，如何搭建学校课程框架，如何合理安排不同种类的课程，给学生提供适合的课程，是学校亟须解决的问题。学校课程体系设计关系着课程价值的实现，进而影响着人才培养的质量，是学校课程建设的重中之重。①

一、学校课程体系设计的意蕴

学校课程体系设计是对学校课程的类型、要素及其关系的综合建构，是在

---

① 杨四耕,等.学校整体课程规划[M].上海:华东师范大学出版社,2022.

宏观把握教育目标和全面落实国家课程的基础上,对国家课程、地方课程的内容进行适当调整,同时依据学校的课程目标、学生发展需求、校内外资源进行校本课程的开发设计,进而对这三类课程进行整合重组,构建符合学校情境的、凸显学校特色的、以学生全面发展为核心的学校课程体系。学校课程体系是一个均衡的整体,各组成部分和要素之间存在相互牵制和影响的关系。在设计学校课程体系时,要考虑以下几个方面的内容。

(一) 课程内容的选择与组织

课程内容是指由符合课程目标要求的一系列比较系统的间接经验与学生的某些直接经验组成的用以构成学校课程的基本材料。[①] 学校根据目标选择课程内容,课程内容的选择与组织是学校课程体系设计的一项基本工作。

学校课程内容涉及方方面面,学者们进行了不同的分类,有的将其概括为知识、技能、情意三个层面,有的将其概括为知识与学习经验两个类别。总体而言,课程内容的选择有三种取向:一为学科知识,是人类长期积累下来的丰富的文化遗产,课程实施侧重于传递知识,并以教材为依据;二为学习活动,关注社会需求,强调课程与社会生活的联系,课程实施侧重于让学生积极从事各项活动;三为学习经验,强调学生与外部环境的相互作用以及在作用过程中获得的内心体验,课程实施侧重于构建适合学生能力与兴趣的各种情境,以便为每个学生提供有意义的经验。[②] 三种取向的课程内容各有优势与局限,任何一方面的内容都不能指代课程内容的全部,学校在进行课程内容选择时,不能局限于某一方面的内容,否则所培养的只会是"单向度的人",而不是"完整的人"。如何兼顾三个方面的内容,辩证地处理好三方面的关系,设计适应现在又面向未来的课程内容则是学校需要进一步思考的问题。同时,每一个方面的课程内容种类多而杂,而学生所能接受和掌握的知识、活动、经验是有限的,哪些课程内

[①] 廖哲勋.课程学[M].武汉:华中师范大学出版社,1991:98.
[②] 施良方.课程理论:课程的基础、原理与问题[M].北京:教育科学出版社,1996:106.

容可以进入学校课程体系范畴中,还需要经过严格、精心的筛选。学科知识的筛选要保证门类的齐全与系统性;学习经验的筛选要以学生的兴趣与需要为中心,在这一研究主题中,泰勒从学生学习的有效性出发提出了选择学习经验的十条原则;学习活动的筛选要以能力的培养为中心,在这一研究主题中,麦克尼尔提出了五种选择学习活动的准则。

学校课程内容在确定之后,还要进行有效组织,才能达到良好的实施效果。关于如何组织课程内容的问题,泰勒提出了三个基本准则,即连续性(Continuity)、顺序性(Sequence)和整合性(Integration),体现了课程内容组织的两个维度,即纵向组织与横向组织;也体现了两种组织顺序,即逻辑顺序与心理顺序;还体现了三种组织形式,即直线式、圆周式、螺旋式。① 课程内容组织这三个方面并没有直接的对应关系,学校课程体系中采取何种维度、何种顺序和形式,要根据课程内容本身的特征、学生心理发展特征来决定。例如,采取纵向组织维度并不意味着课程内容将按照单一的逻辑顺序和简单的直线式进行设计,而是倾向于在开展纵向组织和横向组织的同时,综合考虑逻辑顺序与心理顺序、直线式与圆周式,再根据具体的课程内容有所侧重或并重。

(二) 课程结构设计

课程内容组织方式不同,课程门类设计也会不同。当前,课程分类的方法很多,按照不同的维度,可以将课程划分为国家课程、地方课程与校本课程;学科课程与经验课程;分科课程与综合课程;必修课程与选修课程;显性课程与隐性课程等。各课程类型和科目都具有自身的价值,在课程结构中具有相应的地位,与其他课程形成价值互补。例如在二期课改过程中,上海市提出了基础型、拓展型、研究型三种基本的课程类型。三类课程各有侧重点,形成优势互补,为学校课程体系的建设提供了基本的框架。面对多样化的课程内容与课程类型,

---

① 施良方.课程理论:课程的基础、原理与问题[M].北京:教育科学出版社,1996:110.

学校课程形态的选择也呈现出多元化。如何进行合理组织,使各类型课程形成最佳组合,则是学校课程结构设计的问题。

所谓课程结构是指学校课程体系中各种课程类型及具体科目的组织、搭配所形成的合理关系与恰当比例。已有的课程结构研究提出了多种课程结构观,如宏观、中观、微观"三层次说","表层—深层说"等。郭晓明学者提出了"三层次—两类型"整体性课程结构观,"两类型"即"实质结构"与"形式结构","形式结构"又包括"类结构"和"关系结构",这一理论对课程结构进行了全面、深入的分析。[①] 落实到学校层面的课程结构设计,不是照搬某一模式,而是要构建具有自身特色的课程结构,改变原有课程结构的单一和僵化,致力于丰富课程的结构,提升课程的均衡性、选择性和综合性,为每一个学生提供适合的课程。课程结构设计要注意以下几点。

1. 实质结构的构建。课程结构的构建不仅是一个技术问题,更是一个价值选择问题。课程实质结构是对课程的质的规定性,反映着课程内在价值取向,是对课程的深层次理解,决定着课程的形式结构。当前学校课程结构的设计往往重视技术层面的重建,而忽略价值层面的转变,导致学校课程形式结构不断变化,而实质结构照旧,无法获得课程结构改革的效果。新型的学校课程结构设计要求学校由工具论向发展论转向,而如何促进学生的发展则是学校需要回答的价值问题。学校价值选择的不同直接影响着学校课程的设置和各类型课程之间的关系,如以人的发展为基点的价值选择,重视选修课、活动课和隐性课程;而以社会发展为基点的价值选择,则重视必修课、学科课程和显性课程。因此,学校想要实现课程结构的真正变革,首先要构建实质结构,做出最佳的价值选择,并以此指导形式结构的设计。

2. 类结构的改造。学校课程类结构是指学校多种类型的课程。不同学校对课程类型的划分有可能相同也可能不同,重点不在于课程类型的多少,而在

---

① 郭晓明.课程结构论:一种原理性探寻[M].长沙:湖南师范大学出版社,2002:82.

于如何进行改造。以国家课程、地方课程、校本课程为例,关键在于如何实现国家课程、地方课程的校本化;如何根据学校内外资源开发具有学校特色的校本课程,并逐渐发展为学校的品牌。以学科课程、活动课程为例,关键是在肯定学科课程本身教育意义的同时,发挥学科课程的优势,摒弃其缺点,构建新型的学科课程与活动课程,并从育人目标的维度实现二者的整合。

3. 关系结构的个性化。学校课程的关系结构是指各类型课程之间的横向关系、纵向关系和比例关系,这种关系的构建有多种模式,关键在于学校根据所拥有的资源、条件和优势,对某种模式或者几种模式的优点进行结合,实现学校课程关系结构的个性化。

(三) 配套的课程设置

课程设置是指所有教学科目和学生的一切活动项目的设立与安排。在课程内容和课程结构确定之后,学校要进行相应的课程设置,保证课程的具体落实。课程设置也可以说是学校各类型的课程在学段、年级段、课时段的具体安排,包括学生学习活动总量的计算与分配、课时分配等。课程设置直接关涉到学生的日常作息和学习经验的获取,反映出学校在事实层面上对课程优先事项的考虑。学校课程设置要遵循一定的原则。其一,课程的比重安排和顺序安排要符合学生的身心发展特点、学生大脑皮层机能活动规律等,满足学生的接受水平与能力。其二,要保证课程的均衡性,合理安排课程的各组成部分,使各学科、各科目之间建立必要的横向联系与合乎逻辑的纵向联系,形成一个有机的整体,使学生各方面的发展都有对应的课程设置。同时,课程设置的均衡性是动态的,应根据时代发展的背景、教育发展的新要求、课程改革的新实践而不断进行调整与完善。学校在课程设置上有很大的自主空间,可以根据学校的课程结构和实际情况进行灵活设置。

学校可以参考下列标准衡量自己的内容和时间设置是否合理:是否反映并符合学校的课程哲学,是否将所有必需的课程目标都包含在内,各年级的学习时间的分配是否适当,等等。

二、学校课程体系设计的维度

(一) 学校课程体系设计应与课程理念相协调

学校课程理念统摄着学校的课程建设,它是一种战略思维,从全局的高度、整体构建的角度指导着学校的课程规划。学校课程体系的设计同样在课程理念的指导下进行,并指向课程理想的实现,二者要保持协调一致。

1. 价值观的一致。学校课程体系并不是无源之水,它的指导思想源于课程理念,并为课程理念服务。两者在价值观上要保持一致。课程理念是课程发展中一系列课程观念和课程价值取向的集合体,学校自身的课程理念反映着学校课程的价值追求,这种价值追求也要反映在学校的课程体系建设中,并据此进行相应的课程体系主题设计,同时以相应的课程框架设计与课程设置作支撑。比如七色花小学的课程理念是"让每一位学生都成为他的那一朵七色花",其基本内涵有两层:要面向全体学生,要承认个体的特殊性。而从上述基本的课程框架看出,他们用各种颜色的课程搭建起丰富多彩的课程架构,充满个性又相互协调,体现了面向全体又突出个体的价值观,与其课程理念是一致的。

2. 指涉范围的一致。学校的课程体系与课程理念是量体裁衣的关系。课程理念作为对未来课程建设成果的预期,是学校课程发展的长远目标,是全校师生共同奋斗的目标,这种课程理想的实现要求课程体系与课程理念的指涉范围保持一致。有的学校将课程理念提得太新、太小或太大,导致学校的课程体系难以支撑。我们应该认识到,虽然当下实行三级课程管理体制,学校有一定的课程自主权,但是学校可以自由发挥的空间毕竟是有限的。因此,当学校的课程愿景远高于课程现实时,课程体系设计会由于现实条件限制而无法达成课程愿景,进而导致这种愿景成为空想。有的学校课程体系的内容范围超出或者小于课程理念范围,由于缺乏理念引领,导致课程结构混乱,学校课程也难以有效落实。对此,我们也应该认识到,课程理念的支撑架构要综合考虑各种类型的课程,以基础型、拓展型、研究型课程为例,学校的课程理念并不仅仅是靠学校自主开发的拓展型、研究型课程支撑起来的,而是应该深刻体现在基础型课程中,应该有意识地实施国家课程的校本化,使它们一起支撑学校的课程理念。

(二) 学校课程体系设计应考虑课程的广度与深度

学校在进行课程体系设计时,要考虑课程的广度与深度,也就是课程的范围,也指课程内容的横向组织。

学校课程范围包括学习者要学习的内容、主题、学习经验等,致力于为学生提供宽泛的教育经验。古德莱德等研究者认为,广度与深度不仅指认知学习,还指情感学习,甚至有的研究者认为还包含道德和精神学习。[①] 学校课程体系的设计要考虑课程内容的整体性,即所涉及范围的全面完整,同时对每一项内容都要进行全面分析、系统设计,保证学生学习内容的广度与深度。虽然课程内容的确定在实际的操作中具有选择性,但其覆盖的知识与经验要尽可能地全面,不能出现重大遗漏。在传统的课程建设中,学校往往只重视认知性的内容,而忽略情感、道德、精神方面的内容,在认知内容方面,也只关注既成的事实与结论,缺乏批判与创造。课程内容的这种失衡状态,很容易在学生的知识、经验、精神等方面留下空白,形成盲点,导致人格上的缺陷,无法为学生的全面发展服务。因此,在课程内容的选择中,学校要处理好知识与能力、经验、情感之间的关系,提高课程内容的综合化水平。

认知领域的课程内容满足的是基础性的要求,旨在培养学生的基本知识与技能。而在实际的选择中,还要对基本知识与技能的内涵作新的解读,以适应当代社会的要求。朗斯特里特等学者在《面向新的一千年的课程》一书中,提出了一种超越现实的、面向新的一千年的课程设计模式设想,将对处理和控制未

---

① Goodlad, J., Su, Zhixin. Organization and the Curriculum [M]//Jackson P. W. Handbook of Research on Currciulum. NewYork: MacMillan Publishing Company, 1992:327-344.

来更有用的知识分为六个领域,包括交流和信息处理、不确定科目、价值发展科目、民主社会公民科目、探究科目、未来科目。① 情感、精神领域的课程内容满足的是学生的兴趣与需要,并要与社会生活保持一致。课程内容范围的确定,可以追溯到斯宾塞提出的"什么知识最有价值"以及艾普尔提出的"谁的知识最有价值"的问题,学校群体要在这几个领域内容的重要性上达成共识。

(三) 学校课程体系设计应能持续促进学生学习

　　课程内容的组织既要满足一定的范围要求,又要适应学生的身心发展水平,使课程体系具有持续促进学生学习的功能。皮亚杰的认知发展阶段理论,埃里克森的心理社会发展阶段理论以及柯尔伯格的道德推理阶段理论都提醒我们,学生的认知、社会心理、道德的发展都遵循一定的连贯性和顺序性,需要统筹设计。② 因此,学校课程内容的设计要序列化,与学生的身心发展顺序保持平行,并依据一定的学习理论。课程内容序列化的一般原则有从简单到复杂、由易到难、由直观到抽象、预备学习、从整体到部分、按照时间顺序等,学校课程内容各个阶段的安排应实现自然过渡,在掌握前部分知识的基础上,再进行后续知识的学习。当前学校课程内容的"高难度""高速度"设计,不仅无法达到预期的学习结果,反而会给大部分的学生造成心理伤害,导致他们产生自卑、压抑等消极心理。课程内容的顺序性要关注"最近发展区"的创造,重视学生现有的学习准备情况,并给予他们适当引导,使学生的持续学习与发展成为可能。当然,这种顺序性是逻辑顺序与心理顺序的统一,在关注学生身心发展规律的同时要兼顾学科独立的逻辑与规律。

　　学生的学习本身就是一个持续不断的过程,课程内容的组织要注意各部分内容的前后衔接,使课程内容成为各环节(学科内部和学科之间)紧密相连、逐步推进的连续统一体。这就要求课程内容满足连续性原则,即对主要的学习内

---

① 吴国珍.国外课程设计改革问题研究[J].比较教育研究,1998(2):23.
② [美]罗伯特·斯莱文.教育心理学[M].姚梅林,译.北京:人民邮电出版社,2004:24—43.

容应反复给予重现,使学生对这部分内容的学习得以巩固与熟练,从而帮助学生进行与之相关的、更深入的课程内容的学习,呈现一种"螺旋式"上升的学习状态。

总之,学校课程体系设计是对学校课程的类型、要素及其关系的综合建构。学校课程体系设计应考虑学习领域的广度和深度,要注意横向科学分类,纵向合理布局,致力于为学生提供丰富的学习经验,促进学生持续的高品质学习。

三、学校课程体系设计的趋势

总的来说,目前许多学校的课程设计仍以学科为中心,跨学科课程设计或以学习者为中心的课程设计相对较少。当前,多维整合的课程设计和聚焦学习的课程设计这两个发展趋势值得注意。

(一) 多维整合的课程设计

课程的多维整合设计是学校课程建设的一种趋势,是指将具有内在联系的不同学科、不同领域的内容或问题,通过一定的方式联合在一起或关联起来,使其建立融洽一致的关系,成为一个有意义的整体。从本质上说,即学生是从整体上而不是零碎地理解知识,并能够将所学的课程内容串联起来,了解不同课程之间的联系。基础教育阶段,过多的科目设计很明显已经不利于学生的发展,当代课程改革的潮流要求学校在进行课程体系建设时加强课程的整合设计。

著名的课程学家詹姆斯·比恩(James A. Beane)提出,课程统整包括经验、社会、知识、课程这四个层面的内容,知识层面的统整又包括单学科统整、多学科统整、科际统整、跨学科统整和超学科统整。每一个层面的课程整合可以采取多种形式与模式。目前学校的课程整合实践表现为以概念、主题、问题和方法这四种形式为中心的整合,其中又以概念中心形式与主题中心形式为主。

在整合模式方面,美国学者罗宾·福格蒂(Robin Fogarty)曾提出十种整合课程的模式,并归纳出具体科目整合、科际整合和学习者整合三大类,对应不同的模式。①

学校在进行课程整合设计时会面临在内容、形式、模式方面的多种选择,三者之间存在交叉,某种形式的整合可能涉及多项内容和多种模式,任何单一内容的统整都无法支撑起整个课程框架。如主题式统整是对学科内部知识点之间、不同学科之间,以及学科知识和学生生活经验之间的整合;问题中心的统整则是以社会问题为主题,整合知识的同时,强调学生个体经验的参与。因此,学校在做出选择时,不能单一地理解某种整合内容、形式或模式,而要进行综合设计。有些整合形式对学校和教师的专业要求较高,如以概念为中心的大领域设计(Broad Fields Design)要求教师能够绘制认知图谱,从概念群的角度设计课程②。学校在开展这种课程整合之前要做好相关培训,以保证课程体系的质量。上海的二期课改一直强调整合性的重要性,中小学也进行了相应的课程结构改革,形成了多种模式。但在绝大多数学校的课程体系设计中,整合的课程体系设计还是很难付诸实际。

(二) 聚焦学习的课程设计

课程目的"并不是试图为学习者勾画一个外部现实的结构,而是帮助学生建构出他们自己对外部世界有意义的、概念的、功能的描述"③,这需要学校深入体察学生过去、现在与未来的可能生活。学生带着历史积淀和早期经验进入学习,他们不是教育家洛克所说的"白纸",而是具有真实感受和体验能力的人。

---

① 韩雪.课程整合的理论基础与模式述评[J]比较教育研究,2002(4):35.
② [美]艾伦·C.奥恩斯坦,费朗西斯·P.汉金斯.课程:基础、原理和问题[M].南京:江苏教育出版社,2002:265.
③ Ertmer P. A., Newby T. J. Behaviorism, Cognitivism, Constructivism: Comparing Critical Features From an Instructional Design Perspective [J]. Performance Improvement Quarterly, 2013(4):50-72.

他们在进行任何学习之前,对周围世界就已经积累了一定的知识经验和生活感受,有着巨大的发展潜力和发展空间。学校同时还应该将学生看作是一个生活在现实中的人,理解儿童的缺陷和不足,在帮助他们改正错误的过程中,促进其不断地发展,不断地进步,让他们去发现自身的"可能生活"。所谓可能生活"是现实世界所允许的生活,但不等于现实生活。可能生活是理想性的,它可以在现实生活之外被理解"①,它可以被理解为每个人想要去实现的生活。

聚焦学习的课程设计需要仔细分析学习者的过去、现有和未来可能拥有的经验,了解他们的自然经验中何处已经存在着对事实、真理的认识,并将此作为设计课程的前提和基础,联结他们的现有兴趣和已有的生活经验,以利于经验更好的生长。

虽然限于国家和地方的课程框架,我们不可能也没有必要将所有的课程都设计成以儿童为中心的课程,但在有限的空间内,分析儿童的现有经验,多一些体验式的、探究式的、想象式的、生活式的课程,应当有助于课程体系的平衡。

值得注意的是,聚焦学习的课程设计并不是无原则地听凭学生的兴趣,开一些"甜点"类的课程。早在 1928 年,哈罗德·拉格和安·舒迈克(Harold Rugg & Ann Shumaker)就在他们的经典著作《儿童中心学校》(*The Child-Centered School*)中写道:"我们不敢如此冒险——把构建一种能够促进儿童最大程度成长的课程这一重要而困难极大的问题,抛给特定情境中的儿童,依赖他们自发的、外显的兴趣来解决。"②杜威也认为,儿童的兴趣往往是暂时的、偶然的兴趣而非长久的兴趣,兴趣的价值在于它们所提供的那种力量,而不是它们所表现的那种成就。把一定年龄的儿童所表现的现象看作自明的和独立自主的,就不可避免导致放任和纵容。因此,要识别和培养儿童为社会所认可的

---

① 赵汀阳.论可能生活[M].北京:生活·读书·新知三联书店,1994:115.
② [美]丹尼尔·坦纳,劳雷尔·坦纳.学校课程史[M].崔允漷,等,译.北京:教育科学出版社,2006:123.

兴趣,指导儿童按社会要求来生活,这都是教师承担的责任。① 由此可见,提倡聚焦学习的课程设计,并不意味着可以推卸教师的责任,反而是提升了教师的职责。教师要负责课程与教材的"心理化",提供必要的环境条件,帮助儿童"从现在经验进展到以有组织体系的真理即我们称之为各门科目为代表的东西"②。

在聚焦学习的课程设计实践中,并不是片面地只考虑学生的兴趣、需要和经验,而是以社会需求、学科体系、学生发展三者为基点,以学生的全面发展为核心,侧重于学生因素的考虑,凸显一种以育人为本的课程设计观。

总而言之,学校课程体系建构是基于一定逻辑,综合考虑课程结构的设计、课程设置和内容选择,是以育人目标实现为指向,经过精心设计而提出的课程方案。在学校整体课程规划过程中,学校课程体系设计是"逻辑感"很强的行动研究过程。

---

① [美]丹尼尔·坦纳,劳雷尔·坦纳. 学校课程史[M]. 崔允漷,等,译. 北京:教育科学出版社,2006:124.
② [美]约翰·杜威. 学校与社会·明日之学校[M]. 赵祥麟,等,译. 北京:人民教育出版社,1994:120.

▲ 第10问 ▲

"面向全体,因材施教"的学校课程体系设计应注意什么?如何关注学生的学习需求?如何从学习需求角度建构高质量课程体系?

> 高质量课程体系建设要重塑课程的生命场景,让学习者找到激发生命潜能的契机,让素养发展获得实实在在的机会;要扩大儿童的学习空间,不限定学习者的社会性因素,不规约学习者的思维路径,让学习者的具身参与性明显增强。

良好的课程结构是高质量课程体系的骨架,高质量课程体系建设离不开课程结构的优化。《基础教育课程改革纲要(试行)》指出:应改变课程结构过于强调学科本位、科目过多和缺乏整合的现状,体现课程结构的均衡性、综合性和选择性。经过20多年的努力,很多学校在课程建设过程中把握理论学习与实践学习之间的关系,增设选修课程,让学生可以根据兴趣选择课程,使学校课程体系体现地区差异、学校特点以及学生成长。

一、寻找各类课程之间的平衡点

我们以为,高质量课程体系建设要对各类课程进行科学分类,并明确各类课程之间的关系;要在理论与实践、必修与选修之间寻找平衡点,给予儿童充分的学习选择权。

课程结构优化是高质量课程体系的应然之义。课程结构优化,要求学校课程不仅要关注基础知识和基本技能,还要关注社会实际和学生生活经验,注重创新精神、实践能力以及社会责任感的培养。高质量课程体系建设要重塑课程的生命场景,让学习者找到激发生命潜能的契机,让素养发展获得实实在在的机会;要扩大儿童的学习空间,不限定学习者的社会性因素,不规约学习者的思维路径,让学习者的具身参与性明显增强。

二、以学习需求为中心的课程设计

《义务教育课程方案(2022年版)》提出:面向全体学生,因材施教,打好共同基础,关注地区、学校和学生的差异,适当增加课程选择性,提高课程适宜性,促进教育公平。英国学者蒂姆·奥布莱恩(Tim Obrien)等在《因材施教的艺术》一书中曾经将儿童的学习需要分为共同需要、特殊需要和个别需要。其中,共同需要是每个人都一样的需要;特殊需要因为一部分人的特质而产生,所以对某些人来说是一样的;个别需要,则是每个人都不一样的需要。① 为此,高质量课程体系建设可以从儿童的学习需求角度出发进行架构,大体分为刚需课程、普需课程和特需课程三类。

所谓刚需课程,是满足均衡发展、全面发展需要的课程,体现国家课程的刚性要求,是所有学习者都要满足的底线要求和基本标准。刚需课程是国家课程的刚性要求,要按照《义务教育课程方案和课程标准(2022年版)》的要求,推进学科课程群建设,落实单元整体课程设计与实施,落实学科实践和跨学科学习要求。如此,要从课程角度理解教学,关注教师对课程的理解,开齐课程,开足课时,落实国家课程方案和学科课程标准。例如,深圳市坪山区提出"九个一"

---

① [英]蒂姆·奥布莱恩,丹尼斯·吉内.因材施教的艺术[M].陈立,译.北京:北京师范大学出版社,2006:13.

的要求(即"一份规划""一门课程""一份纲要""一张课表""一个主张""一本教案""一堂好课""一张试卷""一次教研")来保证国家课程的实施,促进教师对课程标准的理解和把握,落实"教—学—评"的一致性,不仅明确了"为什么教""教什么""教到什么程度",而且强化了"怎么教"的意识,做到清晰明了,操作性强,很好地落实了国家课程方案和学科课程标准。

所谓普需课程,是满足学习者个性发展、差异发展需要的课程。普需课程是反映学习者兴趣爱好普遍倾向的课程,是和群体的情感倾向相关的课程类型。普需课程满足学生的兴趣爱好,给予儿童充分的学习选择权,可以很好地整合以兴趣小组和社团活动等方式推进的课程。当前,中小学在这个方面的探索已经积累了很多很好的经验。

所谓特需课程,是满足学习者个别化、超常化发展需要的课程。特需课程是与特定学习者个性发展关联在一起的个性化课程方案。例如,上海市建平实验中学因材施教,探索创新人才培养的新模式,推进特需课程建设。他们深入研究学生,根据学生的个性特长,发动教师、学生和家长等多方力量,通过协商,研制基于儿童个性发展的个别化课程方案,不仅满足了学生的个性化学习需要,还形成了高质量家校共育模式。

总之,刚需课程、普需课程和特需课程,是以学习需求为中心的课程结构,是让每一个儿童成为他自己的课程设计理念。[①] 每一所学校的课程设计都要反映刚需课程、普需课程和特需课程的要求,处理好国家课程的刚性要求、校本课程的普遍追求和个性课程的特别定制之间的关系,从学习需求角度建构学校整体课程,推进高质量课程体系建设。

[①] 杨四耕.从学习需求角度建设高质量课程体系[J].中国民族教育,2023(5):10.

▲ 第11问 ▲

良好的课程是平衡的课程,应实现量的平衡和质的平衡。在研制学校整体课程规划过程中,如何采取平衡的课程策略推进学校课程设计?

> 学校整体课程规划将课程定义为具有整体涌现性、要素平衡性和价值生成性的过程,主张恪守过程性课程改革逻辑,秉承平衡性课程思维方式,采取整体性课程要素平衡方法和聚焦性课程价值聚合策略,多维度深度推进课程政策落实。

2015年,联合国教科文组织发布了《处于争论和教育改革中的课程问题——为21世纪的课程议题做准备》的文件。这份文件指出:课程不仅仅是课程要素设计的技术问题,更是教育目标实现的价值问题。因此,良好的课程是平衡的课程,这是学校整体课程规划的技术要求,也是学校整体课程规划的价值议题。

一、课程平衡的两个维度

平衡的课程主要指向两个方面:一是量的平衡,即课程要素的比重是适合的;二是质的平衡,即各类要素的价值汇合度是最高的,应根据教育的最终价值来确定这种平衡。①

为了实现良好的课程愿景,研制学校整体课程规划可以在两个维度上着力:一是量的维度,这是横向的要素设计维度;二是质的维度,这是纵向的价值聚合维度。在课程改革过程中,横向维度和纵向维度通过课程实践出现在同一个时空——横向上,课程要素布局包括各领域课程的平衡、学科课程与活动课程的平衡、不同学科之间的平衡以及课程内在要素的平衡;纵向上,各类课程要素的价值汇合包括课程的内在逻辑和价值的平衡、课程各要素之间的逻辑自洽性。

当横向维度的"课程"和纵向维度的"课程"相融相合,要素布局与价值升华和谐地存在于课程变革实践的时候,课程改革便具有了高品质课程的整体涌现性。所谓整体涌现性,是指整体具有而其组成部分以及部分之和不具有的特性,一旦把整体还原为它的组成部分,这些特性便不复存在。在一定意义上,整体涌现性是系统的根本特征。很明显,学校整体课程规划基于系统思维,强调横向要素的多元开放性、纵向逻辑的价值递进性,通过资源要素的横向关联和价值要素的纵向推进,形成横纵交织结构、横纵互馈状态、横联纵进效应的高品质整体涌现性特征。实现课程改革目标需要特定的课程要素集聚与价值生成,不同课程要素的不同组合会产生不同的课程价值。在一定意义上,学校整体课程规划是由课程之"课"和课程之"程"构成的,其中课程之"课"主要是课程要素布局,具有丰富性、整体性、关联性和生成性;课程之"程"主要是课程价值生成,具有过程性、转变性、反思性和超越性。它们共同构成了课程的内涵、特征和方向,诠释了课程作为"跑道"和"奔跑"的全部含义。

二、课程平衡的价值视角

课程在任何时代都受制于社会政治、经济和文化状况以及受教育者的个体

---

① 杨四耕.学校课程的人学逻辑与实践意蕴——兼论"品质课程"的价值追求[J].教育学术月刊,2024(2):3—9.

状况。因此,从课程价值角度分析,学校整体课程规划可以从社会学与心理学角度进行分析。

从社会学角度分析,学校整体课程规划应反映社会意义上的课程平衡。这一层面的平衡是指在学校所提供的课程中要寻求一定的平衡。它关系到学科的设置、各学科与活动的时间分配和时间长度,以及教育辅助设施的使用等。课程平衡与社会发展和科技进步有关,课程改革必然要对学校所服务的社会和学校在社会中所扮演的角色的要求给予充分的考虑。

从心理学角度分析,学校整体课程规划应反映学习者个体意义上的课程平衡。这个意义上的平衡,是从儿童身心发展特点角度来考虑的。良好的课程应该是,当个体在课程中的每个领域发展到最佳的能力水平时,这种由个体所经验的课程也就达到了平衡。换言之,学校课程应能满足儿童欲在社会立足所需要的技能的、价值的、情感的、审美的、创造的需要。学校课程的平衡与否要看它是否能尽可能使儿童最大限度地发展,满足儿童各方面需要的课程,实现这些目标的课程就是平衡的课程。

归纳为一句话就是,学校整体课程规划要求课程开发在社会要求和个体需要之间保持平衡。儿童在学校中所体验的课程必须有助于他调整自己以适应这个世界,这些课程能赋予他一定的知识、情感和意志,这些知识、情感和意志将使他有能力去改变那些需要改变的东西。

三、课程平衡的操作模型

从课程要素角度看,基于儿童发展的课程平衡涉及课程价值的平衡、课程目标的平衡、课程内容的平衡、课程空间的平衡、课程时间的平衡、课程实施的平衡、课程主体的平衡、课程评价的平衡和课程治理的平衡等多个方面。

1. 课程价值平衡模型。学校课程要在成人价值和儿童价值、个体价值和社会价值、内在价值和工具价值之间有所取舍,并关注他们之间的平衡。课程价值平衡以儿童的发展为本,照顾到儿童身心全方位的发展和终身发展。人的价值的实质在于其对社会的贡献,个人价值和社会价值既相互区别,又密切联系、相互依存,共同构成人生价值的矛盾统一体。儿童的内在价值着重于当下的价值,儿童的工具价值着重于未来的价值。

2. **课程目标平衡模型**。学校课程目标平衡包含预设目标与生成目标、特定目标与整体目标、外在目标与内在目标之间的平衡。课程目标不再是对教育经验的预先具体化想象,反而是活动经验的结果。经验的不断改造蕴含着儿童的生活和生长,这使得经验的改造本身即构成了教育的目标。也只有这样将教育目标融入教育过程中,才能真正促进儿童的生长。

3. **课程内容平衡模型**。梳理学校课程内容,促进儿童以有序向上的形态多元发展。从幼儿园课程来说,课程内容平衡涉及共同性课程与选择性活动、直接经验和间接知识、情感需求与理性认知之间关系的处理;从义务教育学校课程来说,课程内容平衡涉及国家课程、地方课程和校本课程之间关系的处理;对普通高中而言,课程内容平衡涉及必修课程、选择性必修课程和选修课程之间关系的处理。

4. **课程空间平衡模型**。学校课程空间平衡主要是处理社会空间与物理空间、伦理空间与符号空间、封闭空间与开放空间之间的关系,并根据儿童的年龄差异对这些空间有所侧重,并关注他们之间的平衡。课程空间平衡就是确定课程空间之间的连接及其平衡。在学校课程研制过程中,课程空间的平衡有利于管理层重新审视学校课程领导力,有利于教师重新确认课程权力,有利于儿童的课程参与。

5. **课程时间平衡模型**。时间承载着课程的推进与儿童的发展,然而,随着质量监控和竞争加剧,"教师教"与"儿童学"之间的把控开始失调,"短平快"的儿童发展逻辑盛行,使我们每一个人都深陷无法赶上发展节奏的漩涡之中。有效平衡课程时间,减少教师高控时间,成为学校课程设计的一个重要维度。在此,笔者建议学校从张弛有度、疏密有度的角度研究课程时间平衡,推进长短课时的落实,改变单一课程时间布局。

6. 课程实施平衡模型。面对复杂的课程实施情境,学校课程实施要处理好预设与生成、校园与社会、高结构与低结构、认知与建构、理论与实践等要素及它们之间的关系,使它们在课程实施中达到相对平衡。在课程实施之前,教师应当充分预设各种可能出现的情况,进行充分的思考和准备;选择实施场域时,需要权衡其优缺点,选择适宜的场域进行实施。

7. 课程主体平衡模型。课程主体平衡是指课程对不同利益相关者(学生、教师、家长等)的协调和平衡。在进行课程研制时,要充分考虑不同利益相关者的需求,协调好不同利益相关者之间的关系,以实现对学生、教师、家长等不同利益相关者之间关系的优化。为此,实现课程主体平衡,要特别关注成人与儿童、个体与团队、主体与客体之间的协调和平衡。

8. 课程评价平衡模型。课程评价平衡模型是一种用于评估课程质量的方法,它考虑儿童、教师、家长和课程本身的指标体系和权重之间的平衡。由此,延伸出了内在评价和外部评价、静态评价和增值评价、过程评价和结果评价、单一评价和多元评价之间的平衡,以达到平衡、增值的评价效果。

9. 课程治理平衡模型。课程治理平衡目的在于形成促进共建共享的育人实践主体关系,形成多元的课程治理格局,完善各级课程治理机制。课程治理平衡涉及民主治理与集中治理、共性思维和个性行为、宏观政策与微观行动之间的关系及其处理。

综上所述,良好的学校课程是具有整体涌现性、要素平衡性和价值生成性的过程,笔者主张学校要恪守过程性课程改革逻辑,秉承平衡性课程思维方式,采取整体性课程要素平衡方法和聚焦性课程价值聚合策略,多维度深度推进课程改革。

▲ 第 12 问 ▲

什么是学校课程图谱？学校课程图谱可以包含哪些图谱？如何绘制学校课程图谱？

> 学校课程图谱是以课程情境分析为出发点，以课程哲学为引领，以育人目标为聚焦，通过课程要素的纵向连贯与横向联结形成的，具有逻辑性的、图文并茂的可视化学校课程系统。学校课程图谱可以从宏观、中观和微观三个层面进行设计，也可以从横向分类、纵向布局以及纵横交织三个维度进行设计，还可以从课程要素角度分类形成相应的课程图谱。

自 1980 年美国学者芬威克·英格里斯(Fenwick W. English)提出"课程图谱"这一概念以来，课程图谱在不同层面释放着灵活性和可塑性特征。[①] 杰罗姆·豪斯曼(Jerome J. Hausman)认为：课程可以用图表的形式来表示，用以展现个体的特殊需要、见解及价值，课程图谱展现的是课程之间的逻辑关系和非线性的课程路径，为想要了解课程的相关人员提供了一个形象化的窗口。[②] 在我国课程语境中，人们一般用课程图谱这一概念表达以形象化的图片和纲领性

[①] 田友谊,石蕾. 课程图谱：教师课程领导力提升的新路径[J]. 教育理论与实践,2022(16)：51—56.

[②] English, F. W. Curriculum Mapping [J]. Education Leadership, 1980(7)：558-559.

的文字从整体上对学校课程进行分析与展示的方式,它是课程的图示化表达。因此,学校课程图谱实际上是学校课程系统的图景化表达,是用图表形式表现课程样貌的可视化工具,它努力呈现出课程情境、理念、目标、内容、实施、评价和管理等课程要素及其关系,形成课程要素的结构和逻辑。

一、实现学校整体课程的可视化

罗纳德·哈登(Ronald Harden)指出:课程图谱的功能如同黏合剂,能将组成课程体系的各个要素连接起来,形成一个完整的课程拼图,促进学校与教师以系统的、有组织的方式,按照那些已制订的标准进行教学。[1] 因此,课程图谱在实现课程可视化方面发挥着重要作用,为学校课程领导力的提升提供了认识维度的契机。可以肯定的是,学校课程图谱可以促进人们用系统思维来认识学校课程、实现课程设计的整体架构。课程图谱用直观、形象的图表方式展现了复杂的课程结构,将课程图谱概念引入学校整体课程规划之中,有利于实现学校整体课程的可视化,可以活化学校课程实施方案,有助于人们清晰地了解学校课程的要素及其关系。

学校课程图谱是以课程情境分析为出发点,以课程哲学为引领,以育人目标为聚焦,通过课程元素的纵向连贯与横向联结,形成的具有逻辑性的、图文并茂的可视化课程系统,它具有系统性特征。课程图谱本质上是学校课程育人的图示索引,包含课程价值、课程目标、课程内容、课程实施、课程评价和课程管理等要素系统及其整合。在研制学校整体课程规划过程中,用课程图谱的思维设计学校课程,表明学校课程设计者对学校课程的认知和理解达到了比较完整的程度。有学者认为,优质的课程图谱,因渗透了课程机理,融入了可视表达,在内容传递上更为舒展,在逻辑体系上更为严谨,在表情达意上更为生动,是学校

---

[1] Harden, R. M. AMEE Guide No. 21: Curriculum Mapping: A Tool for Transparent and Authentic Teaching and Learning [J]. Medical Teacher, 2001(2):123-137.

课程专业化设计的一种有效路径,是撬动课程优化的一个支点。①

二、设计学校课程图谱的多维视点

在研制学校整体课程规划过程中,学校课程图谱可以有哪些类型?我们可以如何设计学校课程图谱?

从视野大小角度看,学校课程图谱可以从宏观、中观和微观三个层面进行设计。宏观层面,思考学校课程的整体结构,处理好各类课程之间的关系,如国家课程、地方课程与学校课程等不同类型课程之间的关系;中观层面,处理某种课程类型中学科的构成及其关系,比如必修课开设哪些科目,各科之间的关系等;微观层面,要看到学科内部的结构,重点关注学科内容的设计和编排。

从纵横关系角度看,学校课程图谱可以通过横向分类与纵向布局,抑或纵横交织组合,勾勒出学校课程的形式结构或实质结构。横向分类绘制课程经线起点,通过横向连接,使不同类型的课程内容发生意义关联。纵向布局绘制课程纬线,通过纵向设计,关注学习经验的先后顺序,强调知识组织的心理学依据,具有顺序性、连续性和关联性特点。课程图谱的纵向布局可以呈现为直线式课程、螺旋式课程和阶梯式课程三种形态,在现实中运用哪一种呈现方式要因校而异。可以通过纵横交织运用系统思维来绘制学校课程全景图,凸显学校课程体系的高度与深度、广度与厚度,呈现课程图谱的系统之美、特色与品质。

从课程要素角度看,学校课程图谱可以从课程情境、课程理念、课程目标、课程结构、课程设置、课程实施、课程评价和课程管理的角度进行分类,形成相应的课程图谱:一是课程情境图,将例如学校课程发展的优势有哪些,问题在哪里等要素经过仔细梳理就可以绘制成学校课程情境图;二是课程理念图,依据

---

① 韩艳梅.课程图谱:学校课程体系建构的可视化工具[J].人民教育,2021(8):66—70.

学校文化、教育哲学、办学理念和课程理念之间的逻辑关系,可以绘制课程理念图;三是课程目标图,了解学校育人目标的要素考量,将育人目标转化为课程目标的细化路径,这是制作课程目标图的导向性因素;四是课程结构图,学校课程的逻辑分类及其关系即为课程结构,梳理清楚课程各门类之间的关系即可绘制学校课程结构图;五是课程设置图,这是学校课程的纵向布局图,也是学习的旅程图,是学校提供给学生的按照年级和学期布局的学习经历指南;六是课程实施图,学校课程实施路径有哪些?这些课程实施路径是如何回应国家各类教育政策的?这需要丰富的课程实施路径图来表达;七是课程资源图,各类课程的资源与条件、课程资源的类型及其可使用情况等因素都可以绘制成课程资源图;八是课程评价图,一所学校对学生的学习过程是如何评价的?学习结果是如何认定的?对教师参与课程的数量和质量又是如何评价的?对课程本身的品质如何认证与评估?这些都可以形成相应的课程评价图;九是课程管理图,从文化引领到组织建设,从制度建构到评价导航,从课程研修到课题聚焦,从时间管理到师资建设,从家校共育到安全管理等,这些都是学校课程管理图要考虑的因素。当然,上述课程要素也可以通过"穿针引线",形成学校课程逻辑图,使得学校课程各要素的系统性、逻辑性一看就明明白白。

案例　西安市航天城第一中学课程图谱

西安市航天城第一中学,是一所由西安市航天基地管委会创办的高规格、高标准、高品质的公办完全中学。学校依据《关于深化课程改革落实立德树人根本任务的意见》《关于深化教育教学改革全面提高义务教育质量的意见》《关于新时代推进普通高中育人方式改革的指导意见》《义务教育课程方案和各学科课程标准(2022年版)》《普通高中课程方案和各学科课程标准(2017年版,

2020年修订)》《关于加强中小学地方课程和校本课程建设与管理的意见》《基础教育课程教学改革深化行动方案》等文件,研制学校整体课程规划。

学校依据"成器教育"之办学哲学以及"面向人人,面向未来"的办学理念,梳理现有课程,提出"让每一个生命拥有无限可能"的课程理念。学校课程承载育人功能,致力"爱家国,成大器;爱探索,成重器;爱运动,成利器;爱生活,成名器"育人目标,实现"人人有才,人人成材"的育人理想。为此,学校课程逻辑图如下(见图12-1)。

```
教育哲学    →  成器教育
办学理念    →  面向人人,面向未来
课程理念    →  让每一个生命拥有无限可能
课程模式    →  续航力课程
课程结构    →  器之品课程 | 器之语课程 | 器之智课程 | 器之创课程 | 器之健课程 | 器之艺课程
课程实施    →  成器课堂 | 成器学科 | 成器社团 | 成器节日 | 成器探究 | 成器有约 | 成器之旅 | 成器舞台 | 成器心屋
育人目标    →  人人有才,人人成材:爱家国,成大器;爱探索,成重器;爱运动,成利器;爱生活,成名器
```

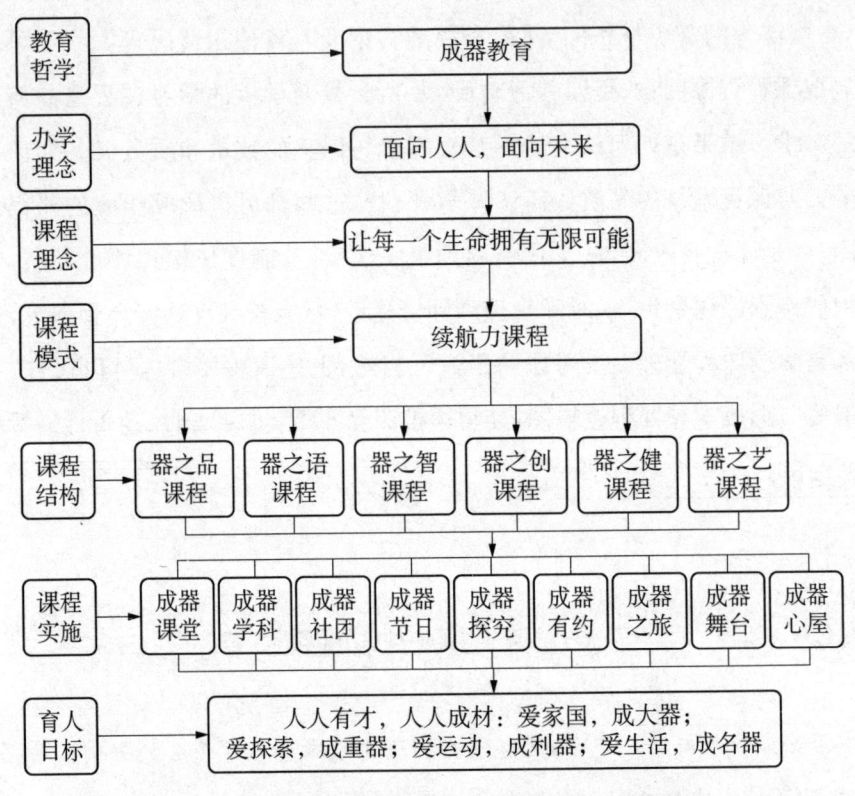

图12-1 西安市航天城第一中学"续航力课程"逻辑图

同时,学校根据"成器教育"理念,建构"续航力课程",设计器之品课程、器之语课程、器之智课程、器之创课程、器之健课程以及器之艺课程六大领域课

程,实现学校育人目标。学校课程结构图如下(见图12-2)。

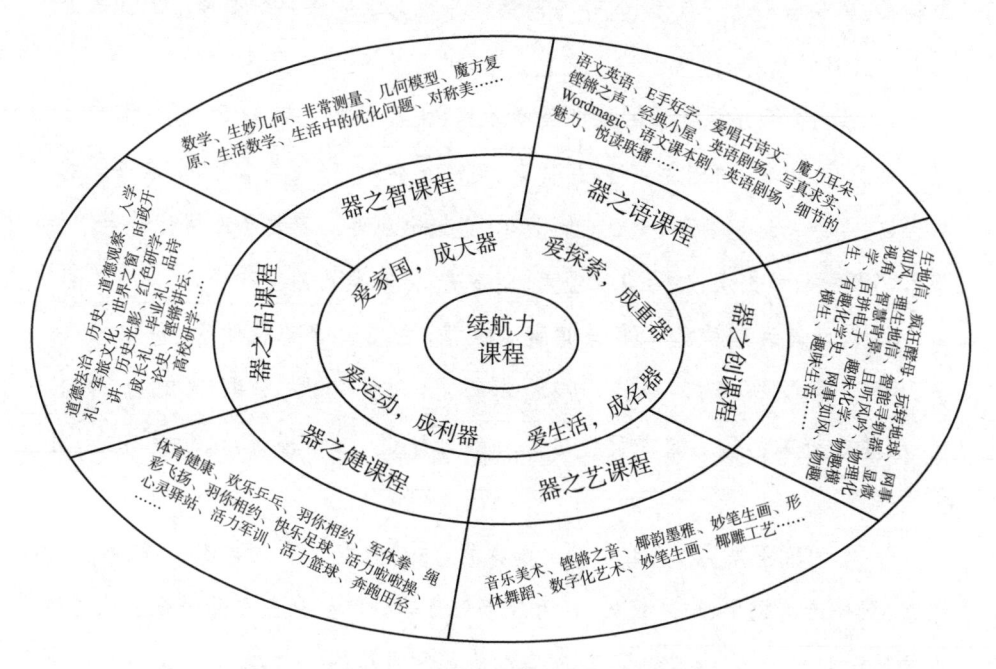

图12-2 西安市航天城第一中学"续航力课程"结构图

图12-2中,"续航力课程"各大领域内涵如下。

1. 器之语课程是指语言与交流类课程,主要包含趣味小古文、趣味英文歌、英语绘本表演、阅读与积累、Word list、用英语讲中国故事、让世界了解西安旅游英语等。器之语课程培养和发展学生的记忆力、认知力、表达力、自信力、沟通力、为人处世能力及自省力。

2. 器之智课程是指逻辑与思维类课程,主要包含Python基础编程、C++程序设计、信息学奥林匹克竞赛、算法艺术、数学思想、人工智能、学竞赛课等。器之智课程培养学生主动思考、发现和解决问题的能力,提高学生的创新思维、逻辑能力。

3. 器之创课程是指科学与技术类课程,主要包含创意手工课、趣味科学、编程(航天)、3D设计与3D打印、水火箭制作和发射、功能模拟卫星、微生物的应用、虚拟现实、机械制造技术基础、木工与金工实习、自制棉花糖机及静电除尘装置、病原微生物与人类、抗逆基因筛选等。器之创课程培养学生的好奇心、想象力及科学精神,让学生学会勇于尝试、探究世界,独立思考。

4. 器之艺课程是指艺术与审美类课程,主要包含童声合唱、行进旗舞团、探海创意画、陶艺、中国古典舞、指挥家、走进交响乐、中外美术赏析、电影艺术、舞台剧、走进巴洛克音乐、走进古典音乐、走进歌剧等。器之艺课程让学生学会基本艺术知识和艺术技能,有发现美、欣赏美、体验美的品格和能力。

5. 器之健课程是指体育与健康类课程,主要包含花样跳绳、足球、跆拳道、冰球、篮球、田径、网球、广播操、街舞、大众健美操、羽毛球、瑜伽、健美操、心理健康等。器之健课程促进青少年健康成长、增强体质、锤炼意志、健全人格。

6. 器之品课程是指自我与社会类课程,主要包含历史人物那些事、新闻进课堂、探秘传统文化、成人仪式、行为规范教育等。学生在器之品课程学习过程中发展正直的人格、诚信的品质、宽容的胸怀和自律的行为,拥有家国情怀和责任担当。

学校遵循"夯实基础、丰富个性、创新发展"原则,围绕着育人目标,旨在培养学生发展核心素养,构建学习力、审美力、自治力、创新力、领导力等必备能力。学校确立面向未来的课程体系,包含博雅筑基课程体系、跨界固基课程体系和未来强基课程体系。其中,博雅筑基课程顺应学生的天性和学段特点,指向概念为本的深度性学科观念理解,培养学生的基础学科素养;跨界固基课程指向整合融通的跨学科核心素养,进一步挖掘国家教材中的学科与活动育人要素,提高学生解决问题和项目化探究的能力;未来强基课程指向未来世界公民的必备素养和职业需求,培养学生的未来素养和生涯规划能力。在三大课程体系里,博雅筑基课程体系是基础,面向全体,意在夯实基础;跨界固基课程体系是进阶,面向部分,意在丰富个性;未来强基课程体系是延伸,面向个体,意在创新发展。学校课程功能结构图如下(见图12-3)。

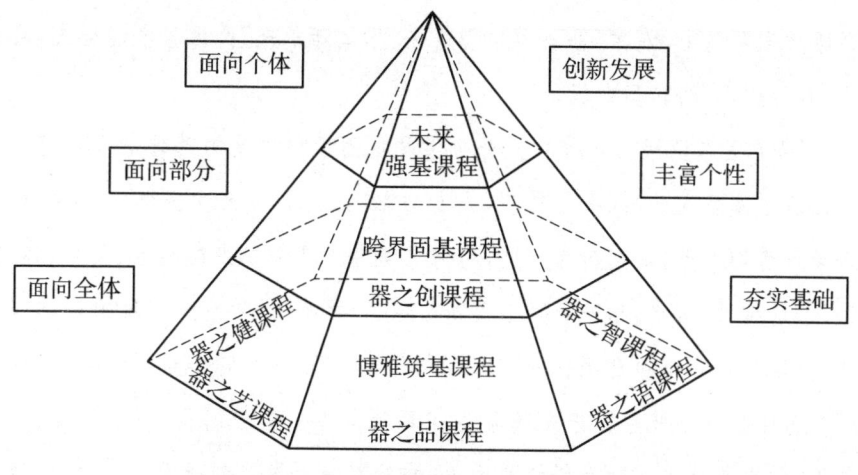

图12-3 西安市航天城第一中学课程功能结构图

上图中,博雅筑基课程、跨界固基课程与未来强基课程各有其功能。

1. 博雅筑基课程。包含国家课程里的必修学科,打破传统的学科教学方式,对各学科进行深度整合,对学科课程的大单元设计、核心问题分析进行单学科课程实践,指导学生构建完整的知识体系;以任务驱动为手段,培养学生个人自学、小组自学的能力,以应对信息化时代下知识迅速更新升级的环境,促进学生独立自主掌握软、硬知识的能力。教师在遵循学生身心发展规律、尊重学生、了解学生的基础上,更要加强课程开发和教材整合能力,做一名优秀的设计师,在进行教学设计时,更注重背后的学科观念和学科素养,引导学生掌握、理解学科中最根本、最基础的学科特点、学科本质与学科思想,并且指向迁移与应用能力。教师要指导学生主动将零散、碎片化的学科事实与知识重新建构,对必备知识、关键能力和学科素养进行整合与巩固。博雅筑基课程在国家课程标准允许的前提下,采取删、减、增、合等课程整合方式,对基础型课程进行二度开发,实现对课程之"根"的再造,为课程的校本化、生本化实施提供保障。在基础型课程校本化、生本化实施过程中,学校从改变课堂组织形式、重塑课堂结构和实施深度教学三方面入手,把"关注学生的学习状态和学生发展的实际获得"放在首位,给足学生自主学习、主动思考、合作互助、交流提高的时间,让学生真正参与到课堂学习之中,创建"每个学生动起来、思维活起来"的课堂学习样态,真正实现"教"向"学"的转型升级。

2. 跨界固基课程。学校在充分夯实和巩固学科根基的基础上进行跨学科融合的课程体系设计,以人与自我、人与自然、人与社会三大主题为主线,以项目式学习为切入点,以问题为导向,将博雅筑基课程体系内的艺术、美术、体育、心理、信息技术、历史、地理、语文、数学、英语、物理、化学、生物、政治等课程进行学科间融合,并与德育课程、节日课程、仪式课程、文化课程进行融合,实现跨年级参与课堂。这些融合方式使学生在真实世界中整合所学的知识、能力、方法与思想,培养解决实际问题的能力,并在此基础上发展创新学习能力、创意能力和跨情境应用能力。跨界固基课程依照课程方案属于选修课程,用以满足学生多样化、个性化的发展,课程多以走班的形式开展,是基于学生兴趣爱好开展的课程,在实施的过程中需要注重学生兴趣爱好的发展。

3. 未来强基课程。以未来社会职业需求为价值取向,意在培养学生在未来工作和生活中所必需掌握的技能与知识,包括学习与创新素养、信息素养、媒介与技术素养、生活与职业素养等,与国家"强基计划"对接,培养、输送有志于服务国家重大战略需求领域的综合素质优秀或基础学科拔尖的学生。具体实践如下。一是基于"未来教室实验室"开发课程,深入发展STEM课程体系,充分展示智能时代基于信息技术融合的混合式、协作性的深度学习方式。充分利用互动区、展示区、探究区、创造区、交换区、发展区六大学习区,以科学知识为基础,通过动手制作科技产品、讲述科学故事、完成科学实验等方式,探索科学领域的深刻本质。二是开设大学先修课程。引进高校师资力量,帮助学校开展兴趣类的大学先修课程,如编程、动画制作、AI等课程。同时,中学教师与大学教师共同探讨课程的设计与开发,通过大学先修课程与大学早期课程的有机结合,为学生未来进入大学学习作好准备。学校定期安排中学教师参加高校组织的相关暑期培训、研讨会或周末学习班,保证先修课程教师的前瞻性与成长性。

涉及国内外前沿科学技术时,还可以邀请科研所参与组织课程教学。三是搭建校企合作平台。学生可以用深度探究式、深度体验式的方式走进企业。学校借助企业资源开发具有连贯性和体系性的课程。同时,在吸收大学先修课理论知识的基础上,学校还借助企业的高端科技人才,带领学生体验具体性和实践性的任务和项目(如人工智能、航空航天、光伏发电、清洁能源等),使学生将理论与实践相结合,充分接触实际生活中最先进、最鲜活的科学技术,提升创新实践能力。未来强基课程是基于学生的特长而开发的深度进阶型课程,课程多以选拔和走班的形式开展,主要包含大学先修课程、各类竞赛辅导实验班课程。在实施的过程中注重让学生将兴趣爱好、特长转化成专长。

由上述案例可知,在研制学校整体课程规划过程中,学校可以绘制课程图谱,体现学校课程系统的结构化、谱系化、形象化和逻辑化,形成以图文融合形式呈现的可视化学校课程体系。

▲ 第 13 问 ▲

学校课程实施就是课堂教学吗？学校课程实施与课程政策落实之间存在什么关系？学校课程实施创意的关键在哪里？一般来说，学校课程实施有哪些路径？如何活跃学校课程实施？

> 学校课程实施创意需要围绕课程政策落实、学习方式变革、教师课程参与和核心素养培育进行，遵循课程实施的四重逻辑，即政策逻辑、实践逻辑、认知逻辑和价值逻辑，不断提升学校课程实施活性，促进学校高质量发展。

当前，我们特别强调课程治理的国家意志，从课程设计、组织、实施到管理都是如此。不少学校将更多的注意力放在课程政策与技术赋能等外部手段上，更多地考虑了课程改革的合法性维度，却很少关注学校内部的意义和价值、合作与自治、改变与提升。实际上，在课程实施过程中，把握规定课程中的情境因素和情境期待，结合实际情况，分析现实的情境，获得明确而清醒的情境意识，乃是课程实施成功的主要保证。[①] 因此，学校整体课程规划需要充分理解学校情境中的课程实施意涵，立足实际设计学校课程实施策略与方法。

[①] 李洪修,熊梅.试析学校情境中的国家课程实施[J].东北师大学报(哲学社会科学版),2009(6):218—223.

课程实施本身是复杂的,是主体对于课程的认同与关联度、课程主体的具体行动参与、课程所处各种条件、各方面实际举措等要素交织的实践过程。有学者认为,考查学校课程实施,首先要考查作为课程领导者的校长和教师对于课程的理解,这是因为他们直接影响着学校课程实施规划的方向与目标,影响着学校课程实施的侧重点和着力点;其次是作为课程参与者的教师和学生,他们在课程中的具体介入直接体现为课程目标的实现状态,体现着课程实施的状态与效果;最后是各种校本化课程行动,它们呈现出课程实施的多样性与差异性,是学校个性化的课程探索。从理解到参与再到行动的全面体验,全息式地展现了学校的课程实践,是分析学校课程实施的三个视角。[1] 学校整体课程规划呼唤人们追求教育的意义,让实施过程充满意义创生,不断折射出课程的交往性和实践性,尽显生命活力与个性空间。一句话,学校整体课程规划需要具有回归本原的价值视点、生动活泼的创生取向和具身参与的路径设计,不断提升学校课程实施的执行力,促进学校高质量发展。

一、回归本原的价值视点与学习方式变革

聚焦学生发展是课程实施的本原性意义,构建促进学生全面发展的课程体系是学校课程实施的价值视点。学校整体课程规划要透视课程的本原性价值视点,让学校课程回到这一价值视点本身。

教育即解放,这也是学校课程的价值视点。人性的解放,就其实质而言是重新确立人的主体特性,发展人的类主体特性。学校课程实施要真正把学生看作学习的主体、认识的主体和创造的主体,即把学生真正作为一个"人"来看待,从主体人的特性出发来对待学生,从而变革学习方式。新的学习方式建立在学生作为活生生的生命个体的自主能动性、独立性、创造性等基础上,它把学生当

---

[1] 王海燕.学校课程实施:理解—参与—创生的教育过程[J].教育科学研究,2010(12):51—54.

成有自由意志、有独立人格、有独特的个性特点、有丰富精细的内心世界、有敏锐的批判、质疑、创造需要和能力的生动的人,是以造就知、情、意和谐发展的,有自主创新意识和能力的,有自强独立人生信念和自尊自信的人格品质,有探索求真求实的科学精神的,充满人性温情和爱的,富含人文理想的"属人"的学习方式。① 从这一意义上说,学习方式变革是一场对学生的解放运动,把学生从依附、盲从和模式化中解放出来,从灌输、禁锢、束缚的传统中解放出来,使学生向着自己本源的自然天性回归,实现学生对生活世界的敞亮和开放,实现生生、师生之间的开放,实现学生对自我内心世界的开放。如此一来,学生便能带着学习到的课本知识走向自然、生活之中,去验证知识的真伪,体验知识对自然、生活和自我世界的作用和意义。

有学者指出:学习不仅仅是书本知识学习,完整的学习是包括符号学习、交往学习、操作学习、反思学习、观察学习等在内的多维度学习,多维学习联动是促进全面发展的学习机制和基本条件。② 因此,学校整体课程规划要具有回归本原的价值视点,洞悉学习方式变革的原始密码,让学生在多维学习之中看到主体潜能迸发出的神奇力量,看到自己与众不同的个性世界,看到在人与人的交往中智慧碰撞的火花,看到自己作为人的尊严和气质。

二、生动活泼的创生取向与课程政策落地

课程实施是行动的过程,这个过程将观念形态的课程转化为学生所接受的课程,进而实现课程的内在意义。

一般而言,课程实施取向有忠实取向、调适取向和创生取向三种,在不同取

---

① 王平.学习方式变革的价值意蕴探析[J].聊城大学学报(社会科学版),2009(1):62—64.
② 陈佑清.多维学习与全面发展——促进全面发展的学习机制探讨[J].教育研究,2011(1):45—49.

向下教师也扮演不同的角色。① "忠实取向"的课程实施追求尽可能地依据课程政策的本意去实施课程,教师努力忠实地落实既定的课程政策要求;"调适取向"的课程实施允许教师根据实际情况对课程政策作适当调适,教师是课程的积极调适者;"创生取向"的课程实施充分发挥教师的创生性作用,强调将教师的参与和学生的经验相互融合,最终展示生动活泼的学习图景。

学校推进课程实施必须全面领会国家各类课程政策的要求,例如提升科学素养行动计划、美育浸润行动计划、劳动教育课程政策等,以创生的取向突破原有惯习,促成课程变革的真正发生,在课程变革发生过程中逐渐建立新的课程实践范式。

课程政策是明确的、有要求的;课程实施是场景化的、个人化的。在课程政策落实方面,我们一方面要强调规范性,表达学校对于课程作为国家意志的贯彻与坚守,对专业规范的珍视与应用;另一方面要强调创生性,体现出学校对课程基于学生、基于校情、基于在地文化的全面把握,以多种形式创造性地研制学校整体课程实施方案。

三、具身参与的路径设计与核心素养培育

课程实施是将课程计划付诸实践的过程,是实现预期的课程目标和教育结果的手段。随着课程改革的深入,课程也逐步在外在的、线性的、稳定的基础上,体现出更多内在的、非线性、变化的特点;学生的学习也由单一的符号学习,向符号学习与以实物为对象的操作学习、以他人为对象的交往学习、以自我为对象的反思学习以及情境中的观察学习等多种学习类型转变,课程实施路径也更为丰富和多元。课程的教育旨趣拥有了实践的可能,课程作为促进人的发展的基本途径在主体的参与中得以达成。

---

① 杨明全.课程实施的学理分析:内涵、本质与取向[J].全球教育展望,2004(1):37—40.

课程实施过程从根本上说是人的具身参与过程,具有明显的具身性。高具身性的课程实施要激活课程实施的多元路径,要由符号学习向实践学习、交往学习和体验学习等具身学习方式转变,提升学校课程实施活跃度和学生课程参与性。结合当前学校教育的功能定位、课程类型及实施条件,高具身性的课程实施可以通过课堂教学、社团活动、研学旅行、社会考察、校园节日、项目学习等多维路径展开。

根据核心素养形成的运行机制,学校课程实施路径必须突破较为单一的学习方式,强调以学生的学习为中心,依据学生学习发生的基本途径,在学习、交往、实践和反思的基础上,逐步把间接学习和直接学习、知识学习与问题解决、形式训练与任务完成、课堂学习与实践活动,以及课内外、校内外、家庭学校社会结合起来,多主体协同,多途径融合,多环境转换,让课程实施路径与学生学习方式紧密结合,共同促进学生核心素养形成。[1]

学校整体课程规划要激活学校课程实施,要注重实践性学习的价值,通过学生亲自体验丰富学习的直接经验,促进经验之间的转化和融合。要加强课程学习与综合实践、社会生活的联系,建立以学生学习为中心的课程连续体,丰富学生学习情感态度,让他们体验学习过程与方法,全面提升思维水平。当前,课程实施有三个关注点:一是要加大学科内整合,包括学科知识、过程、方法与价值的学习整合,以及学科知识与实践活动的整合,构建完整的学科课程体系,发挥课程育全人的作用;二是要重视跨学科整合,着眼学生通用素养形成,基于学科,贯通多个学科,融合学科与实践,建立课内外、校内外的联系,引导学生探究真实生活的跨学科现象或主题,把生活世界的不同概念、问题、现象联系起来思考;三是要突出主题课程学习,主题课程具有课程整合性、学科交叉性、内容重构性、学生主体性、学习创造性等特点,须围绕通用素养对相关学科课程内容、活动、教学方法及评价标准等进行重构,这是当前课程实施需突破的难点问题。

---

[1] 黄晓玲.基于核心素养形成机制的学校课程实施路径创新[J].教育导刊,2021(11):12—18.

综上所述,学校整体课程实施规划需要围绕课程政策落实、学习方式变革、教师课程参与和核心素养培育进行,遵循四重逻辑,即政策逻辑、实践逻辑、认知逻辑和价值逻辑,不断提升学校课程实施活性,促进学校高质量发展。(见图13-1)

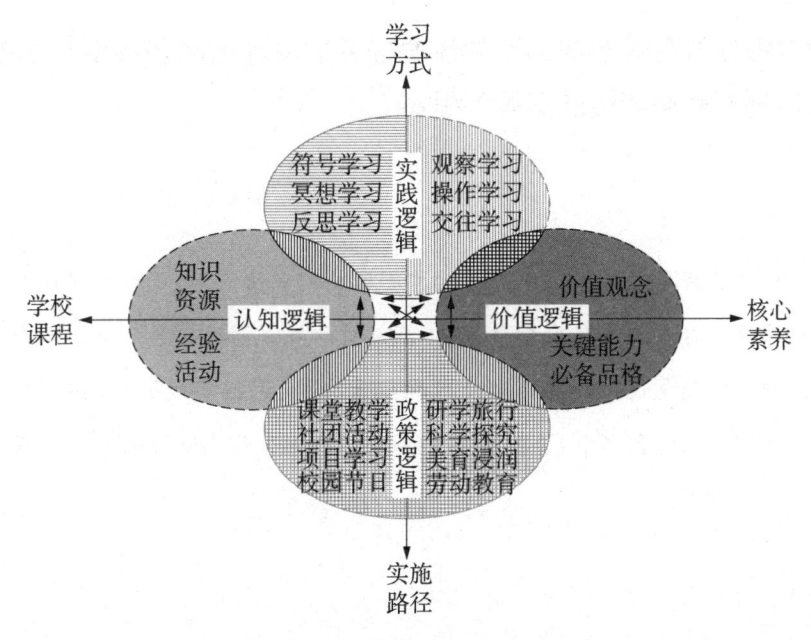

图13-1 学校课程实施的四重逻辑

当然,不同学校课程实施规划各有特色,各有侧重,这是因为学校课程情境不同,课程实施难以用一个尺度作统一规定。研制学校整体课程实施规划要实现课程理解与实践场景的完美结合,让课程实施具有因校制宜的可能性和独特性。

▲ 第 14 问 ▲

学校课程评价有哪些取向？学校课程评价设计有哪些维度？学校课程评价创意有哪些做法值得参考？

> 学校课程评价是以学校课程为对象而开展的评价活动，是系统描述学校课程的存在样态与实际效果、不断改进学校课程的实践活动。学校课程评价创意设计指向课程文本的要素分析、课程实践的过程观照、课程建设的特色呈现、课程主体的成长状态以及课程资源的丰富程度等五个维度。

课程评价有着丰富而广泛的意义，是基于一定标准和事实并运用科学方法对课程产生的效果进行客观描述与价值判断的过程。课程评价是课程建设与实施质量的根本保证，对于整个高质量课程建设都起着激励、监督以及调控的重要作用。《深化新时代教育评价改革总体方案》指出：教育评价事关教育发展方向，有什么样的指挥棒就有什么样的办学导向。未来的教育评价改革需要坚持立德树人，坚持问题导向，坚持科学有效，坚持统筹兼顾，坚持中国特色。《义务教育课程方案（2022 年版）》强调：更新教育评价观念，创新评价方式方法。长期以来，中小学课程评价强调结果的输出与比较，过分注重考试分数和升学率，且无法清晰地呈现学生的发展过程，这一局面亟待改变。

一、学校课程评价的增值赋能

在价值取向方面,学校整体课程评价设计应体现发展性,采取增值评价方式,为课程品质增值赋能。增值评价在科学与价值、个性与公平之间具有辩证张力,契合教育高质量发展的时代要求,是学校整体课程评价设计的一般取向。

作为一种创新性评价方式,增值评价可以打破"唯结果论"的评价理念,可以清晰地呈现学生在一段时间内的发展进步情况,实现从关注"横向结果"到"纵向进步"的转变。增值评价之所以具有突破性意义,正是因为它转变了传统教育评价的参考系,使得教育评价从一种绝对性思维走向了某种辩证性思维,具有一定的辩证张力。从评价手段来说,增值评价既能满足时代对课程评价科学性的需求,又能彰显教育回归发展的传统本真,使得教育从筛选功能的工具价值走向本体功能的人本价值。从评价效果来说,增值评价兼顾个性与公平,能够具体地体现每位学生的增值情况,促进每位学生充分发挥自己的潜能,是一种基于内在标准的个体内差异性评价,具有个性化与人本性,在彰显个性化的同时,也能够凸显公平性。因此,它具有绝对性与相对性之间、终结性与发展性之间、静态性与动态性之间的辩证张力。

二、学校课程评价的设计维度

在操作维度方面,学校课程评价有不同的评价维度。有学者指出,学校课程评价包括以下四个方面:学校课程内容的文本分析、学校课程实施的过程观照、学校课程建设的特色呈现以及学校课程建设的主体表达。[①] 笔者认为,学校课程评价设计应指向课程文本的要素分析、课程实践的过程观照、课程建设

---

① 李红恩.学校课程评价的意蕴、维度与建议[J].教学与管理,2019(34):1—4.

的特色呈现、课程主体的成长状态以及课程资源的丰富程度这五个基本维度。

一是课程文本的要素分析。在这个维度上,我们要系统考查静态的课程文本,确认学校课程实施方案、学校课程指南、学科课程群设计、校本课程纲要、单元课程设计等课程文本是否齐备,以及查看相关内容要素是否完整、表述是否科学、设计是否规范。这些课程文本的品质表征着一所学校课程变革的思考深度。

二是课程实践的过程观照。对于课程实施而言,其主体不仅仅只包括课程政策的设计者、课程推行的行政领导,还应该包括校长、教师和学生。其中,教师和学生是课程实施最为重要的两个主体。评价教师对于课程的实施,最主要是看究竟有多少教师在教育过程中以课程的实施作为教育的出发点,以及教师对所教课程及其所蕴含的教育理念的达成度。评价学生对于课程的学习,最主要是看通过课程的学习,学生的行为模式发生的改变和他们学业成绩的提升效果,即学校育人目标的达成度。最后,外部因素对于学校课程实施的影响,比如政府机构的支持力度,相关社会力量如社会团体、社区资源以及学生家长的支持和理解等,也都是学校课程评价须关注的重要方面。

三是课程建设的特色呈现。这一维度的评价,更多的是侧重于在课程多样化发展的改革背景下,学校如何结合自身的优势基因,因地制宜、因校制宜地对学校的课程进行合理的调适和再造。对学校课程的特色呈现,可参考以下内容:学校课程建设是否基于对学校发展历史的考察,是否基于学校的文化传统,是否对学校所在社区、家长以及学生进行深入调查;学校的课程建设是否与学校的办学理念具有内在的一致性,是否与学校的培养目标以及发展愿景相符合;学校课程建设是否能充分体现学校的发展规划;学校课程的建构过程中,校长的重视程度以及教师、学生的参与程度等方面。

四是课程主体的成长状态。可以参考以下内容:学生的学习结果,包括学生在课程学习过程中的表现、学生对课程学习的态度、学生核心素养的培养、不同学习方式的运用、学生对课程的满意程度;教师的专业发展,包括教师课程领导力的提升、教师参与课程设计能力的提升、教师进行评价能力的提升、教师共同体的成长、教师对课程方案的满意程度等；学校的发展，包括课程建设是否促进学校的发展、课程建设是否为学校发展带来新的契机；家长对学校课程的满意程度；对教师课程方案总结书面报告的分析；课程评价结果对于学校课程发展的价值等。

  五是课程资源的丰富程度。课程资源是否丰富，利用是否良好，直接影响学校课程品质提升；课程资源评价的质量如何，直接关系到课程资源的开发和利用的效果。然而，当前课程资源评价研究问题受到的关注不够，理论和实践的研究都比较缺乏。为了从总体上评价学校课程资源的开发状况，我们可以将学校课程资源划分为器材资源、场馆资源、人力资源、媒体资源、环境资源等。根据这些课程资源设计相应的评价指标，综合考虑目前课程资源的开发情况，对实际操作阶段需要确定的各指标的权重和计分方法进行设计，从而构建课程资源评价体系。构建有利于课程资源开发与利用的课程评价体系，旨在更好使学校在开发利用过程中发现自身的不足，更好地促进课程资源开发利用。在现行教育体制下，如果考试命题局限于教材文本，很少涉及现实生活，学生无须参与课程资源开发即可满足考试评价要求，课程资源开发与利用就有可能呈现出现消极状态。

  总之，课程评价的维度关涉其背后的运行逻辑，不同的划分方式都蕴含着特定的价值取向。学校课程评价创意设计的每一个向度都是反映课程质量的重要内容，都有其特殊的功能定位和文化内涵。课程作为文化产品，应体现品质要求；课程作为实践过程，应体现事件动态；课程作为学校内质，应体现办学特色；课程作为主体参与，应体现内在生长；课程作为资源，应体现支撑意义。做好学校整体课程评价创意设计与优化，要不断提升课程评价参与者的评价知能，优化学校课程评价的具体指标，开发学校课程评价的操作工具。

▲ 第 15 问 ▲

课程和时间深度关联，课时安排和作息时间是学校整体课程规划的重要内容，我们如何通过设置弹性时间、给予闲暇时间以及留足自由时间，充分关注学生的个体时间体验？

> 作为时间的学校课程具有多层性与系统性统一、连续性与非连续性统一、片断性与涌现性统一、有限性与无限性统一等特征。学校整体课程规划要通过设置弹性时间、给予闲暇时间以及留足自由时间，充分关注学生的个体时间体验，丰富生命时间的内在意义。

人是时间性存在，教育活动蕴含着时间因素，时间在课程内涵理解方面具有本源性地位。课程之"程"即是时间概念，是一种时序规定性。说到"程"，我们立即就会想到过程、历程之类的意思。学校整体课程是学习者在一段时间内的学习历程，有快有慢，有先有后，是复杂的时间表征过程。

时间是课程的重要维度，谈论学校课程离不时间。在某种意义上，学校整体课程是学校一切时间性因素的涌现。可以说，时间是分析学校课程变革的重要主题。当前，"主观时间焦虑""工具时间异化"以及"时间伦理失范"等正在成为加速时代教育时间困境的主要症候。[①] 全面理解课程的时间维度，对于把握

---

① 夏剑.加速时代的教育时间困境及其超越[J].中国教育学刊，2023(12):50—55.

学校整体课程的意涵是有积极意义的。

一、主观时间与客观时间

沃特·沃纳(Walter Werner)划分了主观时间与客观时间。① 在他看来，客观时间是指行动者依据"过去""现在""将来"等概念组织活动，依靠日历、钟表等计时工具来界定时间。客观时间的好处是让个人的计划容易与他人同步。但是，人对同一时间跨度的感受往往不一致，个人感受到的时间绵延没有固定的单位，每个人的感受是富有弹性的，这就是主观时间。在课程方案研制过程中，学校的责任是按照课程计划要求，安排时间和课时，按照时间节点渐次推进课程计划落实。相对而言，学校倾向于简化时间流程，忽视其主观特性，认为儿童的时间体验是客观的，可以采用技术理性来管理。基于这种认识，学校就可能为了追求高效率，对学习时间进行拆分、控制以及重组。殊不知，这种要求学生亦步亦趋的时间安排，正是无视时间体验的主观性之表现。学校整体课程关注整体的学习时间，既要把握客观时间要求，又要兼顾主观时间感受。

二、单向时间与多向时间

爱德华·霍尔(Edward Hall)将不同人群的时间观念概括为单向时间与多向时间两类。② 其中，单向时间的特点是一时一事，多向时间的特点是在同时段内多件事齐头并进。时间是实现课程改革目标的诸多条件之一。一般来说，学校管理者更偏好明确、清晰的计划，而教师和学生更愿意根据具体环境随机

---

① Werner, W. Program Implementation and Experienced Time [J]. The Alberta Journal of Educational Research, 1988(2):90-108.
② Hargreaves, A. Teachers Work and the Politics of Time and Space [J]. Qualitative Studies in Education, 1990,3(4):303-320.

应变,以个性化的方式开展工作。研制学校课程规划,要注意在学校场景中,学生总是需要多学科齐头并进,因此时间分布要注意平衡。

三、常规时间与碎片时间

迈克尔·康纳利(Michael Connelly)等人认为,周期性是学校时间的重要特点。① 根据是否具有周期性,我们可以把时间分为常规时间与碎片时间。常规时间有固定周期、严格序列以及标准时限,包括年、月、周、工作日、假日、课时等。每一段常规时间都有独特的序列、周期以及频率,对参与者的组成也有明确规定。常规时间为学校生活提供了清晰的结构。一般而言,常规时间以外的时间即碎片时间。学校整体课程关注整体的学习时间,要注意协调常规时间与碎片时间,科学安排常规时间,合理利用碎片时间,使之对儿童成长发挥积极作用,达到最大化的效果。

四、学习时间与闲暇时间

学校课程变革的目的是促进学生学习,是尽可能多地让儿童拥有学习时间,这是教师的一般想法;而学生总想得到更多的闲暇时间,拥有更多自由支配的时间,如此一来,学习时间与闲暇时间便产生了一股张力。对有些教师来说,他们一心想要回到教室里去,让学生拥有学习时间。当教师要求学生投入更多的时间学习时,时间问题就有可能激化。学校整体课程关注整体的学习时间,要科学安排学习时间,合理设计闲暇时间,以达到劳逸结合的目的。

---

① Ben-Peretz, M. & Bromme, R. The Nature of Time in Schools: Theoretical Concepts, Practitioner Perceptions [J]. New York: Teachers College Press, 1990:64-77.

五、线性时间与立体时间

线性时间观把时间视为由过去向现在,再向未来依次流逝的过程。线性时间观存在两个问题:一是时间的隔离性,即时间与时间之间互不渗透,过去、现在、未来互不相关;二是时间的抽象性,即时间与人的生存体验无关,时间成了外在于生命的由点构成的线。其实,这种抽象的、孤立的时间是不符合生活实际的,真实的时间是互相蕴含的,它呈现为生活化、境域化的立体时间结构。① 只有真实的体验时间才蕴含生命成长的意义,抽象的无体验的时间只是数学意义上的抽象存在,不包括时间内容,不蕴含时间意义,不具有时间性质。学校整体课程关注儿童整体的学习时间,必须以立体时间观取代线性时间观,让儿童能真正掌控属于自己的时间,获得时空一体的时间体验。每一个人都生活在时间之中,生活在过去、现在与未来链接的整体性时间之中。在课程内蕴维度,时间既是一种结构性—实用性的秩序措施,呈现为工具性特征;时间又是一种体验性—情感性的主体意识,要从教育的人本性来理解。②

可以说,课程具有鲜明的时间属性。学校整体课程关注整体的学习时间,需要把握宏观的时间制度、中观的时间结构和微观的时间逻辑之间的关系:宏观层面,建立规范的时间制度,如开学与放假、学年与学期、节日与假期等规范的时间制度;中观层面,建立合理的时间结构,如规划、计划、方案、课表、课时等所蕴含的时间要素及其序列;微观层面,遵循互动的时间逻辑,建立"关系—节奏—秩序"相统一的时间意识。把握宏观的时间制度、中观的时间结构和微观的时间逻辑之间的关系,其最终目的在于引导个体激活与万物的关系,以此感知自己在现实中的位序,形成时间秩序,引导心灵完善,生成内在价值。③

---

① 杨沐.立体时间逻辑的建立与哲学的视界转换[J].江汉论坛,2015(1):48—51.
② 姜大源.职业和教育中的时间:社会学意义的反思[J].教育与职业,2023(16):5—10.
③ 位涛.何以"成人":时间中的教育及其高质量发展[J].教育研究与实验,2023(3):14—23.

总之，学校课程有时长、时序、密度、节奏和时机，课程和时间深度关联。作为时间的学校整体课程具有多层性与系统性统一、连续性与非连续性统一、片断性与涌现性统一、有限性与无限性统一等特征。学校整体课程规划要确保学校整体时间发挥积极作用，要通过设置弹性时间、给予闲暇时间以及留足自由时间，充分关注学生的个体时间体验，丰富生命时间的内在意义。

▲ 第 16 问 ▲

学校课程管理是生成性过程,激活学校课程管理的关键是什么? 如何彰显学校课程管理的过程性、境遇性、关系性和创造性?

> 学校课程的生成性品格客观上要求我们关注课程管理的生成性过程,彰显学校课程管理的过程性、境遇性、关系性和创造性。学校课程管理是不断生成的过程,它起于问题,成于制度,归于文化。

学校课程变革必须激活包括教师和学生在内的课程实践过程,回归课程的生成性品格。学校课程的生成性品格客观上要求我们关注课程管理的生成性过程,彰显课程管理的过程性、境遇性、关系性和创造性。学校课程管理是不断生成的过程,它起于问题,成于制度,归于文化。由此,学校课程管理的方法论定位便蕴含其中。[1]

一、起于问题:以问题管理驱动课程变革

问题是理想与现实之间的距离,如果没有理想,也就没有问题;现实和理想

---

[1] 杨四耕.学校课程管理的生成性过程与方法论定位——过程哲学视角[J].教育学术月刊,2023(6):3—11.

的距离有多大,问题就有多大。说白了,问题就是我们的价值追求与当下实践之间的距离,就是我们逼近理想的一段路;而课程改革是因为我们对现实不满意,是因为现实有问题,是因为远方有我们想要的东西。课程改革就是发现问题、研究问题、解决问题的过程,没有问题意识的课程改革往往只是为改革而改革。因此,笔者的基本观点是:课程改革起于问题,问题管理应该成为学校课程管理的重要方式。

所谓问题管理,就是以解决问题为导向,以发现问题、界定问题、分析问题、归结问题和处理问题为切入点的一套管理理论和方法。借助问题进行课程管理的意义在于防患于未然,及早解决阻碍学校课程发展的问题,提升学校课程品质。例如,面对学校课程的碎片化、大杂烩问题,要以学校整体课程规划为切入点,建立有逻辑的学校课程体系,运用持续不断地提出问题的方法、循序渐进地解决问题的课程管理思路,完善学校课程结构,梳理学校课程逻辑。可以说,问题管理可以拓展我们的思维深度,可以促使我们不断提升学校课程品质。

谢勒(John Galen Saylor)等人认为,课程变革应该以教育现场为重点,以解决具体的课程问题为出发点,他们提出了问题解决课程模式。这一课程模式的基本思路是:感知问题,体验问题,分析问题,确立目标,寻找解决途径,找到解决对策,修正课程,开始使用,评价改进,继续采用。[①] 谢勒等人的研究阐明了一个基本观点:问题是课程变革的动力来源,问题是人们推进课程变革的动力,人们根据这些问题,可以确定课程变革的路径和方向。

实践表明,课程改革由问题倒逼而产生,又在不断解决问题中深化。不同时期,不同阶段,课程改革会表现出不同的问题;旧的问题解决了,新的问题又会产生,改革既不可能一蹴而就,也不可能一劳永逸,如初期的课程逻辑问题,中期的课程实施问题,后期的课程深度推进问题,等等。按照怀特海的观点,过程性是所有现实存在本身固有的属性,这是宇宙中不证自明的真理。[②] 因此,

---

[①] 于泽元.课程变革与学校课程领导[M].重庆:重庆大学出版社,2006:14—16.
[②] 杨富斌,等.怀特海过程哲学研究[M].北京:中国人民大学出版社,2018:258.

问题始终伴随课程改革过程,课程改革过程就是问题解决过程,二者通过互相摄入而相互影响。笔者认为,在课程建设过程中,运用问题管理方法有如下基本要求。

一是树立问题意识。问题意识是思维的问题指向,人们在实践中遇到不明白的问题或现象,通常会产生的疑惑、焦虑、探求的心理状态。波兰尼(Michael Polanyi)指出:"一个问题或发现本身是没有含义的。问题只有当它使某人疑惑或焦虑时,才成为一个问题;发现也只有当它使某人从一个问题的负担中解脱出来时,才成为一个发现。"[1]恰恰就是这种疑惑或焦虑心理状态,会让我们有对现实不满意之感,会让我们对课程改革产生渴望,进而让我们在行动上切实采取行动。因此,问题管理不仅是一种管理方法,还是一种专业姿态。在学校课程管理中,问题意识匮乏、对问题不敏感、遇到问题绕道走的现象很普遍。要推进学校课程管理,实现课程发展,确实需要树立问题意识,不断发现问题,创造性地解决问题。

二是把握问题属性。我们要善于区分显性问题和隐性问题。学校课程变革中有的问题显而易见,有的深藏不露。对显性问题须直接分析解决。此外,我们还要有敏锐的专业洞察力,善于挖掘隐性问题。现实是,不少学校管理者缺乏课程变革的积极性、主动性和创造性,即使发现了问题也不去面对,因循守旧,缺乏创新。笔者倡导以辩证的思维方法,正确把握课程改革过程中的系列问题,从"点与面""虚与实""表与里"等维度把握问题的根本和关键。

三是寻找问题根源。课程变革是一个非线性的、开放的、动态的复杂系统,它涉及多方面的因素,不仅涉及课程变革的决策者、设计者,还包括课程变革的实施者以及其他利益相关者,需要用复杂科学的基本原理来分析问题产生的原因和影响因素,把握问题产生的最根本的原因。[2] 因此,我们要运用战略思维,

---

[1] Polanyi, M. Problem Solving [J]. British Journal for the Philosophy of Science, 1957(30):34-39.

[2] 于泽元.课程变革与学校课程领导[M].重庆:重庆大学出版社,2006:5—8.

从整体角度来分析全局、洞察本质,科学研判,去寻找问题的根源。

四是提出解决策略。策略要针对问题产生的根源,有的放矢,各个击破,重点解决影响课程发展的关键问题,把有限精力聚焦在重点问题上,针对重点问题梳理出关键点,抓住关键点,抓住问题的主要矛盾,处理好主与次、重与轻、急与缓、难与易等方面的关系,查找短板问题,聚焦重点任务,提出优化措施,思考改进对策,落实整改举措,学校课程变革的问题就会迎刃而解。

五是养成研究习惯。课程乃是探究的领域,课程变革须臾离不开行动研究。英国课程学者麦克考南(James McKernan)指出:"行动研究是一个反思性过程,基于给定的问题领域,人们希望借此而改进实践或加深对问题的理解。探究是由实践者所从事的:首先,清晰地界定问题;其次,具体地说明行动——包括对把行动计划运用于问题情境的假设检验,通过评价监控确保行动效率;最后,参与者反思和解释,并在行动研究者之间分享这些研究结果。行动研究是由实践者着眼于改进实践而作出的系统的、自我反思性的科学探究。"①可以说,行动研究是学校课程变革不可或缺的工具。教师通过研究解决他们在课程变革中所遇到的问题,基于实践形成解决问题的一般思路与方法。但是,人们常常看不到问题,甚至刻意回避问题。要知道,问题不会因我们回避而自行消失,回避只能使问题迭出,甚至转化为危机。因此,学校课程管理团队要养成研究问题的习惯,让研究意识伴随学校课程变革之始终。

"凡是要成为现实的,就是要成为过程,过程的本质就是生成。任何现实存在,只要脱离这个生成的过程,就不再是现实的存在,而是抽象的存在了。"②过程哲学的这一观点,对于我们认识学校课程变革过程中的"问题"是有积极意义的。存在与生成一体,问题和过程同在,任何课程改革都是没有止境的,它是不断追求完美的过程。发现问题,界定问题,不断解决问题,突破问题对我们的限

---

① McKernan, J. Curriculum Action Research: A Handbook of Methods and Resources for the Reflective Practitioner [M]. London: Kogan Page Limited, 1991:5.
② 杨富斌,等. 怀特海过程哲学研究[M]. 北京:中国人民大学出版社,2018:262.

制,这就是学校课程管理过程不变的真理。

二、成于制度:以制度管理规约课程建设

制度是为行动者提供稳定预期的、结构化社会互动的一种存在,符合该属性的客体均可纳入制度的范畴;制度的本体可能是规制、规范或认知,不同的本体论意味着制度影响行为的不同机制。① 制度世界乃是一个公共的奠基性的世界,制度是我们个体乃至群体或组织行动的共享价值规范、约束框架与文化共识,给我们提供了可备选行为的集合。② 因此,学校课程制度是学校按照一定的教育价值观研制的,为落实课程计划、研制课程规划、促进课程实施、推进课程管理和评价,所有成员必须共同遵守的一系列行为规范和准则。能否将价值追求转化为制度要求,能否把亮点经验转化为制度做法,能否把问题解决转化为制度常态,这些都是学校课程变革能否取得成功的关键因素。

郭元祥教授认为:学校课程制度是由价值澄清、行为导引和程序文明三个要素组成的,学校课程制度的有效性不仅取决于制度的合价值性,还取决于制度生成过程的合理性,以及制度运行过程的规范性。③ 笔者认为,学校课程制度内蕴价值,导引实践,凸显程序,富有弹性。换言之,学校课程制度是为学校课程开发和实施提供价值引领与行为索引,为学校课程变革提供价值辩护、程序说明、技术规范以及改进提升的工具。在过程哲学意义上,学校课程制度具有教育性、价值性、策略性、规约性和反思性等基本特征。明确了学校课程制度的这些特征,我们也就知晓了以制度管理推进学校课程变革的要旨。

一是课程制度的教育性。制度具有教育性,制度本身具有教育意义,但是

---

① 徐斌,陈思.论制度的功能及实践机制[J].江海学刊,2016(9):56—61.
② 康永久.制度世界及其教育学[J].教育研究与实验,2013(2):1—6.
③ 郭元祥.学校课程制度及其生成[J].教育研究,2007(2):77—82.

制度的教育影响一直不被关注。① 很多时候,人们关注的主题是课程功能的优化、课程目标的设计、课程内容的组织、课程开发的模式、课程实施的取向、课程评价的技术等。因而在具体课程探究策略上,主要表现为理性设计、系统调控、行动研究。其实,课程探究需要关注其所阐明的一座冰山露出水面的部分,即逻辑世界和理性世界,还需要关注由于没有露出水面因而当时还看不见的那一部分,这一部分虽然沉默不语,但同样具有教育属性。好的课程制度是重要的教育资源,它可以增强课程主体的权利意识和规范意识,提高人的积极主动性,唤醒人的自我意识;坏的课程制度则是身心发展的牢笼,它压抑人的天性,控制人的发展方向,使人朝着不利于自身的方向发展,最终的结果就是使人成为别人手中的工具,摧残人的创造性,压抑人的批判意识和怀疑精神。因此,课程制度的建构和设计要考虑制度本身的教育意义,凸显制度的正向教育影响。

二是课程制度的价值性。课程制度是共享的价值规范,具有价值指引的功能和属性。学校课程哲学是课程制度的价值宣示,特别是其中的课程理念和课程目标,它们都是内隐在课程制度中的核心要素。学校课程哲学所张扬的价值观对课程制度的价值伸张具有决定意义,课程制度的设计离不开学校课程哲学的价值导引。没有学校课程哲学的理念支持和价值导引,学校课程制度将只是"规训与惩罚",很难唤醒教师的课程意识,很难确立教师的课程自觉。在课程制度建构与设计过程中遵循课程制度的价值性原则,首先就要深刻理解学校课程的育人属性,把握学校课程的价值与功能,形成具有高扬时代精神和宣示立德树人立场的课程理念,并将这一理念蕴含在学校课程建设的基本规范中。同时,要完整地把握学校育人目标的"全面发展"内涵,以此为指导精准厘定学校课程目标,明确学校课程对学生核心素养发展的整体要求,基于目标引领提出符合育人要求的学校课程开发的指导性意见,为育人目标的实现提供制度

---

① 康永久."制度教育学"管窥[J].华东师范大学学报(教育科学版),2001(1):35—43.

支撑。

三是课程制度的策略性。策略是为了实现预定目标,在一个大的"架构"中进行的一系列思考、选择和行动要求。课程制度是在学校教育价值观指引下的一种思考、选择和行动规范,是我们面对课程变革"如何思考、如何选择、如何行动"的策略性知识。首先,学校课程制度是关于如何思考的策略性知识,思考的焦点在于整体领会学校课程哲学的价值核心,把握实现学校育人目标的课程模式设计要义和整体行动策略。其次,学校课程制度是关于如何选择的策略性知识,选择的艺术在于把握学校课程建设的合规律性与合目的性的统一。合规律性是指准确把握人的成长自然规律和课程发展客观规律,使课程开发行动自觉遵循这些规律的要求。合目的性是指基于上述规律,通过课程制度的建构,很好地实现学校教育价值追求和育人目标的理想图景。通过课程开发实践,引导教师理解学生成长的基本规律,把握学科课程和活动课程的基本规律,将核心素养发展的美好诉求融入学校课程变革实践。最后,学校课程制度是关于如何行动的策略性知识,行动的智慧在于抓实抓细课程建设,不断改进、提升课程品质。学校课程制度是一套价值指引性和行为规定性有机结合的、推进课程开发与实施的行为细则,应体现策略性和实践性,它不是泛泛而谈、大而化之的课程建设准则。课程制度的建构和设计应充分体现课程开发行为的细节实在性和现实操作性,具有校本化的实践智慧属性,是课程研究成果的实践转化和课程变革经验的制度提升。

四是课程制度的规约性。学校课程制度是一套课程建设的规范和约定,是关于"怎么办"的程序性知识,具有鲜明的规约性。学校是课程管理的主体,是课程决策的机构,是课程权力的行使单元。学校进行课程决策、课程开发以及课程管理需要有一套行为规范和程序约定,以保证学校课程建设有章可循。因此,学校课程制度包含以下三个方面的规范和约定。一是学校课程规划与决策的规约。课程规划是课程决策的重要载体,是学校课程领导团队根据学校的历史与现实,基于特定语境确定学校课程哲学、课程目标、课程框架、课程实施、课程评价和管理的过程和结果。为以立德树人为根本，优化课程模式，研制课程规划，推进课程决策，学校需要在课程制度中明确有关人员构成及其工作职责和行为程序。二是学校课程开发与实施的规约。课程开发是根据实际对课程作出设计、实施、调整与改变的过程，它强调行动与过程，涉及学术性课程与非学术性课程、必修课程与选修课程、学科课程与活动课程诸关系的处理，应该有可操作性的程序规约；从具体活动方式来看，课程开发可以分为课程选择、课程改编、课程整合、课程补充、课程拓展和课程新编等类型，专业性很强，在队伍组成、需求分析、目标拟定、方案设计、实施考量、评价设计等要素和环节上，课程制度设计应该有明确的程序规约。三是学校课程管理与评价的规约。课程管理的目的在于规范课程开发行为，提升课程实践品质。学校通过课程制度建立起课程质量标准、课程认证程序、课程实施质量以及学生学业成绩监控等一整套管理规范，推进课程变革的有序开展。

五是课程制度的反思性。课程制度作为一种价值追求与行为规约，体现在学校课程变革实践过程中。然而，课程制度不是一成不变的，它可以根据实际情况重构，具有可改变性；也可以实际情况调整，具有实践弹性。因此，在某种意义上，课程制度具有较强的反思性。从课程制度的主体看，任何课程制度的建构和运行都离不开课程实践者，课程实践者的反思精神夯实了课程制度变革的微观基础。从课程制度的动力来源看，课程制度建构的初始动力来源于课程开发的价值追求与现实情境的矛盾，课程制度正是在需求与供给的矛盾运动之中酝酿、生成、反思和调整的。第一，现实情境变化对已有课程制度的有效性或合法性形成压力，课程制度的要素冲突、价值碰撞、执行不力等为课程制度变革埋下了种子。很明显，现实情境与课程制度的互动，体现了课程制度与课程实践者的反思性。第二，课程实践者可能由于已有课程制度的缺陷、课程制度不能满足育人价值追求等原因而产生调整课程制度的动机，推动需求主导的课程制度变革。此时，其他学校的课程制度模板以及课程理论研究的进步都有可能提供制度的预先供给，都可以通过需求刺激推动课程制度变革。当然，课程制度在受到变革压力的同时,还可能面临一系列变革阻力,进而加剧课程制度的惰性。第三,课程制度变革受到课程实践观念的影响。常见的情况是,主导性观念的失败催生了对新观念的需求,替代性观念的供给催生新的课程制度的诞生。这本质上是认知性反思在课程制度选择、生成过程中的作用。第四,课程制度变革还受到制度间关系的影响,如不同类型的制度与学校课程制度相互作用,进而影响学校课程制度变革。

总之,课程制度在学校课程变革过程中扮演重要角色,课程制度具有规范与引导、规约与警示、教化与建构、适应与反思等功能,是隐性课程的有机组成部分。当然,学校课程制度作为一种规约,总是以集体观念的形式存在,其价值必须在制度管理中才能显现,否则它就是一张白纸。制度管理的核心在于把握学校课程制度的特征,扩展课程制度的执行张力。因此,要很好地发挥学校课程制度的价值,就要合理地研究与建构学校课程制度,按照过程哲学的要旨,积极推动制度管理,激活课程制度的内在能量,引导个人和团队通过价值调适趋向课程制度目标,培育课程制度意识并形成课程制度思维。

三、归于文化:以文化管理提升课程品质

课程是一种生成的、活跃的文化。课程文化有四个基本特征。一是本源自在性,课程文化是一种独立存在的自主、自为、自觉、自成的文化形态,具有自律性的文化内容、价值取向及评价尺度。二是过程关联性,课程文化是价值导向的过程文化,这一过程既有确定性、因果性、预成性及可控性,也有不确定性、非因果性、生成性及不可控性,具有要素上的关联性、时间上的持续性和能量上的强大性。三是内在生成性,课程文化是一种探究的、内在的、自足的、生成的文化。四是样式多维性,从文化样态看,课程文化分为物质文化、行为文化、制度文化和精神文化;从课程要素看,课程文化包括理念文化、目标文化、内容文化、实施文化、评价和管理文化;从方法论角度看,课程文化体现着课程对文化选择

的尺度;从对象化角度看,课程文化是一种文化形态或文化形式,也是多种文化价值的整合与体现。①

  课程是一种文化现象,因此课程管理自然离不开文化管理。人类的管理理论经历了经验管理、科学管理和文化管理三个发展阶段。当我们把管理活动视为文化现象,从文化的视角来考查和研究管理,对管理进行文化研究;当我们把文化视为一种管理手段,管理效率依赖于诸如价值观念和管理哲学等文化变量;当我们形成了共同遵守的文化传统和行为方式,将教育价值观和办学理念渗透于课程决策、开发、实施与评价全过程中的时候,我们的管理便是文化管理了。归根结底,管理文化是一种文化样式,其核心是管理的价值观念;文化管理是一种管理模式,其核心是以价值观推进管理。文化管理通过文化培育,以使命和愿景引导发展,以价值追求激励进步,具有极强的向心力,常以无形的、非强制性的行为规范和人际关系准则呈现,充满人性关怀,弥补了经验管理和科学管理的不足。

  文化管理虽没有固定的程式或方法,但有规律可循。在学校课程变革过程中,文化管理有以下三个重要的考量向度。

  一是语境制约性和自主选择性统一。学校课程管理是特定学校的课程管理,是特定语境的课程管理。谁都无法否认,任何学校的课程管理不可能脱离特定的时代和社会,无法脱离学校特定的实际和需求。借用语境实在论的观点:语境是一种具有本体论性的实在。"意义与语境是本质地联系在一起的","意义是在特定的语境中实现的","人们在不同的语境中确立自身对象的本体论性,语境不同定义实体的意义就不同"。② 一所学校就是一个语境,课程管理受制于特定语境,语境约定了意义,是意义的判断标准。明确学校课程变革的"家底",是学校课程管理的前提。学校课程语境是学校课程变革置于其中并受

---

① 黄忠敬.课程文化释义:一种分析框架[J].学术探索,2002(1):102—104.
② 郭贵春.走向语境论的世界观:当代科学哲学研究范式的反思与重构[M].北京:北京师范大学出版社,2012:362—364.

其影响的宏观背景和微观情境,具有传统性、现实性、整体性、差异性以及变动性等特点,其构成因素复杂多样,包括学校内外部的诸多因素。这些都是学校课程之文化管理必须明确的。同时,学校课程文化管理又是课程变革主体自主选择的结果,管理内容和方式选什么、如何选,都是课程自觉之专业考量的结果。不同课程变革主体的立场、观点、视野和思维方式等都会影响他们的选择和应对。学校管理团队要提升课程自觉和专业水准,提高自主选择和自觉应对的能力,将自主选择建立在对特定语境制约性的深刻理解和把握基础之上,实现语境制约性和自主选择性的有机统一。

二是传统继承性和过程生成性统一。学校课程文化的发展要尽最大可能不出现文化断裂现象,必须体现继承与发展的关系。学校已有的课程哲学取向、课程资源优势、课程实施经验以及课程制度亮点总与拟推出的新的课程理念、课程项目以及课程管理和评价做法有着千丝万缕的联系。对课程文化,我们要抱着审慎的态度,简单丢弃传统的人是幼稚的。怀特海说:"我们处在现在,这个现在是变化不居的。它源于过去,孕育未来,而且自在通向未来,这就是过程。"①"过去—现在—未来"是一个连续的生成过程,学校课程文化管理应该通盘考虑传统的继承和当下的现实,着眼未来,思考生成。如何看待课程传统,如何看到这些传统的优秀基质,如何抽取课程传统的精华,如何生成新的课程哲学,如何发展新的课程项目,如何推进新的课程评价与管理,都是学校课程文化管理的议题。传统总是以其独特的方式延续在蕴含着现在与未来的连接点中,简单否弃传统是不明智的,固步自封也是不可取的。

三是文化转型性与变革渐进性统一。② 课程变革要求的不是个别的变化,而是整体的变化。迈克尔·富兰强调变革的实质就是文化转型。在他看来,文化转型是比组织变革更深刻、更全面的变化,它使变革能够真正实现并得以持

---

① [英]怀特海.思维方式[M].刘放桐,译.北京:商务印书馆,2004:48.
② 雷晓云.课程文化转型及其机制探析[J].湖南师范大学教育科学学报,2009(9):62—65.

续和提升。① 文化转型是一种根本性的、整体性的转型。课程文化转型的关键是基于价值取向变革的学校课程模式重构,这种重构需要体现在学校课程哲学的价值高瞻中,需要体现在学校课程要素的逻辑布局中,需要通过课程物质文化、课程制度文化、课程行为文化和课程精神文化的整体运思来体现。不过,课程文化整体转型是就转型的视角、目标和结果而言的。课程文化转型因其复杂性和过程艰巨性,决定了课程文化转型不可能一蹴而就。课程文化变革需要一系列的课程变革行动支撑。课程文化转型是一个渐进的过程,是一个需要足够的专业慎思的过程。课程文化发展的渐进性要求我们在管理过程中要充分研究课程文化转型之各要素以及各环节的内在联系,充分发挥实践理性,基于实践可能创新设计学校课程发展项目,推动学校课程发展。

总之,学校课程管理是不断生成的鲜活过程,从实践角度看,它基于目标,起于问题,成于制度,归于文化。由此,相应的课程管理方法也就"摄入"其中。

---

① [加]迈克尔·富兰.变革的力量:深度变革[M].中央教育科学研究所,加拿大多伦多国际学院组织翻译.北京:教育科学出版社,2004:75—87.

▲ 第17问 ▲

课程与文化是什么关系？何谓学校课程文化？如何建构学校课程文化，如何通过学校课程文化变革落实立德树人根本任务？

> 学校课程文化建构可以采取自上而下的演绎路径，实现从文化概念到课程设计的合生；也可以采取自下而上的归纳路径，实现从课程实践到文化逻辑的合生。不论采取哪一条路径，我们都必须为学校课程文化变革提供充分理由或理据，增强学校课程文化变革的认同感。在某种意义上，这也是一种文化自觉。

众所周知，课程文化是课程研究的重要领域。然而，课程文化是一种怎样的存在？它是由什么构成的？课程文化的本质是什么？如何推进学校课程文化变革？作为一种现实发生的终极性存在范畴的课程文化，需要我们作出本体论向度的探究。何谓本体论向度？17世纪德国经院哲学家P.戈科列尼乌斯认为：本体论是一切实在的最终本性，这种本性需经由认识论而得以认识，因而研究一切实在的最终本性即为本体论。① 因此，本体论向度是探究世界本原或基质的哲学向度，是理清课程文化本质的关键性理论向度。笔者认为，要从本体论向度厘清课程文化的概念，把握课程文化的要素与结构，提出学校课程文

---

① 冯契.外国哲学大辞典[M].上海：上海辞书出版社，2008：678.

化变革的基本路径。①

一、学校课程文化的想象力

由于文化的多义与富有想象力的特质,课程文化是课程理论研究最富争议的一个话题,国内诸多学者在这个方面有独特的见解。郑金洲认为,课程文化具有实体内容和对象化的文化结构,既是"文化载体"又是"文化型式"。② 郝德永指出,课程文化是教育学化了的文化,具有课程的教育学品性,是独特的文化主体存在。③ 刘启迪认为,课程文化的核心就是思维方式,终极目标是育人;④课程文化从根本上讲是人学化的文化,是教育主体创设的一切人化和物化的因素。⑤ 黄忠敬则认为,课程文化既是用文化的眼光认识课程的思维方式和研究方法,也是具有实体内容和对象化的文化结构。⑥ 范兆雄认为,课程文化是由课程价值观、课程规范、课程符号、课程传统与习俗以及课程物质设施等要素构成的复合整体。⑦ 不同学者对课程文化探讨的出发点不同,得出的结论也很不一样。有些学者将课程文化视为"事物",有些学者将课程文化当作"事件",或者二者兼而有之。

怀特海在《过程与实在》一书中指出:一个现实存在是如何生成的,构成了这个现实存在是什么;现实存在的"存在"是由其"生成"所构成的。⑧ 怀特海对"事件"和"对象"做了区分,认为事件是唯一的,就其本质而言是不可能重复出现的。维特根斯坦在《逻辑哲学论》中也指出:"世界是一切发生的事情","世界

---

① 杨四耕.学校课程文化的本体论向度与变革路径[J].课程·教材·教法,2024(5):22—30.
② 郑金洲.教育文化学[M].北京:人民教育出版社,2000:288.
③ 郝德永.课程与文化:一个后现代的检视[M].北京:教育科学出版社,2002:134—168.
④ 刘启迪.课程文化:涵义、价值取向与建设策略[J].课程·教材·教法 2005(10):21—27.
⑤ 刘启迪.论我国课程文化建设的走向[J].湖南师范大学教育科学学报,2018(6):66—71.
⑥ 黄忠敬.课程文化释义:一种分析框架[J].学术探索,2002(1):102—104.
⑦ 范兆雄.课程文化发展论[M].广州:广东高等教育出版社,2005:1—94.
⑧ [英]怀特海.过程与实在(修订版)[M].杨富斌,译.北京:中国人民大学出版社,2013:29.

是事实的总体,而不是事物的总体。"①应该说,事物和事实是不同的,我们看到的世界不是静止孤立的单个事物,而是处于不断变化中的事实状态。

基于上述观点,笔者认为,课程是文化的存在,文化是课程的存在方式和存在本身。课程文化不仅仅是事物的集合,更是事件的生成,并以事件本体论立场赋予自身以合法性。课程文化是课程的事物形态和课程的事实状态的合生体,应该从"事物"和"事件"两个方面进行理解。

(一)"事物"之维:课程文化是一组文化要素

文化是人类精神活动的产物以及衍生出来的实物,其中内蕴信仰、价值观、规范、技术和语言等要素。从"事物"角度看,课程文化包含信仰、价值观、规范、技术和语言等文化要素,这些文化要素构成了课程文化的此在和基质。

课程文化的内核是信仰。信仰是课程文化的价值系统,是课程文化的核心要素,是对课程价值基础的笃信和奉行。《简明不列颠百科全书》是这样解释信仰的:"信仰是指在无充分的理智认知足以保证一个命题为真实的情况下,就对它予以接受或同意的一种心理状态。"②课程文化是信仰的文化表达,信仰是课程文化的终极体现。信仰是一种精神追求,是学校课程发展的精神动力。从这个意义上说,课程文化是一种力量。

课程文化的基石是价值观。价值观是基于思维而作出的认知、理解、判断和选择,也就是明辨是非的思维取向。价值观的本质是一种判断、一种选择。M.罗基奇认为,各种价值观是按逻辑意义联结在一起的,它们按一定的结构层次或价值系统而存在,价值系统是沿着价值观的重要性程度的连续体而形成的层次序列。他提出了两类价值系统:用以表示存在的理想化终极状态或结果的终极性价值系统,如自由、幸福;用以达到理想化终极状态所用的行为方式或手

---

① [奥]维特根斯坦.逻辑哲学论[M].韩林合,译.北京:商务印书馆,2019:25—32.
② 中国大百科全书出版社《简明不列颠百科全书》编辑部.简明不列颠百科全书(第8卷).北京:中国大百科全书出版社,1985:659.

段的工具性价值系统,如心胸宽广、有才能等。① 课程文化内蕴价值系统,特定的价值观为课程文化导航,是课程文化的基石。

课程文化的载体是规范。课程文化包含着明文规定或约定俗成的标准,如课程制度等。郭元祥教授认为,学校课程制度是由价值澄清、行为导引和程序文明三个要素组成的,学校课程制度的有效性不仅取决于制度的合价值性,还取决于制度生成过程的合理性,以及制度运行过程的规范性。② 笔者认为,学校课程制度是为学校课程开发和实施提供价值引领与行为索引,为学校课程变革提供价值辩护、程序说明、技术规范以及改进提升的工具,具有教育性、价值性、策略性、规约性和反思性等基本特征。可以说,制度规范是课程文化的运行载体,是课程文化的合理构成。

课程文化的表现是技术。技术是关于特定领域有效的理论和研究方法的全部,以及在该领域为实现一定目标而解决设计问题的规则的全部,核心是回答"做什么"和"怎么做"的问题。文化内蕴着行动,如何行动便成为课程文化的旨趣。课程文化是一种自为的实践文化,有着清晰的行动逻辑与技术要旨。技术的基本任务是规划课程、设计课程、编制课程、实施课程、评价课程以及管理课程,以更好地满足学生的学习需求。

课程文化的家园是语言。海德格尔说:语言是存在的家。每一种课程文化都有自己的语言,都有自己的假设、目的和要求。文化不同,语言自然不同,其中的思想、观念也就很不一样,假设和要求自然也就不同。课程文化是澄明着和遮蔽着的"道"的存在,语言和文化具有共生性。海德格尔说:澄明不是"在场性的单纯澄明,而是自身遮蔽着的在场性的澄明,是自身遮蔽着的庇护之澄明"。所谓"自身遮蔽着的在场性的澄明",是相对于"在场性之澄明意义上的无蔽"的,因为后者"很快就仅只被人们当作表象和陈述的正确性而来经验了"。③ 课程文

---

① 杨宜音.社会心理领域的价值观研究述要[J].中国社会科学,1998(3):1—12.
② 郭元祥.学校课程制度及其生成[J].教育研究,2007(2):77—82.
③ [德]马丁·海德格尔.海德格尔选集(下)[M].孙周兴,选编.上海:上海三联书店,1996:1258.

化总是以语言的形式存在,总是寓于语言之中,或澄明,或遮蔽,只要在场,就会有意义。

总之,从"事物"角度看,课程与文化不是二元的,而是密不可分的整体,课程内蕴文化,文化渗透课程,二者的完美结合生成了意义整体——课程就是文化,我们谓之为"课程文化"。

(二)"事件"之维:课程文化是一个生成过程

课程文化不是简单的要素组合。正如阿兰·巴迪欧(Alain Badiou)在《存在与事件》一书中所言:"真理只有通过与支撑它的秩序决裂才得以建构,它绝非那个秩序的结果。我把这种开启真理的决裂称为'事件'。真正的哲学不是始于结构的事实(文化的、语言的、制度的等),而是仅始于发生的事件,始于仍然处于完全不可预料的突现的形式中的事件。"[1]实质上,在巴迪欧那里,真理、事件与主体是统一的,事件不仅仅指向真理,而且与主体的产生密不可分。事件的本体建构成为主体的逻辑前提,主体即事件中的主体,事件的变化断裂隐含着主体的可能性。在这里,事件是通向解放的唯一方式。换言之,作为"事件"的课程文化之真理即是在完整的课程实践中成就人、发展人和完善人。人的全面发展作为学校课程建设的价值坐标,规定了学校课程变革的现实基点、内容维度、目标向度和价值旨趣。因此,从"事件"角度看,课程文化是一个不可能重复出现的生成过程,处于不断地运动变化的育人实践状态之中。

作为"事件",课程文化是"合生"的过程。所谓"合生",用怀特海的观点来说就是:"每一个处于合生之中的现实存在,在其生成过程中都会包含其他现实存在——其他现实存在可以作为这种合生主体的材料。……成为诸多存在进入一种现实的实在的合生之中的要素的潜在性,是所有现实存在和非现实存在所具有的一般的形而上学特征","每一个现实存在都存在于每一个其他现实存

---

[1] Alain Badiou. Being and Event [M]. London: Continuum, 2006:xii-xiii.

在之中","一个现实存在在另一现实存在的自我创造中发挥作用","它们表征着任何一个现实存在是如何通过自己对其他现实存在的综合而被构成的"。① 课程文化是学校里公开的或隐蔽的信念、行为、习惯和价值观等要素相互"包含""进入""创造""构成"的"合生"体系,它融合了关于课程的物质和精神两个层面的意涵,它不仅包含课程意识、课程理念、课程价值等内隐的精神文化形态,而且包含学校课程实践过程中所创造的课程物质、课程制度以及课程行为等外显的文化形态,是诸要素相互参与和多维互动的创造过程,是"事件"的生成与发生过程——因为"文化的每一个方面都是一个能够改变文化的创造源,都是非常主动的创造性力量"②。

课程文化是生长着的"事件",是我们理解课程实践、推进课程变革的眼光。当然,课程文化虽然是一个"事件",但在本体论意义上,课程文化仍然是一种不易感知的"事件"。文化与日常生活融为一体,无法分辨,文化以未被审视的方式作用于人。人类学家指出,人们一般意识不到他们身边的文化,因为此类文化表现为平常的生活,表现为看上去正常和自然的东西;文化以无意识的状态或者说未被检查的状态悄悄地让我们作出选择、进入生活。③ 课程文化也是如此,它总是以无意识的状态悄悄地作用于课程育人实践,总是在人们蓦然回首之间,静悄悄地发生了。

当然,课程文化的这种无意识状态并不妨碍我们认识课程文化,我们仍然可以用智慧感知课程文化的存在,仍然可以用眼睛捕捉课程物质文化、制度文化、行为文化和精神文化。课程物质文化是以物质形态存在的设施和空间,这是课程文化赖以存在的物质基础与场域条件;课程制度文化是学校制定的规约课程实践的活动程序和价值规范,是学校课程变革过程中形成的价值体系和活动规则;课程行为文化是行为主体在长期的课程实践过程形成的处理课程事务

---

① 杨富斌,等.怀特海过程哲学研究[M].北京:中国人民大学出版社,2018:198—199.
② 赵汀阳.赵汀阳自选集[M].桂林:广西师范大学出版社,2000:65.
③ [美]帕梅拉·博洛廷·约瑟夫,等.课程文化[M].余强,译.杭州:浙江教育出版社,2008:20.

的一以贯之的行为方式,这种行为方式具有长期稳定性、潜意识性和无需提醒等特点;课程精神文化是学校课程文化的核心,是主导学校课程实践的理念和精神,通常会借助富有哲理的语言加以概括,如办学理念和课程理念。我们可以"看见"这些课程文化要素的合生性存在,也可以"分辨"它们的原子性存在。

综上,课程文化作为"事件",不仅仅是一个静态概念,而且是动态的、实践的和生成着的过程。在更宽泛的意义上,课程文化作为"事件"表征着参与事件的人与物之间的关系。因此,有关课程文化的阐释需要从"事件本体论"的角度予以确认。"事件本体论"以事件作为课程文化知识表征单元,为求解课程文化的内涵提供了新的思路,以文化的生成性标示了学校课程文化变革的进路。基于此,我们可将课程文化理解为事件之展开而非仅仅是事物之集合,由此所展现的将是课程文化要素、课程文化形态、课程文化主体共同构成的一幅兼容动人的文化图景。

马克思说:"社会生活在本质上是实践的。凡是把理论引入神秘主义的神秘的东西,都能在实践中以及对这种实践的理解中得到合理的解决。"[1]事件本体论归根结底是实践本体论,蕴含实践本体论的基本特征。实践是课程文化价值实现的根本途径,推进学校课程文化变革,需要进一步把握学校课程实践的内在机制。笔者认为,蕴于"事物"与"事件"之间的课程文化有"摄入"与"合生"两种课程文化变革路径可供参考。

二、学校课程文化变革的"摄入"方法

"摄入"是怀特海过程哲学的一个重要概念。在他看来,把具体要素据为己有的每一过程叫作摄入。每一种摄入都是由三个因素构成的:一是从事摄入的"主体",即以这种摄入作为具体要素的现实存在;二是被摄入的"材料";三是

---

[1] [德]卡尔·马克思,弗里德里希·恩格斯. 马克思恩格斯选集:第一卷[M]. 中共中央马克思恩格斯列宁斯大林著作编译局,编译. 北京:人民出版社,1995:10.

"主体性形式",即这个主体是如何"摄入"那些材料的。① 怀特海的"摄入"理论实际上是从微观层面说明现实存在自我生成的内在机制的理论。这一理论对我们推进学校课程文化变革是有启发意义的。

有研究者认为,学校课程文化是由课程物质文化、课程制度文化、课程行为文化和课程精神文化四个方面构成的文化复合体。② 从文化内核看,课程文化是一种信仰、一种语言、一种规范、一种眼光、一种思维方式、一种处理问题的方式,它会具体表现为课程精神文化、行为文化、制度文化以及物质文化。引入"摄入"理论,可以帮助我们更好地理解学校课程文化要素的相互摄入以及微观生成,进而有利于我们对学校课程文化变革的内在过程作发生学考察。

课程精神文化、行为文化、制度文化以及物质文化诸要素相互摄入进而"存在于另一存在之中",成为相互依存的合生体。在这个合生体中,课程精神文化是最核心、最深层的、根部性的文化要素,是课程物质文化、制度文化与行为文化的价值凝练和理念引领。课程制度文化是具有中介性质的文化,它连接课程物质文化和行为文化,既是课程物质文化的制度保证,又是课程行为文化的规约机制。课程行为文化是课程文化的表现,既受课程精神文化的直接影响,又受课程制度文化的现实规范。课程物质文化处在表层,是课程精神文化、课程行为文化和制度文化的空间和载体。如此,课程文化诸要素相互摄入、相互作用,共同构成"洋葱型课程文化结构"(见图17-1)。

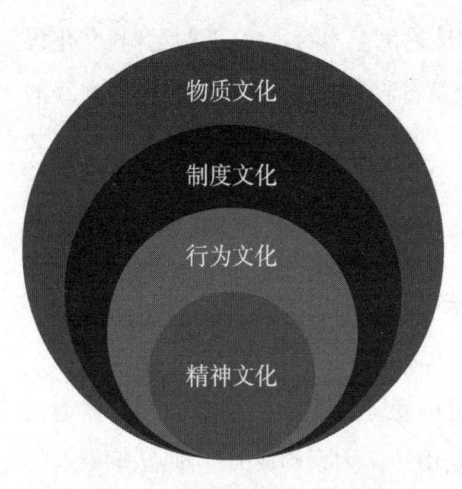

图17-1 洋葱型课程文化结构图

---

① 杨富斌,等.怀特海过程哲学研究[M].北京:中国人民大学出版社,2018:297.
② 罗忠清.学校课程文化建设研究——以下小学"公能"课程文化为例[D].重庆:重庆师范大学,2022:9.

怀特海认为,对现实存在的摄入——其材料包含着现实存在的摄入——叫作"物质性摄入";对永恒客体的摄入叫作"概念性摄入"。学校课程文化变革过程中,"物质性摄入"与"概念性摄入"是多维关联的重构过程。并且,"摄入是一个矢量,表现在能承载存在于他处的东西,并把它转化到存在于此处的东西之中。"①所谓矢量就是既有大小又有方向的量,因此,学校课程文化诸要素的摄入也是可以有力度大小和不同方向的。

(一) 精神文化"摄入"物质文化,赋予物质文化以精神内涵

学校课程精神文化不是口号,它有许多反映的层面和载体,其中课程物质文化就是精神文化的载体之一。然而,课程精神文化不会自动反映到物质文化之中,需要有意识地设计和创造。校园的物质环境不仅具有实用的价值,而且具有基于育人的美学价值。以"文化的眼光"看待校园的空间布局,就会发现"空间即课程"的奥妙;以"摄入的方法"探究校园的花草树木,就会激活"环境即课程"的意蕴……当课程精神文化"摄入"到包含学校设施设备在内的所有物质元素,并且当学校课程物质文化注入了独特的精神文化的时候,这所学校的课程文化便有了看得见的脉络,便有了会说话的"文化"。如此,学校课程精神文化便在物质空间中活跃起来。

(二) 精神文化"摄入"行为文化,行为文化便有了精气神

一所学校的师生富有精气神,是由他们健康的身体和内在的精神所散发出的蓬勃向上的力量以及所投射出的思想境界和精神风貌引起的。当课程精神文化"摄入"师生行为文化的时候,学校课程行为文化便有了精气神;当课程行为文化疏远了课程精神文化的时候,师生的行为文化便会不知所措或者随大流,没了主心骨。因此,学校课程精神文化建设很重要,精神文化摄入行为文化

---

① 杨富斌,等.怀特海过程哲学研究[M].北京:中国人民大学出版社,2018:197—198.

是学校课程变革的重要内涵。

(三) 制度文化"摄入"行为文化,制度文化与行为文化互摄共生

这种"摄入"其实是学校课程制度文化与行为文化之间的互相摄入。良好的课程制度文化与行为文化之间有一种共生关系,制度文化制约行为文化的轨迹,行为文化反映制度文化的诉求。学校课程制度文化是学校课程建设获得稳定的价值观的过程,课程制度文化赋予组织价值认同,凝结着师生的价值共识,对规范学校课程行为文化有积极作用。同时,学校课程制度文化对师生的自主意识和行为选择有具有规约作用,学校课程行为文化通过制度文化而联结,慢慢具有了"法治"取向的行为方式,经过长期坚持便逐渐成为一种生活方式,成为一种课程文化。

(四) 制度文化"摄入"精神文化,制度文化与精神文化互为内蕴

学校课程制度文化凝聚了师生的实践智慧,其核心是由学校课程变革过程产生或选择的一套价值观念或精神文化。学校课程制度文化与精神文化相互包容:一方面,学校精神文化为制度文化建设与发展提供精神支持或价值辩护;另一方面,学校课程制度文化作为特殊的精神存在又制约着课程精神文化,成为影响学校课程精神文化内容和形式的重要因素。制度文化与精神文化相互"摄入",使得制度文化与精神文化互为内蕴,成为不断生成与变化着的活的文化过程。

当然,在学校课程文化变革过程中,文化诸要素的相互摄入远不止以上四种"矢量"形态,诸文化要素的"摄入"也是双向甚至多向的,其中的微观生成是生动活泼而丰富多彩的。一般地说,在学校课程文化诸要素之间相互摄入的过程中,课程精神文化居于核心地位,它体现于其他各要素之中。学校课程文化变革可以从课程文化的部分要素开始,以点带面,整体提升学校课程品质。但是,如果要实现课程文化彻底转向,就必须整体协调课程文化各要素,就要以"文化的眼光"或"思维方式"进行这种摄入行动的思考和判断,推动学校课程文化诸要素相互摄入与融合。

三、学校课程文化创意的"合生"之道

课程与文化有着天然的血肉联系。对学校发展而言,凡是课程变革一定是文化变革,没有文化内核的课程变革很难取得成功;文化变革需要课程建设支撑,没有课程支撑的文化变革是不可思议的。课程与文化的"合生"设计,是学校课程文化创意重要方法。

怀特海指出:"在现实存在的生成过程中,以分离的多样性形式存在的诸多存在,不论是现实的还是非现实的,其潜在的统一性均可获得一种实在的现实存在的统一;因此,这个现实存在就是各种潜在性的实在的合生。"①换言之,现实存在就是合生,每一个现实存在都不是只有一种元素的简单的存在,不是原子论意义上的存在,而是由诸多要素构成的合生或有机体。"促使诸多存在进入一种现实之中,成为一种实在的合生之中的要素的潜在性,是所有现实和非现实的存在都具有的一种普遍的形而上学特征;宇宙中的每一项要素都与每一种合生相关联。换言之,潜在性属于'存在'的本质,因此对每一种'生成'来说它都是一种潜在性。这就是'相关性原理'。"②在学校课程变革过程中,课程与文化互为"现实存在"和"潜在性实在",二者"合生"即生成课程文化。推进学校课程文化变革,可以从怀特海的"合生"哲学获得启迪。具体操作上,有以下两条道路可供选择。

(一) 自上而下的演绎道路,实现从文化概念到课程设计的"合生"

自上而下的演绎道路从文化概念的顶层设计入手建构学校课程体系,实现

---

①② [英]怀特海.过程与实在:宇宙论研究(修订版)[M].杨富斌,译.北京:中国人民大学出版社,2013:28.

从教育价值取向到课程愿景设计、从课程目标厘定到课程内容体系设计、从课程实施路径激活到课程评价推进、从课程育人体系梳理到课程支撑体系建构的全流程"合生"设计。

第一,提出学校教育哲学,生成学校课程理念。最关键的一点是提出文化核心概念,即提出学校教育哲学核心概念,要从文化核心概念设计出发进而确定学校教育价值观和内涵发展方法论,演绎形成学校办学理念,推理生成学校课程理念。学校教育哲学是学校共同体的教育信条,它渗透于学校教育全过程,贯穿在学校课程所有要素之中,体现于师生日常生活和学校空间环境之中。学校教育哲学包含学校使命观、价值观和愿景观,内蕴办学理念,下延课程理念。换言之,学校教育哲学、办学理念和课程理念之间的关系是由内而外的逻辑推理关系,具有逻辑一致性。

第二,确定学校培养目标,细化学校课程目标。根据教育方针关于教育目的的总体规定性要求,演绎确定学校培养目标,并根据课程方案的要求进一步将其细化成学校课程目标。在这里,教育目的、培养目标和课程目标是从抽象到具象的过程,是总体规定性和具体表现性之间的关系。课程目标对课程编制具有重要的导向作用,细化学校课程目标需要统筹学生的发展需要、知识的发展状况和社会的发展要求等综合影响。

第三,建构学校课程结构,设计学校课程内容。横向上,把握学校课程的内容结构。有研究者认为,最具育人价值的课程内容结构主要有知识逻辑型、儿童活动型和整合型三种类型。[①] 笔者认为,最具育人价值的课程内容结构包含课程内容的实质结构和形式结构。实质结构是对课程的质的规定,反映着课程内在价值取向,是对课程功能类别的深层理解;形式结构是按照一定标准对课程进行形式分类,并把握各类之间的关系后形成的。一般而言,课程的实质结构决定形式结构。纵向上,把握学校课程的时间节律,科学设计学校课程的年

---

① 郑红娜.什么样的课程内容结构最具教育价值——兼论新课标"课程内容结构化"的育人逻辑[J].四川师范大学学报(社会科学版),2023(6):124—132.

级和学期布局,形成可供每一个年级推进和落实每一个学期教学指南的学程设计。如此,学校课程有几根跑道,以及每一根跑道如何设计都是明确的。

第四,激活学校课程实施,推动学习方式变革。如果说前述的课程开发侧重将理念形态的课程转化为文本形态的课程的话,那么课程实施则侧重将文本形态的课程转化为实践形态的课程。激活课程育人方式,需要聚焦高质量发展要求,把握学校课程实施的多维路径。一般来说,学校课程实施途径主要有课堂教学、学科拓展、社团活动、项目学习、校园节日、研学旅行、家校共育、实验操作等。实现从文化概念到课程实施的"合生"设计,需要进一步明确每一条实施路径的内涵、做法以及相应要求,且每一条途径都应该有学校教育哲学的渗透,应该体现学校教育哲学的价值影响。

第五,创新学校课程评价,落实学校课程管理。课程评价和管理是保障课程变革顺利进行的重要条件。从学校课程文化"合生"设计角度看,评价和管理既是学校课程实施的背景和场域,也是学校课程实施的手段和构成。课程评价和管理以及课程目标、课程框架、课程实施共同构成学校课程文化优化升级的内在逻辑,其逻辑起点就是立足学校教育哲学和课程理念,通过"合生"设计全面掌握学校课程实施情况;通过创新学校课程评价,全维度考察学校课程品质,系统描述学校课程的存在状况与实际成效;通过落实学校课程管理,提升学校内涵发展水平。

上述学校课程文化变革是从文化概念建构开始的,由此展开学校课程整体规划设计,实现从文化概念到课程设计的"合生",有利于提升学校课程的文化内涵。

(二) 自下而上的归纳道路,实现从课程实践到文化逻辑的"合生"

课程研究是场景化的,必须深刻理解特定场景中的课程实践。[①] 从特定场

---

① 杨四耕.场景课程论:当代课程理论发展的一个方向[J].教育学术月刊,2021(11):3—10.

景中的课程实践出发建构学校课程的文化逻辑是学校课程文化变革的另外一条道路。学校课程文化变革实际上也是学校文化决策的过程,每一所学校都有自己的文化背景,包括周边的文化资源、学校的历史传统和现实经验,这是学校课程文化变革的客观基础,也是学校课程哲学生长的实践土壤。在分析特定课程实践情境的基础上,提炼学校课程哲学,厘定学校课程目标,梳理学校课程框架,激活学校课程实施,巧用学校课程评价,这是自下而上的归纳道路,也是从特定课程实践入手到文化逻辑建构的"合生"道路。在这个过程中,要注意处理好传承与发展、共性与个性、整体与部分、科学与人文、认识与实践、理想与现实等多重关系。

第一,学校课程情境分析要处理好传承与发展的关系。学校课程总是处于一定的情境脉络之中,是特定语境的产物。学校课程情境分析要注意把握学校课程发展不同阶段中客体和主体运动变化的情况,深刻理解特定时间段的宏观、中观和微观情境,处理好传承与发展的关系,使学校课程情境的要素、联结和效应等获得系统分析和合理说明。传承与发展是相互转化的,是时间流的"合生"过程,传承的要素中往往内含着未来发展的空间,发展的要素中往往会有未来传承的可能。把握学校课程发展的连续性与非连续性叠加效应,有利于推进学校课程文化变革。

第二,学校课程哲学提炼要处理好共性与个性的关系。学校课程哲学属于专业的教育哲学范畴,须以制订纲领或提炼信条的方式从哲学角度确认,形成同教育有关的概念和系列观点,具有较强的专业性。在美国教育哲学家 J.索尔蒂斯看来,专业的教育哲学包含个人的教育哲学和公众的教育哲学这两个方面。其中,个人的教育哲学指导个人的教育实践活动,具有独特性;公众的教育哲学面向公众群体,具有公众政策意蕴,解释公众意识形态,指导许多人的教育实践活动,具有公众性。[①] 每一所学校都应该有独特的、体现时代精神的课程

[①] J.索尔蒂斯,闵家胤.论教育哲学的前景[J].国外社会科学,1984(3):8—12.

哲学，这一课程哲学既要具有学校的个性特征，又要体现时代的价值追求，要处理好共性与个性的关系。笔者认为，新时代学校课程哲学的提炼，要基于对时代精神的整体把握和对教育改革形势的总体判断，围绕着培养什么人、怎样培养人、为谁培养人这一根本性问题，形成符合学校特定课程情境的发展理念，正确处理社会本位论和个人本位论的关系，透过共性与个性这一"合生"过程，用"自己的句子"回应时代命题。

第三，学校课程目标厘定要处理好整体与部分的关系。育人目标是学校教育活动的出发点，也是学校课程的最终价值。整体与局部的关系的处理，核心在于回答"培养什么人"及其具体落实的问题。美国学者菲利普·库姆斯指出：阐明育人目标不仅可以确保教育正在努力做正确的事，做有实用价值的事，还可以为检验教育做得到底有多好奠定基础。[①] 一般来说，育人目标是把学生培养成什么样的人的整体要求和校本表达，课程目标是育人目标的年段要求和具体表现。育人目标反映了学校落实教育方针的特殊要求，是核心素养的校本表达；课程目标体现了学校培养学生的年段要求，是核心素养的具体细化。按照教育方针要求，培养德智体美劳全面发展的社会主义建设者和接班人是我国各级各类学校培养目标的整体要求。结合具体情况，学校的育人目标要反映出学校的个性化要求以及全面发展的涌现性特征。所谓涌现性特征，是指系统由于内部各微观部分相互作用而出现整体效应大于部分之和的现象。一切整体涌现性都是组成整体的各部分间相互作用的结果，是部分相互作用引起的结构效应、组织效应和功能效应。我国各级各类学校培养目标作为一种整体要求，反映国家的育人规格和统一要求；学校的育人目标是学校的个性化要求，具有全面发展的涌现性特征，应反映国家育人规格的整体要求和全面本质，二者具有鲜明的"合生"属性。同理，学校育人目标和在此基础上细化形成的学校课程目标，二者亦具有鲜明的"合生"属性。

---

① 联合国教科文组织国际教育规划研究所.教育规划基础[M].丁笑炳,等,译.上海:上海教育出版社,2009:49—50.

第四,学校课程内容设计要处理好科学与人文的关系。科学与人文的关系是课程内部的重要关系之一,是推动学校课程发展的矛盾焦点。当今时代,科学主义课程广泛影响了世界基础教育课程改革。2023年,教育部办公厅印发的《基础教育课程教学改革深化行动方案》就增列"提升科学素养行动计划",要求深化中小学科学教育改革,强化做中学、用中学、创中学,激发青少年好奇心、想象力、探求欲,提升学生解决实际问题的能力,发展学生科学素养。提升科学素养、强化科学探究是时代赋予基础教育课程改革的使命。不过,我们在强调科学素养提升的同时,要清晰地知道:科学素养与人文修养辩证统一,科学精神与人文精神合理融通。有学者指出:科学主义课程改革的未来走向是走出理性主义,关注课程的美学性;超越普遍主义,关注课程的情境性;携手人文主义,关注课程的人文性。[①] 一句话,科学要与人文有机统一,科学彰显人文特征,人文内蕴科学理性,科学与人文都是人类改造世界不可或缺的语言。因此,倡导科学精神和人文精神相结合的科学课程观,设计科学与人文整合的课程体系,以科学课程为载体,实现科学和人文的"合生"与"融通",是学校课程文化变革的重要追求。当今时代的科学教育理应回到充满生机活力的生活世界,理应从科学世界观、科学方法论、科学价值观等方面,帮助学生了解各领域的专家学者在过去、现在和未来是怎样看待人生、怎样认识世界、怎样理解人类社会的,进而增进学生的科学理性和人文精神,促进学生全面发展。

第五,学校课程实施激活要处理好认识与实践的关系。学校课程实施的重要目标是促进学习者理解符号知识和经验知识,建立内部世界与外部世界的联系,这无可厚非。但是,实践是人的全面发展的基石,认识与实践是双向建构、合生共处的。《义务教育课程方案和课程标准(2022年版)》为此特别强调变革育人方式,发挥实践的独特育人功能。作为育人活动,学校课程实施不能把学生限定在书本世界,不能无视儿童与客观世界的联系。激活学校课程实施必须

---

① 王牧华,靳玉乐.科学主义课程改革的当代发展及其未来走向[J].教育学报,2011(5):57—63.

处理好认识与实践的关系,寻找认识与实践的"合生处"与"交融点",在实践中提升认识,在实践中增长才干。确认实践性是学习的基本属性,提升课程育人的实践品质,彰显学习的实践属性,这些方式是激活学校课程实施的关键所在。丰富学习实践样态,强化真实性实践,关注社会性实践,提升实践的思维含量,激活实践体验过程,提高学生的实践理解力;激活反思理解过程,让学生学会处理人与自然、人与社会、人与自我的关系,提升生命觉醒力,处理好认识与实践的关系,这是激活学校课程实施的基本立场。

第六,学校课程评价创意要处理好理想与现实的关系。理想源于现实,是思想先导,是现实的桃源;现实立足理想,是客观存在,是理想的源泉。理想与现实之间,是你中有我、我中有你的"合生"关系。中共中央、国务院印发的《深化新时代教育评价改革总体方案》指出:坚持科学有效,改进结果评价,强化过程评价,探索增值评价,健全综合评价;坚持统筹兼顾,针对不同主体和不同学段、不同类型教育特点,分类设计、稳步推进,增强改革的系统性、整体性、协同性;坚持中国特色,扎根中国、融通中外,立足时代、面向未来,坚定不移走中国特色社会主义教育发展道路。为此,学校课程评价应坚持全面性与专业性、科学性与客观性、稳定性与发展性,既追求理想,注重课程评价的价值引导,按照理想要求做好顶层设计,使学校课程评价具有"接天线"之智慧;同时又立足现实,秉持科学客观之精神,尊重客观现实总结成败得失,使学校课程评价具有"接地气"之魅力。换言之,学校课程评价要在理想与现实之间找到平衡点,架设理想的课程和现实的课程之间的桥梁,为促进学生全面发展、完善教师专业成长和课程体系发挥导向作用。

实践表明,学校课程文化变革可以是演绎式,也可以是归纳式。演绎式可理解为"概念先行—实践验证"方式,归纳式可理解为"实践探索—归纳提炼"方式。课程是具有情境性和价值负载的文本,学校课程文化变革宜采取"理论、研究与实践互动"的方式。这种方式不完全依赖于概念或理论,也不脱离学校实际情境。在学校课程实践中,要以学校课程情境为基础,以课程实践问题为切入点,以理论为指导,以概念为圆心,边研究边行动,在实践中总结提炼,又在实践中加以验证与改造,在理论与实践的互动互补、碰撞对话中生成学校独有的课程文化框架。

当然,"摄入"与"合生"这两种课程文化变革路径,不论我们采取哪一种,都会涉及到合法性辩护问题。唐纳德·戴维森(Donald Davidson)在其行动哲学思想中倡导:在区分事件本身与事件描述的前提下,通过把心理摹状词视作心理事件标签的方式,赋予内心世界存在的合法性,以及利用心理性事件解释物理性行为的合法性。[1] 这种解释本质上是意向性解释或理由解释,其目的在于使行动获得合理化信念。因为"理由能够使我们看到行为人在行动过程中所看到的事情,像行动的某些特征、结果,它是行为人所需、赞赏、珍视的某种东西,并认为对其负有责任、义务、能受益、接受的东西。"[2]戴维森通过事件本体论承诺,强调内在心理世界的合法性以及动用心理资源解释行动的合法性,内在心理事件是构成行动的必要构件,理由才能够对行动给予合理化解释。学校课程文化变革也必须为行动提供充分理由或理论依据,从而使得行动趋于合理化,增强学校课程文化变革的认同感和一致性。在某种意义上,这也是一种文化自觉。

---

[1] 吴胜锋.事件本体论与心理原因:戴维森行动哲学的新视域[J].江西社会科学,2017(3):33—40.
[2] Donald Davidson. Essays on Actions and Events [M]. Oxford: Oxord University Press, 2002: 3.

▲ 第 18 问 ▲

高品质学校课程体系有哪些标准？好的学校整体课程规划是怎样的？一份学校整体课程规划可以用多长时间？

> 高品质课程体系有七条标准：有清晰的价值取向，有完整的育人思维，有丰富的内容设计，有活跃的学习方式，有增值的评价框架，有扎根的保障措施，有逻辑的体系建构。

随着课程改革的深入，为了提升学校课程品质，研制学校整体课程规划就有了必要性。学校课程规划在本质上是学校决策课程的过程，具体来说，就是在充分把握学校课程情境的基础上，对学生的需求进行调研，了解学校现有课程实施情况，发现学校课程发展中存在的问题；形成学校课程哲学，明确学校的课程愿景；基于育人目标和课程目标，建构学校课程框架体系；谋划课程实施途径与方式，思考课程管理措施；制订一套课程评估办法，以确保学校课程变革成为有逻辑的推进过程。因此，高品质课程体系有七条标准：有清晰的价值取向，有完整的育人思维，有丰富的内容设计，有活跃的学习方式，有增值的评价框架，有扎根的保障措施，有逻辑的体系建构。

笔者认为，研制学校整体课程规划是学校课程变革的重要环节，也是提升学校课程领导力的重要途径。学校整体课程规划涵盖课程设计、实施、管理和评价全过程，好的学校整体课程规划有以下八个方面的要求。

一、源头清：学校课程规划的"文脉"

好的学校整体课程规划要反映学校历史传统和现实情况。学校整体课程规划应该是学校"自己"的课程规划，是基于学校的，以学校的历史传统和现实情况为立足点。鉴于此，学校整体课程规划要遵循本校化原则，以学校为基础，寻找课程政策与学校历史和现实之间的结合点，对学校办学历程、课程发展传统、师生状况和学校整体环境作出全面、系统、客观的分析。学校课程情境分析既包含学校课程发展的优势和经验分析，又包含学校课程发展的问题解构。学校课程情境分析要求透彻，能基于优势和问题，对后续课程理念的确立和课程发展措施的提出有直接影响。因此，通过系统分析、准确判断、清晰定位，实现学校课程发展传统与现实要求有机统一，使其具有可行性，这是好的课程规划的一个标准。

二、特色亮：学校课程规划的"面子"

好的学校整体课程规划反映学校的办学特色。学校整体课程规划的一个典型特征在于校际的差异性，即每一所学校都有自己的文化传统以及独特的内外部环境，具体而言，每所学校在师资水平、生源质量、办学条件和课程资源等方面都存在差异，学校整体课程规划不可能有统一的模式。同时，学校的育人目标也由于每所学校的特点而有所不同，课程规划要根据学生发展的不同需求提供不同的课程模式。因此，好的学校整体课程规划第二个标准在于突出特色，反映学校的办学特色。学校整体课程规划是挖掘、提炼、建设、凸显学校课程特色的过程，追求学校课程特色是课程改革与发展的必然要求。没有特色，学校课程很难获得持久的发展，学校要通过整体课程规划，以课程与教学为抓手，统筹其他相关工作，促进学校特色发展。

三、方向明：学校课程规划的"灵魂"

好的学校整体课程规划内蕴一以贯之的学校课程哲学和逻辑，是有灵魂的。学校整体课程规划旨在建构学校课程"全景"，不仅涉及所有课程，也涵盖从课程理念到课程实施、评价的全过程。其中，课程理念是一所学校课程建设的灵魂，为学校的课程规划实践提供了方向性指引。好的课程规划都蕴含学校的课程理念，以及为实现课程理念而采取的一系列的行动策略和保障条件。因此，好的学校课程规划第三个标准在于立足学校课程发展的背景，包括在地文化资源、历史传统、办学条件与现实，有明确的学校课程发展之价值追求，并与学校办学理念在逻辑上具有一致性。

四、有挑战：学校课程规划的"定位"

好的学校整体课程规划定位于"最近发展区"，有一定挑战性。学校整体课程规划以顶层设计对学校所有课程进行系统梳理和统筹安排，不仅是口头上的文件，还是学校课程变革的行动指南，指导着教师以饱满的热情投入到课程设计与实施中，这就要求整体课程规划本身具有挑战性，能够激励全校师生向着课程目标努力，这也是好的学校整体课程规划的第四个标准。学校整体课程规划定位"最近发展区"，让课程改革在"最近发展区"开展，使课程发展的成果成为全校师生跳一跳才能摘得的果实。课程规划本身的挑战性使得学校需要把握学校课程的原有基础，即课程改革的起点，对学校原有课程进行全面分析，了解优势与不足，并对现有课程质量进行评估，提出学校课程发展的新目标，不断推进学校课程向前发展，不断提升学校课程品质。

五、愿景感：学校课程规划的"向往"

好的学校整体课程规划富有激励性课程愿景。课程愿景是学校的课程理想和价值追求，是学校课程的归宿，既反映了学校对课程发展的认识程度，也引领着课程发展的方向，是对"我们想要创造的课程是什么"的构建与描述。学校整体课程规划不仅要有课程理念的引领，还要反映学校团队对理想课程的向往，这种向往具有内在的原动力和激励性，使课程变革行为指向共同的方向。也就是说，课程规划要有一种愿景感，为课程变革提供焦点与能量，这也是好的学校课程规划的第五个标准。笔者认为，学校课程愿景不是脱离学校实际情况的、毫无根据的预设，而是在学校现实基础上提出来的；不是被动接受的而是主动寻求的、具有对教育哲学之思考的；不是校长或个别教师的愿景，而是学校组织的愿景，反映的是大家共同的课程价值追求，具有强大的驱动力。课程愿景能够激发出师生群体开展课程建设的勇气与信心，以一个高远的目标，激发师生关于课程的新的思考与行动。

六、经验性：学校课程规划的"基石"

好的学校整体课程规划总结了学校课程改革的基本经验。学校整体课程规划不是凭空而来，不是对过去的全盘否定，而是学校在对多次课程改革经验进行总结的基础上产生。学校每一次课程改革都是经验积累的过程，好的学校课程规划必然具有经验性，比较好地总结了学校课程改革的基本经验，并以此为基础进一步深化。学校课程改革是一项系统工程，每一次改革都在课程理念、课程目标、课程结构、课程内容、课程实施、课程管理、课程评价等方面有着不同程度的新建构，既继承着前一次课程改革实践的成功经验，也发掘出前一次课改实践存在的局限，并在新的环境背景下加以解决，推动着学校课程的逐步完善与发展。因此,学校整体课程规划要有经验总结意识,要对学校课程变革的相关资料进行认真分析和评估,总结出成功的经验,借鉴已有的经验,在学校整体课程规划中创造性地吸收这些经验,以问题为导向,制订下一步行动计划。

七、冲击力:学校课程规划的"语言"

好的学校整体课程规划在语言表达上立意悠远、表述准确、有冲击力,能撬动学校课程变革。学校整体课程规划不仅仅是一个概念、一种观念、一份蓝图,更是一所学校课程变革所必须采取的行动。停留在观念层面的学校整体课程规划,只会成为一纸空文,而无实际的价值与意义。课程规划本身要求立意悠远、表述准确,要清晰地反映学校课程的价值追求、框架体系、实施路径以及管理评价,易于理解与执行,以确保学校课程变革在正确的轨道中运行。在课程变革过程中,不仅要保持计划与行为的一致性,更要确保课程执行有足够的冲击力,这也是好的学校课程规划的标准之一。课程规划的"冲击力"体现在课程文本方案转化为课程实践的过程中,体现在全校师生的课程建设行动中。要以富有"冲击力"的行动实现课程理念向课程实践的转化,并使行为效能最大化。课程规划的"冲击力"要求全校师生不能简单、机械地执行课程规划,而要富有创造性地将课程规划付诸实践,促进学校课程发展。

八、无止境:学校课程规划的"时态"

好的学校整体课程规划需要在实践中不断总结完善。有人问过这样的问题:学校整体课程规划可以用多长时间?笔者认为,学校整体课程规划每一年都需要根据国家课程政策的变化进行修订和调整。这是因为学校课程变革不是一个静止的完成形态,而是处于动态生成过程之中,具有开放性、联系性、不确定性。在一定意义上,学校课程发展是没有终点的。同样地,学校整体课程规划也是没有终点的,就其目的而言,是为建立永续的学校组织生态而规划,学校作为一个生态组织,需要通过学校内外环境的能量交换而生存,这种依存性决定着当环境发生变化时,作为学校核心工作的课程规划也要作出相应的反应。因此,好的学校整体课程规划必然是无止境的,也就是说,学校整体课程规划是一个持续不断的改善过程,是指向未来的、在实践中不断总结完善和改进的过程。一定时限内的课程规划的完成并非学校课程改革行为的终结,它是一个阶段课程改革行为的总结,也是下一个阶段课程建设行动的开始,并将在连续的课程变革中,不断取得新的进步。这便是学校课程规划的"时态"。

好的学校整体课程规划的上述八个方面的要求是学校研制课程规划实践的一个参照系,可以供广大中小学、幼儿园在研制学校课程规划、落实学校课程规划时进行参考。

附件：湖南第一师范学院第二附属小学课程规划

给予每一个生命温润的滋养
——湖南第一师范学院第二附属小学课程规划

湖南第一师范学院第二附属小学始建于 1903 年，具有悠久的历史和光荣的革命传统。学校占地面积 14 亩，现有 26 个教学班，学生 1287 人。学校拥有一支专业能力强、追求卓越的师资队伍，编内教师 56 人，编外合同制教师 22 人，平均年龄 37 岁；拥有正高级教师 1 人、高级教师 6 人、特级教师 2 人；教师中具备硕士学位者有 14 人、博士在读者有 3 人。为了办好人民满意的教育，担当"品质教育为人民"的教育使命，推进湖南第一师范学院第二附属小学教育高质量发展，学校秉承"以人为本、全面育人、发展个性、追求卓越"的办学追求，坚持全面实施素质教育，以办高品质教育为主线，以教育的科学化、现代化为导向，坚持内涵发展、和谐发展和可持续发展，丰富教育内涵，不断提升办学质量。现依据相关政策文件，结合湖南第一师范学院第二附属小学实际，研制学校整体课程规划。

第一节 学校课程情境

课程是一种语境实在,是特定语境中的事件与行动。推进学校课程变革,需要从时空角度探寻学校课程的文化情境;提升学校课程品质,需要从时空角度分析学校课程情境。这是学校课程规划的基本前提。

一、学校课程发展优势

多年的办学历程,学校取得了不少成绩。特别是"十三五"期间,学校锐意进取,奋楫笃行,这五年是学校融合发展、内涵蓄力的五年,更是学校质量升维、品牌提质的五年。这五年,学校全体师生员工励精图治、砥砺奋进,较高质量地完成了各项任务。

(一)深耕发掘,红色文化得到新传承

学校把传承附小红色文化作为重要育人目标。一是构建、提炼、完善学校"润之"文化,主要包含"润之"红色文化、"润之"思想文化、"润之"教育文化、"润之"课程文化等。二是营造育人环境,传承红色精神。创新学校阵地建设,从健全功能、丰富功能、利用功能入手,将红色文化与教育教学相结合,不断完善和创建特色鲜明的红色阵地。校园随处可见学校的历史文化、办学风格、育人目标以及一代伟人毛泽东的名言警句,做到让"每一块地方都会说话",营造润物细无声的红色教育氛围。

(二)守正创新,品牌提质取得新成效

办品质学校有新战略。学校以立德树人为根本,以质量效率为主线,以改革创新为动力,以增强学生创新精神和实践能力为核心,竭力打造学校品牌,不断提升学校办学品质。构建家校一体德育网络,开辟教育渠道,开设"亲子课堂"拓视野;立足课堂,抓好重点,在常态教学中落实"双减";以微课题为依托,充分发挥教育科研对教育教学改革的促进作用,锻造研究型教师团队;完善美化了校园环境,为品质学校营造良好物质基础。

塑卓越教师有新举措。以读书丰润教师精神,提升教师品质,是学校开展的常态活动。教师读书蔚然成风,在读书活动中尤其强调自学、自省、自悟、自得。教师利用寒暑假等闲暇时间自觉读书,并撰写读书心得和笔记,自主开展"阅读,让我智慧儒雅"教师读书交流会。学校还以有效的校本培训途径促进教师专业发展,引导教师建立基本的价值共识,提升教师的专业品质。同时,开展"卓越教师"评比,充分发挥获奖教师的示范、辐射作用,着力培养出类拔萃的优秀人才。

成先锋党员有新行动。学校拥有一支具有坚强战斗力的党支部。党支部立足小学教育,针对学校实际情况,健全组织建设,完善制度建设,包括支部成员学习制度、党员学习制度、"三会一课"制度、书记上党课制度等。学校传承附小红色精神,开展做最美教育、做最美教师、做先锋党员等活动,形成湖南特色活动体系;开展主题党日活动,参观名人故居,走进湖南第一师范学院青年毛泽东纪念馆、船山学社等红色纪念地,领略革命先烈的革命精神,滋养教育情怀;校长定期举办讲座,让全体教师在学习中坚定理想信念,崇尚美德,净化心灵。

(三)外引内培,师资队伍展现新面貌

学校着力培养一支高素质教师队伍。一是鼓励深造,学校现有在读教育类博士3人,获得硕士学位者14人,参加湖南省青年精英教师和湖南省未来教育家培养高端项目培训班学习者6人。利用寒暑假,全体教师分批次赴北京师范大学、华东师范大学、浙江大学等高等学府进行专题培训,使教师品质得到改善。二是聘请专家学者,引领教师专业成长。通过专题讲座等形式,提升教师的理论素养。三是强化教师的校本培训。开展"导师制"活动,开设"润之讲堂""润之学堂",为教师搭建自我培训平台。几年来,学校荣获全国五一巾帼标兵

岗、湖南省"芙蓉标兵岗"、湖南省"五一巾帼奖状"、湖南省"工人先锋号"等奖项；教师在各级教学比武中获奖 101 人次,发表论文 152 篇,获集体荣誉 70 项。

(四) 改革创新,课程建设取得新突破

学校把课程建设作为高质量发展的核心任务。一是开足开好国家课程。学校根据义务教育各课程标准,坚持正确的改革方向,体现先进的教育理念。二是以"润之教育"理念为导向,初步构建学校"润之课程"体系。编写了经典诵读校本课程"经典润少年";开发创客教育校本课程,将创新活动、课程改革、养成教育、科学研究融为一体,有效推进了我校素质教育改革的纵深发展。学校获评"湖南省青少年科技活动示范学校",被授予"全国航天主题教育活动(湖南站)优秀组织单位"称号。

(五) 推陈出新,校园活动彰显新价值

学校以群体活动为平台,发展学生综合素质。一是依托校园"五节"活动,充分调动学生积极性,为学生搭建展示自我的舞台。二是开展学科知识比赛,如儿歌比赛、词语积累运用比赛、查字典比赛、古诗比赛、数学七巧板拼图比赛、数独比赛、讲题比赛、英语儿歌童谣和英语知识能力竞赛等,参与人数达 100%,获奖人数占 68%。三是优化队组训练,推动特色活动。学校组建了各类社团,长年开展训练,培养专长,发展能力。学校围棋队获湖南省围棋锦标赛团体第三名；鼓号队获得长沙市鼓号花样操比赛特等奖。

(六) 帮扶合作,教育均衡贡献新力量

学校一直把促进教育均衡发展作为自己的使命担当。五年来,附小发挥名校优势,努力办好对口合作的五所湖南第一师范学院附属实验学校,精心扶持对接芙蓉学校,通过构建学习、成长、发展共同体,帮助对口合作学校的教师实现教学技能快速提高和学校快速发展,措施得力,效果显著。利用送培、送教、

送温暖等方式帮扶全省乃至全国的"三区"薄弱学校,为教育均衡发展助一己之力。共享均衡教育成果,为区域教育优质均衡发展贡献新力量。

(七) 活跃工会,幸福指数提升新高度

学校重视工会建设,关注教师身心健康。一是定期开展丰富多彩的工会活动,活跃教职工业余生活,提高教职工工作生活幸福感,增强凝聚力。二是完善教职工小家建设,精心打造了"魅力之家、红色之家、文化之家、活力之家、温暖之家"五个工会活动室,让教师们工作之余有了休闲之所。三是引进专家讲座,如"教师的言谈举止""书法艺术与教师修养"等。近年来,学校先后荣获湖南省首批"文明校园"、湖南省"模范教职工小家"以及"最美职工书屋";学校语文组荣获由湖南省总工会颁发的"巾帼五一奖状"和"工人先锋号"。

二、学校课程发展空间

一是品牌优势要拓展。学校红色文化资源丰富,小学教育品牌优势享誉三湘。为进一步挖掘品牌优势,团队需要深入研究学校优秀文化基因和元素,凝练文化品牌,进一步提升学校文化创新力、传播力和影响力,充分拓展学校文化立德树人的优势。

二是内涵品质要厘清。目前,学校存在思想解放不够、忧患意识和发展意识不强、推进改革和发展的动力不足等问题。学校的远景目标是什么?办学特色是什么?这些问题在促进学校内涵品质发展建设的过程中需要被逐步厘清。

三是课程开发要深入。在"双减"背景下,课程改革纵深推进。学校的课程开发、教师课堂转型与作业设计、学生的学习方式转变等方面有待进一步深入研究;"润之课程"三大体系还需进一步系统构建和优化。

四是师资队伍要优化。学校教师平均年龄37岁,中老年教师居多,教师年龄结构需要进一步优化;学校编外合同制教师占比26.19%,影响和制约了学校的长远发展。

五是治理体系要完善。为充分调动学校教职工干事创业的活力,对提高治理效能的各项制度要进一步完善。如人事制度要顺应时代变化改革,绩效分配制度需进一步完善,学校治理体系和治理现代化水平有待进一步提高,校园文化建设应进一步提升等。

六是办学条件要改善。学校地处老城区,场地空间有限;同时,学校属省直独立法人单位,办学经费来源单一、不足,这导致学校存在教学用地不足、教学楼老化严重、功能室不齐、学生运动场地不能满足需求、教育教学设施设备陈旧等问题,办学条件亟须改善。

第二节 学校课程哲学

深厚的文化底蕴为学校的快速发展奠定了基础,又为学校跨越式发展带来了挑战。一代又一代附小师生传承着胸怀大志、忧国忧民、忠于教育、无私奉献的精神特质,学校在传承这些优秀品质的过程中更需要创新。面对新时代教育之大变局,学校应紧跟时代步伐,在传承与创新之间,找准平衡点,确立学校课程哲学,为实现跨越式发展走出自己的独特之路。

一、教育哲学:润之教育

毛泽东(1893年12月26日—1976年9月9日),字润之。毛泽东曾在湖南省立第一师范学校求学,后来又于湖南第一师范附属小学任主事,对学校发展产生了极其重要的影响。

好的教育应有深刻的思想、个性的视角、时代的意识和未来的眼光。为此,学校以"润之"为价值原点,提出"润之教育"哲学。从学校文化角度看,学校秉持"润之"文化,创设"润之"文化氛围,打造"润之"文化品牌。在我们看来,教育是心灵的润泽,倾囊相授即为"润之",教学相长即为"润之",尊重理解即为"润之",唯有心与心的贴近才能让灵魂深处产生共鸣;唯有灵魂深处共鸣的教育才能产生巨大的社会效应。

(一)"润之教育"的时代意义

从时代意义角度看,"润之教育"是对"钱学森之问"和"钱理群之忧"的校本化解答和尝试性探索。"为什么我们的学校总是培养不出杰出人才?"这就是著名的"钱学森之问"。"钱学森之问"是关于中国教育事业发展的一道艰深命题,需要整个教育界乃至社会各界共同破解。北大教授钱理群曾道出一个忧虑:"我们的教育,正在培养一批绝对的、精致的利己主义者。"这可以称为"钱理群之忧"。"钱学森之问"与"钱理群之忧"都一针见血地指出了我国现行学校教育中真实存在的关键问题。"钱学森之问"指向科学精神缺失,涉及顶尖人才的培养;"钱理群之忧"指向人文精神缺失,涉及更加广泛的公民的培养,是一个更为基本的问题。这两个问题是"培养什么人""如何培养人"的问题,是教育的首要问题。"润之教育"对以上两个问题的解答是:科学精神和人文精神相辅相成,当代教育要高度关注科学精神和人文精神培育。

(二)"润之教育"的理论基础

"润之教育"是以马克思主义关于人的全面发展学说为指导的,关注儿童人格、认知、情感、审美和身体发展,是促进儿童个性发展的一种教育思想,是学校发展素质教育的实践探索,是学校内涵发展的理论概括。

马克思说:"人以一种全面的方式,也就是说,作为一个完整的人,占有自己的全面的本质。"马克思在《1844年哲学经济学手稿》中详细论述了"劳动异化"的根源及表现,指出"劳动异化"的结果是"人的异化",即人不能"全面地占有自己的本质"。相应地,马克思提出"完整的人"这一命题,作为解决"劳动异化"问题的核心概念。进而,马克思提出了"人的全面发展学说"。

马克思主义关于人的全面发展学说具有丰富的思想内涵,主要体现在以下几方面。一是人的活动的全面发展。它既表现为人的实践活动中内容和形式的丰富性、多样性和变化性,又表现为人的需要和能力的全面发展。二是人的社会关系的全面发展。个人社会关系的全面发展包括人的社会关系的普遍性发展和全面性发展,意味着个人社会关系的全面丰富、个人社会交往的普遍性、人对社会关系的共同控制以及个人在自身所处的社会关系中充分而协调地发展自己的全部特性。三是人的素质的全面提高。人的素质的全面提高表现为人的身体素质、心理素质、思想道德素质和科学文化素质等的发展和完善,以及各种素质之间的均衡协调发展。人的全面发展最终要体现在价值的实现上,它标志着个人能够满足社会的某种需要,在某一方面有所成就,得到社会的认可。四是人的个性的全面发展。人的个性的发展,从内容上体现为个人倾向性的充分展现和满足、社会价值的优化,以及各种个性要素的相互协调。五是人类的全面发展。包括人类特性的全面发展、人类社会关系的全面发展、人类能力的全面发展、人类的全面解放和充分自由的实现。基于此,"润之教育"依据人的全面发展教育学说,充分体现人的全面发展教育学说之要求,在个人发展与社会需求之间寻求发展平衡点。

(三)"润之教育"的人学依据

人是文化的存在、社会的存在、历史的存在、传统的存在。我们认为,人是一种超越性的存在。个人总是在超越现存的生活、超越现实的规定性中存在着的,超越是人的存在方式,也唯有人是以这样的方式存在的。

人是超越性存在,既是教育的人学依据,也是教育之所期待。教育所期待的超越性的人,是把超越和创造作为自己生活取向的人。超越性于人而言并非某种可有可无的特征,而是人的不可或缺的存在维度。超越,这一维度表现了人性的丰富性:向世界的开放性、不断否定给定性、不断指向未来的可能性、不断改变生活和改造世界的目的性。这也是教育所要彰显的人性维度。教育所期待的不仅是在实践活动中力图去超越现存的生存境遇、努力创造更好生活的人,同样也是在思想和意识中不断去探寻人的存在价值、意义、理想和目的,寻求精神和思想超越的人。

真正意义上的教育是以形成人的超越性生活理念为旨趣的教育。教育不仅要使人把握现实的生活是什么,更为重要的是,要使人去探寻理想的生活可能是什么,帮助人树立起生活可以更加美好的信念,形成人改变生活、改造世界的实践指向。教育的引导使人有可能超越"现在"的狭隘眼光,不断突破自我封闭的生命循环链条,去思索和探寻另一种生活的可能,作为人内在价值取向的超越意识和超越的生活态度得以现实地生成。教育的超越性引导要使人既能把握现实存在,利用现实存在,又能引导现实存在去达到追寻更加美好生活的目的;使人存在于现在的生活中,却能关怀和指向未来的可能,使他们"依据可能和存在发生关系,正如依据现实一样"。教育所期待的反思和批判者不仅是善于发现生活中的矛盾和问题的人,更是勇于改变生活、改造世界的人。他们不仅在解构生活,同时也在建构生活,他们不仅具备忧患意识,更具备使命感和责任承担精神。学校教育的对象具有的特征是:不安现状的蓬勃朝气,不惧权威、"粪土当年万户侯"的无畏精神,以及对于不合理现状的敏感性和冲击力等。青少年的这些特征正是超越性人格成长的希望所在。教育者要加以积极的呵护和正确的引导,而不要视之为异端而妄加扼杀。

(四)"润之教育"的基本内涵

人生活于特定的文化情境之中,是由文化塑造的,个体发展的过程就是其所处文化情境塑造的。人创造了文化,又被文化所塑造,人与文化密不可分。人格是个体在特定文化状态下的生存样态,它的形成和发展受物质文化、制度文化和精神文化的影响与制约。也就是说,"人格"实质上是一种文化人格,即个体在接受特定文化熏陶时,通过对特定文化的内化及个体社会化后所形成的稳定的心理结构和行为方式,表现为气质性格、个性特征、价值观念、思维方式等。它是人在社会化过程中接受社会文化影响和熏陶的结果。把人格界定为文化的产物,原因在于作为生物体的人跟动物的区别之处在于:人是文化的创造者和被塑造者,人类创造了文化,但对每个个体来说,文化又塑造了他。人是文化中的人,文化是人的文化。因此,可以说人格是个人对特定文化"内化"的结果,也是人的文化存在方式。在我们看来,"润之教育"是继承学校优秀历史文化传统的教育实践,又是基于新时代特定要求的教育形态。"润之教育"是以润泽的方式培育温润而有力量的人的教育,它既是学校的教育价值观,又是学校的内涵发展方法论,还是学校发展素质教育的个性化探索与理论概括。

"润之教育"是自主的教育。"润之教育"认为,教育是自主的,每一个孩子都是具有自身发展规律和发展潜能的个体,都是具有独立个性以及社会意义的活生生的人。教育面对的是一个个洋溢着灿烂微笑,欢唱出动听歌声的孩子;只有精心呵护,细心培养,才能让每一个生命都绽放精彩,让每一个生命都自由呼吸。

"润之教育"是美好的教育。"润之教育"认为,教育是美好的。教育之美在于心与心的交流、灵与灵的沟通。滋养孩子萌生于心间的嫩芽,润泽根植于精神深处的灵魂。与儿童之间心与心的呼应就像人们在群山之中得到的回声一样。教师对学生心灵的呼唤,也会在学生的心灵深处荡起涟漪,得到回应。所以,陪儿童站立在课堂的中央,蹲下来,俯下身子,以儿童的视角来观察这个世界,会领略到不一样的风景。回到儿童中去,才能发现每个孩子的独特之美。教育应该把最美好的东西交给儿童。

"润之教育"是生态的教育。教育应该是生态的。生态的教育是一个人一生中顺应自然的、人性的教育。生态的教育有着极为丰富的内涵,涵盖各个教育层面,包括学校教育、社会教育、职业教育。其教育对象包括全社会的决策者、管理者、企业家、科技工作者、工人、农民、军人、普通公民、学生;教育方式包括课堂教学、实验探究、媒介宣传、野外体验、典型示范、公众参与等;教育行动主体包括政府、企事业单位、学校、家庭、宣传出版部门、群众团体等。

"润之教育"是活跃的教育。教育是人性的微妙滋养,润泽是教育最美的语言,学校是自由伸展的地方。每个孩子都有天然的学习动机和自主学习的能力,兴趣是孩子主动成长的不竭动力,是孩子自主探究的力量源泉,是孩子成才的重要资源,也是孩子感受生活美好的必备条件。

"润之教育"是激扬的教育。激扬生命、舒展灵性是教育的神圣使命。学校,应该是一片弥漫书香的圣洁之地。这里应该成为孩子们舒展心灵、放飞梦想的处所。正如毛泽东在《沁园春·长沙》词中所言:"鹰击长空,鱼翔浅底,万类霜天竞自由。……恰同学少年,风华正茂;书生意气,挥斥方遒。指点江山,激扬文字,粪土当年万户侯。曾记否,到中流击水,浪遏飞舟?"

总之,"润之教育"是完整教育,倡导科学人文有机统一;"润之教育"是主体教育,坚持教育的儿童立场;"润之教育"是个性教育,张扬儿童的生命个性;"润之教育"是特色教育,引领时代教育风尚;"润之教育"是素质教育,回归教育的生长原点。因此,"润之教育"是精彩纷呈的素质教育、追求个性的主体教育、儿童立场的完整教育和引领时代的特色教育。

二、办学理念:润之心灵,泽被天下

基于上述教育哲学,学校提出"润之心灵,泽被天下"的办学理念。

首先,教育根植于心灵。"润之心灵"是教育的个体指向,涉及人际关系的互动和谐特性,是人际间的尊重、信赖、倾听,有期待,有关注,有思考,有碰撞,有激荡。教育理应让人时时感觉到被鼓励、被期待,让每一个孩子都能得到尊重,放心地打开自己心扉,走向未来。

其次,教育作用于时代。"泽被天下"是教育的社会指向,当今时代,教育是触发社会变革的原动力。有什么样的时代,就会孕育什么样的教育;有什么样的教育,就会有什么样的未来。教育要体现时代的新特征,满足飞速变迁的社会新期待,发时代之先声,放眼世界,着眼未来,注重高质量和内涵式发展,更加关注教育本体的科学性、前瞻性、世界性、革新性特征。教育要引领时代,为时代服务,向时代学习,与时代同行,推动时代发展,引领时代进步。

"润之心灵,泽被天下"这一办学理念体现了个人本位论与社会本位论的统一,是新时代发展素质教育的本质要求。个人本位论和社会本位论是人们在不同的价值选择上对教育目的的认识。个人本位论的教育目的强调个人需要和个人价值,而社会本位论的教育目的则更多地强调社会需要和社会价值。教育是培养人的社会活动,人和社会通过教育这一中介相联系。如果在教育活动中一味去强调个人的需要和价值,则会形成个人本位论的教育目的;反之,如果在教育活动中过多强调社会的需要和价值,就会形成社会本位论的教育目的。小学教育阶段,受教育者年龄较小,多强调个人本位的教育目的。因为在受教育者年龄较小的时期要强调完善的人性、良好的性格、健康的心理等的形成,所以,在这一时期要多强调个性的培养和个人需求,在制订具体教育目的时以个人本位论教育目的为主。当然,在此强调个人本位论的教育目的,并不意味着在受教育者年龄较小时不关注社会需求,而是在以个人本位论为主的情况下,将个人本位论与社会本位论的教育目的有机结合起来。随着受教育者年龄增长,则应逐渐多强调社会需要,更多强调学生与社会的联系,多强调社会需求和社会价值。

综上所述,"润之心灵,泽被天下"这一办学理念是将个人本位论与社会本位论教育目的有机结合、优化组合而形成的科学合理的教育理念,可以较好地指导我校的教育实践活动。学校是个性张扬的空间,学校是诗意盎然的地方,学校是思想创构的场所,学校是智慧创获的所在,学校是精神栖息的家园,学校是生命超越的支点。我们秉持如下教育信条:

我们坚信,

教育是一种力量；

我们坚信，

童年是心根的蔓延；

我们坚信，

学校是陶冶性情的地方；

我们坚信，

呵护儿童的精神胚胎是教育者的职责；

我们坚信，

润之心灵，泽被天下是教育最美的姿态；

我们坚信，

给予每一个生命温润的滋养是教育的神圣使命。

三、学校课程理念

毛泽东在《实践论》一文中指出："改造客观世界，也改造自己的主观世界——改造自己的认识能力，改造主观世界同客观世界的关系。""通过实践而发现真理，又通过实践而证实真理和发展真理。从感性认识而能动地发展到理性认识，又从理性认识而能动地指导革命实践，改造主观世界和客观世界。实践、认识、再实践、再认识，这种形式，循环往复以至无穷，而实践和认识之每一循环的内容，都比较地进到了高一级的程度。这就是辩证唯物论的全部认识论，这就是辩证唯物论的知行统一观。"可以说，给予儿童改造世界的力量是教育的使命。为此，学校基于"润之教育"哲学和"润之心灵，泽被天下"办学理念，确立学校课程理念：给予每一个生命温润的滋养。其具体内涵如下。

课程即生命的情愫。人的一生总在不同的场景中轮换，一个场景代表一种经历，一种经历代表一种人生。场景的呈现便是个体的诉说，场景的交错累积乃是情感的升华沉淀。在这幕波澜壮阔的生命图景面前,每个人都有自己独特的情感体验。我们的课程将向孩子们展现不同的生命图景,让孩子们主动去了解探索。课程承载的是文化的种子,在学生心灵深处播撒、萌芽、生长。要让学生在课程中能够感受来自师长的善意,感受学校对于生命成长的期待。让儿童的精神力量不断发育、生长、壮大。地域有局限,空间有大小,精神领域却可以无边无际,无拘无束。课程实践过程中,要任孩子们带着美丽的梦,乘着自由的翅膀,翱翔在学校营造的浩瀚的精神宇宙中。

课程即力量的给予。意义是课程的基因。意义即以符号形式传递和交流精神内容,是人对客观事物的主观反映。一千个人眼中有一千个哈姆雷特,认识的冲突体现了人开放自由的思想形态。具有意义赋予的课程是一种鼓励创新、开放式的、多维度的课程,鼓励不同学科师生相互交融,大胆质疑,迸射出思想的火花,从而形成自己的世界观和人生观。课程要形成一种思想、一种习惯、一种行为,给予儿童泽被未来的力量,给予心灵成长无限的力量,这是课程的价值。课程延展文化的内涵,拓宽文化的视野;课程形成文化,而文化在课程中得以创生,相辅相成,相得益彰,让课程富有生命力,给文化以永不枯竭的源泉。

课程即温润的滋养。一花一世界,一叶一菩提,灵性的滋养需要从小处着手。课程要注重孩子的观察能力、动手能力,培养孩子亲近大自然的天性,返璞归真,让孩子在大自然中自由呼吸,感受生命的真谛;培养一种执着的思考能力,让孩子学会发现,收获美好;培养孩子珍贵的性情,传递并创造美。要给予每一个生命温润的滋养,让心灵与整个世界相遇,陪儿童站立在课堂的中央,蹲下来,俯下身子,以儿童的视角来观察这个世界,领略到不一样的风景。回到儿童中去,才能发现每个孩子的独特之美。这是教育者的初心,也是课程的初心。

课程即个性的飞扬。每个儿童都有属于自己的成长密码。学校课程建设须因地制宜地创设一套属于儿童本身的文化密码。教育者只有用心观察、了解、研究、探索才能破译这套文化密码。教师要在课程中发现每一个独立个体的精神内核,打开儿童思想的大门,倾听儿童心灵的声音,启迪儿童人生的智慧,引领儿童把握人生航向,踏上更加广阔的人生舞台。我们致力让孩子们在美好的情境中自由成长,在丰富的体验中自信健康,用有温度、有理想、有生命力的课程去温暖学生、感召学生、促进学生,让学生们迸发出独特的智慧。优秀的课程让每个孩子都绽放生命的绚丽与精彩,不禁锢孩子的个性,尊重每个孩子的生命存在,满足每个孩子的需求,开启每个孩子的心智,滋养每个孩子的个性生长,守望每个孩子的花开时刻,在此基础上实现儿童发展的丰富个性。我们尊重每一个鲜活的生命个体,与每一个孩子达成心与心的交汇、灵与灵的沟通。滋养孩子萌生于心间的嫩芽,润泽根植于精神深处的灵魂,让每一个孩子的个性都得以生长。

基于上述理解,学校将学校课程模式命名为"最童年"课程。我们期望孩子们走进校园,心灵在这里放飞,生命在这里绽放。在课程当中发现每一个独立个体的精神内核,打开儿童思想的大门,倾听儿童心灵的声音,启迪儿童人生的智慧,在儿童的心弦上镌刻文化的密码,这便是学校课程理念的价值追求。

第三节 学校课程目标

课程是为育人服务的。确立学校育人目标,厘定学校课程目标,是学校课程建设的起点。

一、育人目标:文明其精神,野蛮其体魄

1917年,毛泽东在《新青年》上发表《体育之研究》一文。文中,毛主席提

出了"文明其精神,野蛮其体魄"的思想,阐述了体育"强筋骨、增知识、调感情、强意志"的四大作用。"欲文明其精神,先自野蛮其体魄,苟野蛮其体魄矣,则文明之精神随之。夫知识之事,认识世间之事物而判断其理也,于此有须于体者焉"。"文明其精神,野蛮其体魄"大意是说,要让人们的精神变得文明,让他们的身体变得强健。同时,毛泽东在一师求学期间,为自己确定了明确的读书目的。他认为,真正的立志,首先是寻找真理,然后照此去做,若"十年未得真理,即十年无志;终身未得,即终身无志"。1915年9月,在给好友的信中,他提出有"为人之学""为国人之学""为世界人之学"。今天,我国正处于中华民族伟大复兴的关键时期,每一个人都面临着难得的建功立业的人生际遇。

基于上述思想,我校将"文明其精神,野蛮其体魄"作为育人目标的总体要求,倡导每一个人都做柔软而有力量的中国人,使柔软的心灵和强大的力量完美结合、高贵的精神与强健的体魄完美结合,期望每一个孩子身体有力量、精神有力量、大脑有力量、生命有力量。我校育人目标的具体内涵如下。

——爱家国,文明其精神。

——爱学习,给予其真理。

——爱运动,野蛮其体魄。

——爱生活,陶冶其情操。

——爱劳动,磨砺其意志。

二、课程目标

基于学校育人目标,结合义务教育课程方案和课程标准,我校根据儿童的学龄特点设计一至六年级课程目标(见附表1)。

附表 1　湖南第一师范学院第二附属小学课程目标表

育人目标／课程目标	爱家国，文明其精神	爱运动，野蛮其体魄	爱学习，给予其真理	爱生活，陶冶其情操	爱劳动，磨砺其意志
低年级	1. 初步了解附小建校史，知道附小有哪些名人。 2. 能背诵社会主义核心价值观。初步萌发热爱祖国、热爱人民、热爱中国共产党的情感。 3. 孝亲敬长、团结友爱、初步形成坚毅勇敢、自信自强、勤劳节俭的品格，保持奋斗进取的精神状态。	1. 初步掌握卫生常识，养成良好的饮食习惯和作息习惯。 2. 积极参加体育锻炼，学会基本的身体活动方法及体育游戏。有积极乐观的心态。	1. 爱学习，初步掌握一些学习方法。 2. 善于思考，敢于提问，认真读书，养成自主读书的好习惯。 3. 具有最基本的文化基础知识，初步具有听、说、读、写、算和表达交流的能力，具有初步的动手操作能力和探索精神；初步养成观察事物、思考问题的习惯；留心生活，热爱生活。	1. 对艺术产生兴趣和爱好，了解艺术的基础知识，初步形成健康的审美情趣和良好的道德情操。 2. 初步体会大自然的美感，能激发创作欲望。	1. 懂得人人都要劳动，劳动成果来之不易的道理，初步感知劳动的艰辛与乐趣，具有主动劳动的愿望，能遵守劳动纪律，具有初步的劳动安全意识。 2. 能完成简单的整理与清洗任务，会照顾身边常见的动植物，能参与班级集体劳动、简单的家庭责任，具有初步的个人生活自理能力。

附件　157

(续表)

育人目标 课程目标	爱家国， 文明其精神	爱运动， 野蛮其体魄	爱学习， 给予其真理	爱生活， 陶冶其情操	爱劳动， 磨砺其意志
中年级	1. 了解附小名人，会讲附小名人故事。 2. 诚实守信，明辨是非，遵纪守法，初步形成社会主义民主观念与法治意识。努力学习和弘扬社会主义先进文化、革命文化和中华优秀传统文化。 3. 热爱自然，保护环境，爱护动物，珍爱生命，树立公共卫生意识与生态文明观念。 4. 学会交往，善于沟通，具有基本的合作能力，团队精神。	1. 能够科学用眼，科学用食品安全卫生意识，了解日常生活中的安全常识。 2. 积极参加阳光体育锻炼，掌握一定的体育技能，保持身心健康，注重自身素养的发展。	1. 乐学善思，勤于思考，保持好奇心与求知欲。 2. 形成良好的预习和复习习惯，能与他人协作解决问题，能够运用所学知识解决简单的生活问题。	1. 学会欣赏优秀艺术作品。 2. 掌握一定的艺术知识，能初步理解和尊重文化艺术的多样性。 3. 具有一定的创造性思维能力，能够体会生活和大自然的美感，有一定的创作欲望。	1. 体会劳动光荣、劳动无高低贵贱之分的道理，初步形成热爱劳动的态度。在劳动过程和日常生活中做到勤俭节约，不怕困难。 2. 养成良好的生活习惯，能安全使用家用电梯，有初步的器具保养意识。能主动分担家务，参与制作简单的日常饮食，形成生活自理能力。 3. 能规范地使用常用的劳动工具，体验简单的生产劳动，参与校园劳动，初步形成公益服务意识。 4. 遵守劳动规则，初步学会与他人合作劳动。

(续表)

育人目标 / 课程目标	爱国，文明其精神	爱运动，野蛮其体魄	爱学习，给予其真理	爱生活，陶冶其情操	爱劳动，磨砺其意志
高年级	1. 深入了解附小发展史，学习和弘扬附小精神。 2. 理解和践行社会主义核心价值观，初步了解改革创新的时代精神。 3. 初步树立共产主义远大理想和中国特色社会主义共同理想。 4. 初步形成维护民族团结，捍卫国家主权、尊严和利益的意识。关心时事，热爱和平，尊重和理解文化的多样性，初步具有国际视野和人类命运共同体意识。	1. 强身健体，健全人格，养成体育运动的习惯，掌握基本的健康知识和适合自身的运动技能，树立生命安全与健康意识。 2. 形成积极的心理品质，具有抗挫折能力与自我保护能力。	1. 具有积极的学习态度和浓厚的学习兴趣，初步掌握适应现代化社会所需要的知识和技能，具有学会学习的能力。 2. 乐于提问，敢于质疑，学会在真实情境中发现问题、解决问题，具有探究能力和创新精神。	1. 掌握一定的艺术知识，初步具有发现、欣赏、评价美的意识。 2. 向善向美，富于想象，具有健康的审美情趣和初步的艺术鉴赏、表现能力。	1. 体会普通劳动者的光荣与伟大，自理自立、热爱劳动，在劳动过程中初步形成持之以恒的劳动品质，诚实劳动、合法劳动的意识，积极探索、追求创新的精神。 2. 掌握基本的生活技能，进一步体验生产劳动，掌握一定的劳动技术、方法，能安全、规范、有效地开展劳动。 3. 能主动参与校园劳动和公益劳动，体验新技术支持下的现代化劳动服务作业，初步形成社会责任感。

附件 159

第四节 学校课程框架

一、课程结构

根据多元智能理论,我们将课程分为润语课程、润智课程、润艺课程、润创课程、润心课程和润健课程六大类,呈现出立体式、多维度、全方位的特色,使培养目标、课程设置、课程内容有机结合,形成了目标清晰、过程关联的课程群落。以下是"最童年"课程结构示意图(见附图1)。

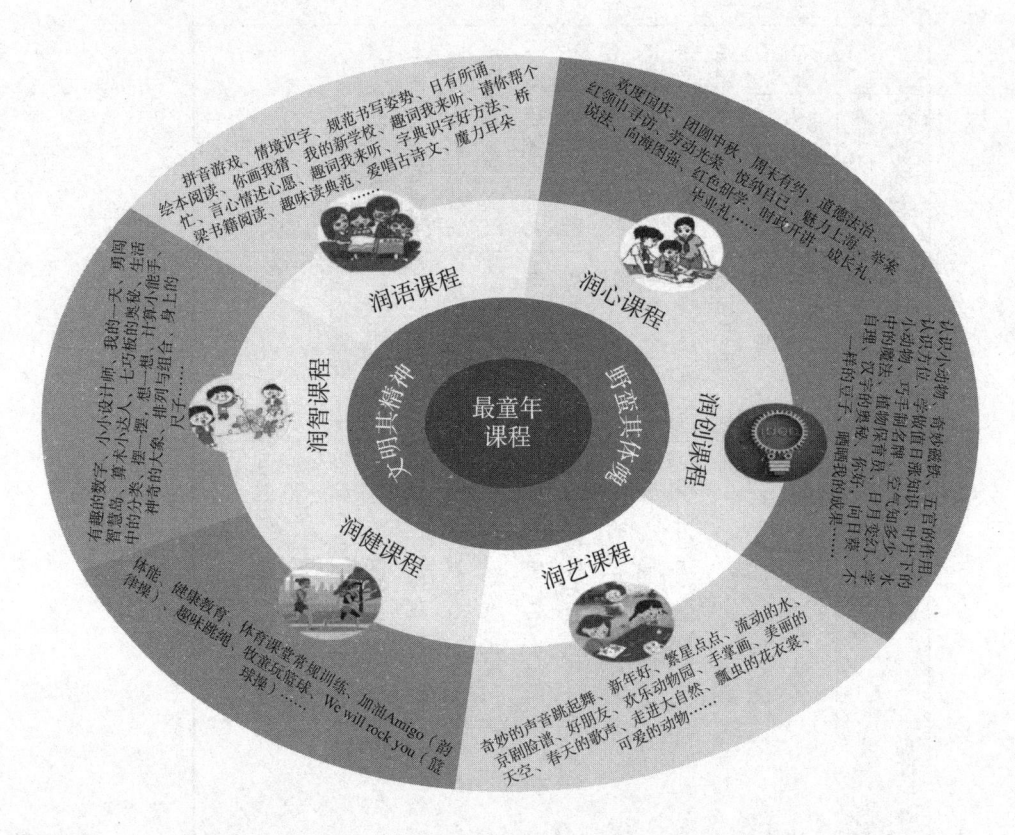

附图1 湖南第一师范学院第二附属小学"最童年"课程结构图

上图中,各板块课程意涵如下。

(1)润语课程:关注语言表达素养的培育,培养语言能力和交往沟通能力,主要包括语文、英语、口语交际、经典阅读、表演与主持课程等。(2)润智课程:关注基础知识和基本能力,培养学生的创新精神、实践能力,主要包括数学、逻辑、思维方法等课程。(3)润创课程:科学与探索课程、科技创新活动是促进学生创新能力发展的重要途径,着力培养学生的创新精神、实践能力,主要包括小农场课程、AI课程、编程类课程、科技与创新活动、科学DV课程、无人机课程、机器人社团课程等。(4)润健课程:注重给予学生健康的知识、技能,发展学生身心素养,培养学生热爱生活、热爱运动的情感,主要包括体育、劳动、生命与健康、心理健康、阳光体育运动节、棋类课程、魅力篮球课程、踢毽子、晨跑团、室内跑酷、花样跳绳、乒乓球、田径、啦啦操等。(5)润艺课程:培养健康的审美情趣和初步的艺术鉴赏、表现能力,课程重心指向学生核心素养中的人文底蕴,包括美术、音乐、太阳花艺术节、剪纸、创意美劳、非遗课程、服饰艺术、板报、口风琴、书法课程、才艺大赛、润之合唱团、润之舞蹈队、戏剧课程、漫画课程等。(6)润心课程:注重学生思想品德和意志品质的培养,是学生安身立命、适应社会的核心课程,主要有道德与法治、启程课程、校史课程、少先队课程、节庆课程、素养月课程、国旗下微活动、毕业课程、研学课程、公益劳动、社会服务、重走主席研学路、红领巾讲解员活动等。

二、课程设置

义务教育课程包括国家课程、地方课程和校本课程三类。以国家课程为主体,奠定共同基础;以地方课程和校本课程为拓展补充,兼顾差异。结合学校的办学特色及现有的课程资源,学校将课程划分为润语课程、润智课程、润艺课程、润创课程、润心课程和润健课程等类型并按照年级和学期进行系统设计,形成学校课程体系,以多种课程形态服务学生个性化学习需求。除了基础课程之外,我校"润之"课程设置见附表2。

附表 2　湖南第一师范学院第二附属小学课程设置表

年级	课程类型	润语课程	润智课程	润创课程	润健课程	润艺课程	润心课程
一年级	上学期	1. 语言与表达学科课程 2. 经典润少年课程 3. 表演与主持	1. 逻辑与思维学科课程 2. 馆校课程 3. 读书节 4. 乐翻天游戏节	1. 科学与探索学科课程 2. 智多星科技节 3. 润之小农场课程 4. 趣味编程 Scratch 5. 职业体验 6. 烘焙文化与制作 7. 木艺	1. 运动与健康学科课程 2. 劳动与实践学科课程 3. 阳光体育运动节 4. 棋类课程 5. 篮球启蒙课程 6. 踢毽子 7. 室内跑酷 8. 啦啦操	1. 艺术与审美学科课程 2. 才艺大赛 3. 创意美劳 4. 非遗课程 5. 口风琴 6. 书法	1. 社会交往学科课程 2. 启程课程 3. 校史课程(故事课程) 4. 少先队课程(队前教育) 5. 节庆课程(传统节庆、国庆节、教师节、爱国主题纪念日) 6. 素养月课程 7. 研学课程 8. 公益劳动 9. 社会服务
	下学期	1. 语言与表达学科课程 2. 经典润少年课程 3. 表演与主持	1. 逻辑与思维学科课程 2. 馆校课程 3. 读书节 4. 学科知识竞赛("儿歌伴我成长"朗诵会、百变提拉排字、英语歌谣歌曲及故事口语大赛)	1. 科学与探索学科课程 2. 润之小农场课程 3. 趣味编程 Scratch 4. 职业体验 5. 烘焙文化与制作 6. 木艺	1. 运动与健康学科课程 2. 劳动与实践学科课程 3. 棋类课程 4. 篮球启蒙课程 5. 踢毽子 6. 室内跑酷 7. 啦啦操	1. 艺术与审美学科课程 2. 太阳花艺术节 3. 创意美劳 4. 非遗课程 5. 口风琴 6. 书法	1. 社会交往学科课程 2. 校史课程(故事课程) 3. 少先队课程(队前教育) 4. 节庆课程(传统节庆、父亲节、母亲节) 5. 素养月课程 6. 研学课程 7. 公益劳动 8. 社会服务

(续表)

年级	课程类型	润语课程	润智课程	润创课程	润健课程	润艺课程	润心课程
二年级	上学期	1. 语言与表达学科课程 2. 经典润少年课程 3. 演与主持	1. 逻辑与思维学科课程 2. 馆校课程 3. 乐翻天游戏节	1. 科学与探索学科课程 2. 智多星科技节 3. 润之小农场课程 4. 趣味编程Scratch 5. 职业体验 6. 烘焙文化与制作课程 7. 木艺	1. 运动与健康学科课程 2. 劳动与实践学科课程 3. 阳光体育运动节 4. 棋类课程 5. 篮球启蒙课程 6. 踢毽子 7. 田径 8. 晨跑团 9. 室内跑酷 10. 啦啦操	1. 艺术与审美学科课程 2. 才艺大赛 3. 润之合唱团 4. 润之舞蹈队 5. 创意美劳 6. 非遗课程 7. 口风琴 8. 书法	1. 社会交往学科课程 2. 校史课程（故事课程） 3. 国旗下微活动课程 4. 少先队课程 5. 节庆课程（传统节庆、国庆节、教师节、爱国主题纪念日） 6. 素养月课程 7. 研学课程 8. 公益劳动 9. 社会服务
	下学期	1. 语言与表达学科课程 2. 经典润少年课程 3. 演与主持	1. 逻辑与思维学科课程 2. 馆校课程 3. 读书节 4. 学科知识竞赛（词language积累、魔尺、英语歌谣、歌曲及故事口语大赛）	1. 科学与探索学科课程 2. 润之小农场课程 3. 趣味编程Scratch 4. 职业体验 5. 烘焙文化与制作课程 6. 木艺	1. 运动与健康学科课程 2. 劳动与实践学科课程 3. 棋类课程 4. 篮球启蒙课程 5. 踢毽子 6. 田径 7. 晨跑团 8. 室内跑酷 9. 啦啦操	1. 艺术与审美学科课程 2. 太阳花艺术节 3. 润之合唱团 4. 润之舞蹈队 5. 创意美劳 6. 非遗课程 7. 口风琴 8. 书法	1. 社会交往学科课程 2. 校史课程（故事课程） 3. 国旗下微活动课程 4. 少先队课程 5. 节庆课程（传统节庆、文亲节、母亲节） 6. 素养月课程 7. 研学课程 8. 公益劳动 9. 社会服务

(续表)

课程类型\年级	润语课程	润智课程	润创课程	润健课程	润艺课程	润心课程
三年级 上学期	1. 语言与表达学科课程 2. 表演与主持 3. 经典润少年课程	1. 逻辑与思维学科课程 2. 馆校课程 3. 乐翻天游戏节	1. 科学与探索学科课程 2. 智多星科技节 3. 润之小农场课程 4. AI课程 5. 趣味编程Scratch 6. 科技与创新 7. 职业体验 8. 烘焙文化与制作课程 9. 木艺	1. 运动与健康学科课程 2. 劳动与实践学科课程 3. 阳光体育运动节 4. 棋类课程 5. 篮球课程 6. 花样跳绳课程 7. 踢毽子 8. 乒乓球 9. 田径 10. 晨跑团 11. 室内跑酷 12. 啦啦操	1. 艺术与审美学科课程 2. 才艺大赛 3. 润之合唱团 4. 润之舞蹈队 5. 剪纸 6. 非遗课程 7. 板报 8. 口风琴 9. 书法 10. 漫画课程	1. 社会与交往学科课程 2. 校史课程(红领巾宣讲) 3. 国旗下微活动课程 4. 少先队课程 5. 节庆课程(传统节庆、国庆节、教师节、爱国主题纪念日) 6. 素养月课程 7. 研学课程 8. 红领巾讲解员活动 9. 公益劳动 10. 社会服务
三年级 下学期	1. 语言与表达学科课程 2. 表演与主持 3. 经典润少年课程	1. 逻辑与思维学科课程 2. 馆校课程 3. 读书节 4. 学科知识竞赛(创编童话、智慧珠、英语趣配音)	1. 科学与探索学科课程 2. 润之小农场课程 3. AI课程 4. 趣味编程Scratch 5. 科技与创新 6. 职业体验 7. 烘焙文化与制作课程 8. 木艺	1. 运动与健康学科课程 2. 劳动与实践学科课程 3. 棋类课程 4. 篮球课程 5. 花样跳绳课程 6. 踢毽子 7. 乒乓球 8. 田径 9. 晨跑团 10. 室内跑酷 11. 啦啦操	1. 艺术与审美学科课 2. 太阳花艺术节 3. 润之合唱团 4. 润之舞蹈队 5. 剪纸 6. 非遗课程 7. 板报 8. 口风琴 9. 书法 10. 漫画课程	1. 社会与交往学科课程 2. 校史课程(红领巾宣讲) 3. 国旗下微活动课程 4. 少先队课程 5. 节庆课程(传统节庆、父亲节、母亲节) 6. 素养月课程 7. 研学课程 8. 红领巾讲解员活动 9. 公益劳动 10. 社会服务

（续表）

年级	课程类型 学期	润语课程	润智课程	润创课程	润健课程	润艺课程	润心课程
四年级	上学期	1. 语言与表达学科课程 2. 表演与主持 3. 经典润少年课程	1. 逻辑与思维学科课程 2. 馆校课程 3. 乐翻天游戏节	1. 科学与探索学科课程 2. 智多星科技节 3. 润之小衣场课程 4. 趣味编程Python 5. 科学DV 6. 无人机 7. 科技与创新 8. 机器人社团 9. 职业体验 10. 木艺	1. 运动与健康学科课程 2. 劳动与实践学科课程 3. 阳光体育运动节 4. 棋类课程 5. 篮球课程 6. 花样跳绳课程 7. 踢毽子 8. 乒乓球 9. 田径 10. 晨跑酷 11. 室内跑酷 12. 啦啦操	1. 艺术与审美学科课程 2. 才艺大赛 3. 润之合唱团 4. 润之舞蹈队 5. 剪纸 6. 非遗课程 7. 板报 8. 口风琴 9. 书法 10. 漫画课程	1. 社会与交往学科课程 2. 校安课程 3. 国旗下微活动课程 4. 少先队课程 5. 节庆课程（传统节庆、国庆节、教师节、纪念日） 6. 素养月课程 7. 研学课程 8. 红领巾讲解员活动 9. 公益劳动 10. 社会服务
	下学期	1. 语言与表达学科课程 2. 表演与主持 3. 经典润少年课程	1. 逻辑与思维学科课程 2. 馆校课程 3. 读书节 4. 学科知识竞赛（课文朗诵、24点、主题英语小报）	1. 科学与探索学科课程 2. 润之小衣场课程 3. 趣味编程Python 4. 科学DV 5. 无人机 6. 科技与创新 7. 机器人社团 8. 职业体验 9. 木艺	1. 运动与健康学科课程 2. 劳动与实践学科课程 3. 棋类课程 4. 篮球课程 5. 花样跳绳课程 6. 踢毽子 7. 乒乓球 8. 田径 9. 晨跑酷 10. 室内跑酷 11. 啦啦操	1. 艺术与审美学科课程 2. 太阳花艺术节 3. 润之合唱团 4. 润之舞蹈队 5. 剪纸 6. 非遗课程 7. 板报 8. 口风琴 9. 书法 10. 漫画课程	1. 社会与交往学科课程 2. 校安课程 3. 国旗下微活动课程 4. 少先队课程 5. 节庆课程（传统节庆、父亲节、母亲节） 6. 素养月课程 7. 研学课程 8. 红领巾讲解员活动 9. 公益劳动 10. 社会服务

（续表）

课程类型 年级	润语课程	润智课程	润创课程	润健课程	润艺课程	润心课程
五年级 上学期	1. 语言与表达学科课程 2. 表演与主持 3. 经典润少年课程	1. 逻辑与思维学科课程 2. 馆校课程 3. 乐翻天游戏节	1. 科学与探索学科课程 2. 智多星科技节 3. 润之小衣场课程 4. 趣味编程Python 5. 科学DV 6. 无人机 7. 科技与创新 8. 机器人社团 9. 职业体验 10. 木艺	1. 运动与健康学科课程 2. 劳动与实践学科课程 3. 阳光体育运动节 4. 棋类课程 5. 篮球课程 6. 花样跳绳课程 7. 踢毽子 8. 乒乓球 9. 田径 10. 晨跑团 11. 室内跑酷 12. 公益劳动 13. 社会服务	1. 艺术与审美学科课程 2. 才艺大赛 3. 润之合唱团 4. 润之舞蹈队 5. 服饰艺术 6. 非遗课程 7. 板报 8. 口风琴 9. 书法 10. 漫画课程	1. 社会与交往学科课程 2. 校史课程 3. 国旗下微活动课程 4. 少先队课程 5. 节庆课程（传统节庆、国庆节、教师节、爱国主题纪念） 6. 素养月课程 7. 研学课程 8. 红领巾讲解员活动 9. 劳动实践周 10. 公益劳动 11. 社会服务
五年级 下学期	1. 语言与表达学科课程 2. 表演与主持 3. 经典润少年课程 4. 学科知识宽积月累默写、数独、英语写话 赛（古诗文及月	1. 逻辑与思维学科课程 2. 馆校课程 3. 读书节 4. 学科知识宽积月累默写、数独、英语写话 赛（古诗文及月	1. 科学与探索学科课程 2. 润之小衣场课程 3. 趣味编程Python 4. 科学DV 5. 无人机 6. 科技与创新 7. 机器人社团 8. 职业体验 9. 木艺	1. 运动与健康学科课程 2. 劳动与实践学科课程 3. 棋类课程 4. 篮球课程 5. 花样跳绳课程 6. 踢毽子 7. 乒乓球 8. 田径 9. 晨跑团 10. 室内跑酷	1. 艺术与审美学科课程 2. 太阳花艺术节 3. 润之合唱团 4. 润之舞蹈队 5. 服饰艺术 6. 非遗课程 7. 板报 8. 口风琴 9. 书法 10. 漫画课程	1. 社会与交往学科课程 2. 校史课程 3. 国旗下微活动课程 4. 少先队课程 5. 节庆课程（传统节庆、父亲节、母亲节） 6. 素养月课程 7. 研学课程 8. 红领巾讲解员活动 9. 劳动实践周 10. 公益劳动 11. 社会服务

(续表)

课程类型 年级		润语课程	润智课程	润创课程	润健课程	润美课程	润心课程
六年级	上学期	1. 语言与表达学科课程 2. 表演与主持 3. 经典润少年课程	1. 逻辑与思维学科课程 2. 馆校课程 3. 乐翻天游戏节	1. 科学与探索学科课程 2. 智多星科技节 3. 趣味编程Python 4. 科学DV 5. 无人机 6. 科技与创新 7. 机器人社团 8. 职业体验 9. 木艺	1. 运动与健康学科课程 2. 劳动与实践学科课程 3. 阳光体育运动节 4. 棋类课程 5. 篮球课程 6. 踢毽子 7. 乒乓球 8. 田径 9. 晨跑团 10. 室内跑酷	1. 艺术与审美学科课程 2. 才艺大赛 3. 润之合唱团 4. 润之舞蹈队 5. 服饰艺术 6. 非遗课程 7. 板报 8. 口风琴 9. 书法 10. 漫画课程	1. 社会与交往学科课程 2. 校史课程 3. 国旗下微活动课程 4. 少先队课程 5. 节庆课程（传统节庆、国庆节、教师节、爱国主题纪念日） 6. 素养月课程 7. 研学课程 8. 劳动实践周 9. 公益劳动 10. 社会服务
	下学期	1. 语言与表达学科课程 2. 表演与主持 3. 经典润少年课程（阅读理解、还原三阶魔方、英语演讲）	1. 逻辑与思维学科课程 2. 馆校课程 3. 读书节 4. 学科知识竞赛（阅读三阶魔方、英语演讲）	1. 科学与探索学科课程 2. 趣味编程Python 3. 科学DV 4. 无人机 5. 科技与创新 6. 机器人社团 7. 职业体验 8. 木艺	1. 运动与健康学科课程 2. 劳动与实践学科课程 3. 棋类课程 4. 篮球课程 5. 踢毽子 6. 乒乓球 7. 田径 8. 晨跑团 9. 室内跑酷	1. 艺术与审美学科课程 2. 太阳花艺术节 3. 润之合唱团 4. 润之舞蹈队 5. 服饰艺术 6. 非遗课程 7. 板报 8. 口风琴 9. 书法 10. 漫画课程	1. 社会与交往学科课程 2. 校史课程 3. 国旗下微活动课程 4. 少先队课程节庆课程（传统节庆、父亲节、母亲节） 5. 素养月课程 6. 毕业课程 7. 研学课程 8. 劳动实践周 9. 公益劳动 10. 社会服务

第五节　学校课程实施与评价

《义务教育课程方案(2022年版)》特别强调素养导向,注重培育学生终身发展和适应社会发展所需要的核心素养,特别是真实情境中解决问题的能力。我校基于核心素养确立课程目标,遴选课程内容,研制学业质量标准,推进考试评价改革。优化课程内容组织形式,跳出学科知识罗列的窠臼,按照学生学习逻辑组织呈现课程内容,加强与学生经验、现实生活、社会实践的联系,通过主题、项目、任务等形式整合课程内容,突出主干,去除冗余。突出实践育人,强化课程与生产劳动、社会实践的结合,强调知行合一,倡导做中学、用中学、创中学,注重引导学生参与学科探究活动。开展跨学科实践,让学生经历发现问题、解决问题、建构知识、运用知识的过程,让认识基于实践、通过实践得到提升。

基于上述考虑,我校建构"润之课堂",建设"润之学科",激活"润之校园",讲好"润之讲堂",欢度"润之节庆",创设"润之社团",做实"润之探究",推行"润之研学",共建"润之馆校",创意"润之工坊",牵手"润之联盟",通过激活课程路径推动课程实施,落实学习方式变革要求。

一、建构"润之课堂",提升课程实施品质

我校的"润之课堂"从历史中汲取营养,特别强调实事求是及实践探索。《义务教育课程方案(2022年版)》基本原则中明确提出要"变革育人方式,突出实践"。要加强课程与生产劳动、社会实践的结合,充分发挥实践的独特育人功能。突出学科思想方法和探究方式的学习,加强知行合一、学思结合,倡导"做中学""用中学""创中学",要强化学科实践,引导学生参与学科探究活动,经历发现问题、解决问题、建构知识、运用知识的过程,体会学科思想方法。加强知识学习与学生经验、现实生活、社会实践之间的联系,注重真实情境的创设,增

强学生认识真实世界、解决真实问题的能力。

(一)"润之课堂"的主要做法

"润之课堂"强化学科实践,倡导落实素养目标,要求各门学科课程都要通过实践的方式去学习,把学习变成一个实践和创生的过程。我校的"润之课堂"倡导运用学科的概念、思想与工具,整合心理过程,解决真实情境中的问题。据此,"润之课堂"有本原性要素、支架性要素、生成性要素和旨趣性要素四个构成要素。

一是本原性要素:知识理解与应用。知识应用与理解是学科实践的根本性要素。学科实践强调的学科意蕴和学科典型性都是凭借学科知识的应用和理解来体现的。学科实践的实质是用动态的知识学习过程来完善或克服静态的知识学习过程的不足,通过问题、任务、项目学习来驱动和激活静态的知识,再通过知识应用、解决问题、完成项目的过程来活化知识的生命力和创造力、深化知识的理解和领悟,从而内化知识的精神和价值。真实问题驱动的扎实的动态知识学习过程是提升学生知识理解、应用和创生能力的必由之路,也是学科素养形成的必由之路。

二是支架性要素:学习情境与资源。学习情境与资源是助推学科实践有效开展的支架性要素。学习场域内含物与物、人与人、人与物间的多维互动和联结,其不是仅指物理空间或生活环境,而是物理空间、关系空间和意义空间的复合体。学习场域作为学习和育人过程赖以发生的重要背景、基础和条件,发挥着三重空间的复合型支持功能。学习场域和资源会对学习行为和品质产生明显影响,借由契合的学习场域和资源,学科实践可能激发出"像专家一样思考和行动"的理智和行为状态。

三是生成性要素:学习经历与体验。学习经验和体验是学科实践的生成性要素,生成于学习者动态化的知识应用和理解过程。一个有助于完整知识学习的学科实践经验需要具备以下特征。第一,学习参与的整体性。学习是理性和非理性共同支配的生命实践,因此,应该从生活方式、生存状态、生命表现的广阔视角去理解、关怀和引导学习者的学习,使其通过认知性、情感性、行为性等多样性参与来保障素养的形成与发展。第二,学习过程的相对完整性。被应试捆绑的静听讲授式学习常常被截去"来龙"和"去脉",学习者既不关心知识从哪里来、为什么而产生,也不关心知识到哪里去、还会怎样变化和演进。虽然中小学生不必也难以像学术工作者那样从知识发展史的角度来进行研究,但学科实践为学习者提供的学习场域、资源以及多样的学习方式都在鼓励和推动学习者把被截断的学习过程再往前推,在真实情境中发现问题;再往后延,在用知识解决真实问题的过程中感受知识应用的复杂、挑战和对更多知识的渴望。第三,学习体验的审美性。审美性学习体验是学习者在对事物真切感受和深刻理解的基础上,对事物产生正向情感、意义升华的心理活动。学科实践的真实情境、直接经验、多维互动、多元方式都在赋能学习向深度发展、思维向高阶发展,支持知识进入学习者的生命场,使其心灵觉醒,将客观知识"生命化"为"我的知识"。

四是旨趣性要素:核心素养与人格。核心素养与人格是学科实践的旨趣性要素,即前面三个要素都是达成此要素的前提、基础或条件。我们认为,在学科实践和学科核心素养之间存在一个中介变量:学生的主体人格,学科实践是通过对学生主体人格的导引、培育和形塑而达成核心素养目标的。实践是人格形成的基础,人格是具体的人在特定社会通过实践形成的对世界、对人、对事、对己的行为模式、思维模式和情绪反应的心理特征总和,表现为能力、气质、性格、需要、动机、兴趣、理想、价值观和体质等方面的整合。人在实践活动中表现出来的自主性、能动性和创造性构成了人的主体品质。主体人格让人产生了理性和意义需要,从而具有了为自身立法、实现自身发展和超越的需要和可能。学生的主体人格与核心素养是互构互促、相辅相成的,都是学科育人责任和使命的具体体现。因此,教师在组织学科实践时,需要把学生主体人格的形成和发展看作与素养培养同等重要的旨归追求。

与此同时,学校以落实"双减"政策为契机提升教学质量。立足于"基础教育改革、教育高质量发展、办好人民满意的教育"三个维度,不断优化教育教学工作,将"双减"工作做优、做实,提升学校教育教学质量。

1. 构建运行管理新体系。一是制订全学科作业管理实施细则,指向"双减"工作核心内容的落实,建立运行管理体系,让教、学、评形成闭环管理,聚焦"双减",促进"双升",促进学生全面健康成长。二是健全"五项管理"分项管理条例,指向学生身心健康发展的重要性。三是制订课后托管服务的实施方案,指向学校全方位管理的平台构建。

2. 打造高效课堂新样态。聚焦课堂,积极改革课堂教学,构建新型课堂教学模式,提高课堂教学效益。一是改变学习方式。通过大单元整体设计、项目式学习、综合实践学习等方式,充分利用信息技术辅助教学和多元化的教学评价方式,整体提升课堂教学效率。二是优化教学方法。要以学定教、以教促学,让学生的学习更多地回归课堂。三是构建"三趣三态课堂",创新"常态、云上、生活"教学模式,充分激发学生学习兴趣,培养理趣、情趣,让每一位学生的学习在课堂真正发生。

3. 探索作业实施新模式。一是创新作业完成方式。在作业布置中设计具有横、纵、深立体三维的作业内容,丰富作业类型:准备型、练习型、巩固型、拓展型、创新型。二是提高作业设计质量。深入探索作业的高质量设计,实现基础作业的少而精、分层作业的精准性、弹性作业的合理性、个性化作业的必要性。三是严格作业统筹管理。学校教学主管领导严格把关;学科教研组长落实作业设计;班主任负责总量把控,合理确定学科之间的作业比例,进行整体协调。把作业布置与管理作为提升学生学习质量的重要手段。

(二)"润之课堂"的评价标准

在"润之课堂"评价的体系上,我们研制了《湖南第一师范学院第二附属小学"润之课堂"评价标准》。具体评价标准如下(见附表3)。

附表3　湖南第一师范学院第二附属小学"润之课堂"评价标准

评价维度		评价要素	权重	等级 A	B	C
教学目标		紧扣课程标准,凸显学段目标,贴合学情,关注核心素养,重难点恰当,关键问题把握准确。	10%			
教学情境		情境的创设、学习任务的设计符合学科特点,简洁明了。	10%			
教学过程	问题激荡	自主学习:能独立思考,探究问题有主见,能总结提炼学习所得。	20%			
		合作(探究)学习:组织有序,讨论热烈,同伴协作,帮扶到位,按时完成小组分配的学习任务。				
		思维状态:善于思考质疑,能提出个人观点,见解独到、有价值,引发思考。				
		参与状态:精神饱满,兴趣浓厚,学习投入,状态良好。				
	点拨智慧	展示状态:大胆自信,表达简洁,答疑解惑正确,征求意见谦虚。	25%			
		交流状态:尊重同学和老师,清晰表达自己观点,耐心听取别人意见,质疑研讨诚恳,评价客观公正。				
		教师点拨:及时整理提炼学生生成的问题;适时、适度指导学生的学习活动;矫正纠错、提炼总结,体现智慧型指导。				
	运用提升	练习设计注重层次性、针对性和科学性。练习过程适度增加相关的深化内容进行拓展。	10%			
学生表现		课堂氛围轻松、愉悦,学生的个性、潜能、尊严得到充分发展,师生关系和谐融洽,课堂充满人文关怀。	5%			

(续表)

评价维度	评价要素	权重	等级 A B C
教学效益	知识掌握:扎实掌握当堂知识,目标达成度高。	10%	
	方法运用:学会解决问题的方法,形成有效的学习策略,养成良好的学习习惯。		
	能力形成:学生发现问题、解决问题、综合运用等各方面的能力得到提高。		
	情感发展:学习过程愉悦,思想情感积极向上。		
教学艺术	课堂充满生命活力,学生全情参与、个性张扬;采用发展性多元评价;教师收获教学机智,淬炼教学智慧。	10%	
总体建议			

二、建设"润之学科",强化学科课程特色

我校的"润之学科"是在基于课程目标的前提下,根据学生的兴趣爱好、个性特长,对基础课程相关内容的有效拓展。通过采用多样化的实施方式,有效地拓展相关知识,充实学生的学科知识,拓展学生的学科实践,培养有力量、能担当的儿童。

(一)"润之学科"的建设路径

根据学科师资力量,倡导教师在国家课程校本化实施的基础上总结经验,以学科为原点,设计学科特色"1+X"课程群。"1"是教师所教授的国家基础课程,"X"是指教师根据国家课程开展的拓展课程,是基础课程的延伸。"润之学科"依据学科课程,研发丰富的学科延伸课程,形成具有特色的学科课程群。学

校建设了"大语文""智数学""趣英语""潮趣体育""阳光心育""博雅音乐""素养美育""创享1+3科学"等课程群。

1. "大语文"课程群建设

我校的语文学科以促进学生核心素养发展为目标,以识字与写字、阅读与鉴赏、表达与交流、梳理与探究等语文实践活动为主线,从学生语言能力发展的内在规律出发,整合语文学习的优质资源,以国家语文课程为核心,结合丰富多彩的校本课程及语文活动,构建了螺旋上升的"大语文"课程群。

晨诵课程由各年级教师根据学生年龄特点和《义务教育语文课程标准(2022年版)》中相关学段的要求选定内容,每学期统一主题,在早上进行诵读。如一年级"儿歌";二年级"成语";三年级"古诗词";四年级"毛泽东诗词";五年级"经典散文";六年级"小古文"等,学生在琅琅书声中感受语言文字的节奏之美、音韵之美、意境之美。翰墨课程是以教育部《中小学书法教育指导纲要》为依托开设的校本课程,根据年段特点制订学习目标和内容,低年级学习用铅笔写正楷字;中年级学习用钢笔熟练书写正楷字;高年级尝试学习用毛笔临摹楷书字帖和欣赏书法作品。课程实施主要通过书法教育"进课表、进课堂、进活动"来落实。经典诵读课程的教材由学校结合育人目标,成立编写小组,分六大主题精心遴选适合各年段的内容编撰成册:一年级"感恩";二年级"交往";三年级"学习";四年级"习俗";五年级"爱国";六年级"审美",具体选文涵盖国学经典、古诗文、名家故事、成语、谚语、歇后语、名人名言等。各年级每周一节诵读课,课时安排进课表,期末由学校组织考查,确保课程充分发挥育人功能和奠基作用。校本阅读课程是学校围绕统编版小学语文教材"快乐读书吧"板块设计的阶梯式阅读课程。一二年级重点设置"儿歌朗读"类课程,通过诗歌、短文的朗读,培养学生良好的语感;三四年级重点设置"故事阅读"课程,通过阅读童话故事、民间故事、神话故事、科普故事等,促进学生养成良好的阅读习惯,并积累短篇阅读的经验;五六年级重点设置"名著赏读"课程,选择经典名著,通过师生共读、阅读分享会等活动,帮助学生拓展阅读视野,建构整本书阅读的经验,提升阅读鉴赏能力。读书节活动一年一度,倡导师生共读、家校共读,七大主题贯穿全年:馆校共建、作家进校园、附小领读人、主题书签创作、教师赠书活动、润之读书社、图书跳蚤市场。表演与主持课程为特色社团课程,主要培养对表演和主持有兴趣爱好的学生,同时为学校及社会各大艺术展演储备复合型少儿人才,让学生从实践中增强语言运用能力。初阶班(一年级)主要学习内容为气息训练、吐字归音、社交礼仪、儿童剧表演;进阶班(二三年级)主要学习内容为吐字归音、诗歌朗诵、故事表演、舞台礼仪、活动主持、话剧表演;高阶班(四五六年级)主要学习内容为吐字归音、诗歌朗诵、即兴故事表演、舞台礼仪、活动主持、话剧戏剧表演。

在语文国家课程的基础上,"晨诵课程""翰墨课程""经典诵读课程""校本阅读课程""读书节活动""表演与主持课程"从多角度挖掘课程资源,与国家课程形成有机联系,共同构建了学校"大语文"课程群,促进语文课程目标的全面达成。

2. "智数学"课程群建设

数学学习不仅仅是对数学知识与技能的掌握,更需要会用数学的眼光观察现实世界,会用数学的思维思考现实世界,会用数学的语言表达现实世界。在掌握知识技能的同时,感悟数学的基本思想,积累数学思维的经验,形成适应个人终身发展和社会发展需要的、具有数学特征的关键能力与思维品质。基于以上认识,结合《义务教育数学课程标准(2022年版)》,我校提出"智数学"的学科课程理念。

"智数学"是智慧的数学。在基础类课程的基础上拓展延伸,注重培养孩子的动手操作与实践探究能力,提升孩子的数学思维品质与关键能力。

"智数学"是灵动的数学。在灵活而生动的学习样态中,学生经历体验与创造,不断探寻适合自身的学习方法,构建完善个人的知识体系,提升数学核心素养,形成灵动的数学思维,由智生慧为终身发展奠基。

"智数学"课程群主张以学生为中心,让数学教育回归现实世界,引导学生以数学课程为基础，以数与代数、空间与图形、统计与概率、综合性学习四大学习领域为依托，结合学生年龄特点及认知规律，在学科知识的深度、广度、厚度上进行二次开发，形成以"智慧数学眼光""智慧数学思维""智慧数学语言"三大领域为核心的课程体系。（见附表4）

附表4　湖南第一师范学院第二附属小学"智数学"课程群

年级	课程内容		
	智慧数学眼光	智慧数学思维	智慧数学语言
一年级	百变提拉	神机妙算	巧手分类
二年级	魔尺	速算达人	运筹帷幄
三年级	智慧珠	有趣乘法	趣味数学报
四年级	巧算小能手	24点	最佳策略
五年级	等体积代换	数独	奇妙的方程
六年级	玩转几何	益智魔方	数学故事会

3. "趣英语（Fun English）"课程群建设

"趣英语（Fun English）"基于人文性与工具性相统一的学科特点，以英语课程为基础，以《义务教育英语课程标准（2022年版）》为理论依据，主张英语学习是语言交流与分享的快乐之旅，对标核心素养，推进"英语能力＋"计划，分别从儿歌、课本剧、脱口秀、趣配音、绘本阅读与分享五个方面设置课程。快乐儿歌课程在每节英语课前3分钟进行练习，不仅能激发学生对英语学习的兴趣，还能提高学生的音乐素养；课本剧课程通过每个单元的学习进行分组表演，可以促进学生使用英语进行创造性的表达，培养学生小组合作学习与表演的能力；脱口秀每节课前5分钟让学生自由选择主题进行口语展示，让学生有话想说，有话能说，有话会说，培养学生自信说英语的能力；使用E英语宝，每天使学生进行2分钟左右的英语短视频趣配音,让英语学习趣味无穷;绘本阅读与分享课程在每节课前5分钟由学生自主选择绘本进行分享,不仅能拓宽学生视野,而且有利于培养学生的阅读能力和语言综合运用能力。在规定英语课程之外,"快乐儿歌""课本剧""脱口秀""趣配音""绘本阅读与分享"共同构成了学校的"趣英语"课程群。

学校深度落实课程标准,夯实学生英语学习基础。为了凸显学校的英语办学特色,更好地培养学生的英语特长和能力,在英语学科的校本化建设中,学校对标英语学科核心素养,积极推进"英语能力+"计划。学校通过开展跨文化交流学习项目,开设英语文化周、英语每周一播等活动,提升学生的文化理解力;通过融合英语和其他学科,开设"English Corner""我是文化小使者""Super Star""趣味创作英语秀""主题辩论"等课程和活动,提升学生口语表达能力、利用跨学科知识创造性解决问题的能力,促进学生批判性思维的发展;学校通过E英语宝、希沃白板、智慧教室、一起作业APP、国家智慧教育公共服务平台等开展微课教学,打造"趣英语"智慧课堂,开展个性化教学。

4. "潮趣体育"课程群建设

"潮趣体育"课程群以《义务教育体育与健康课程标准(2022年版)》的要求,以体育与健康为基础课程,从力之健、力之能、力之美、力之乐四个方面构建"潮趣体育"课程群。体育与健康课程要培养的核心素养主要是指学生通过体育与健康课程学习而逐步形成的正确价值观、必备品格和关键能力,包括运动能力、健康行为和体育品德等方面。在体育学科的基础型课程中,学校注重培养学生体育与健康的基础知识、基本技能和方法,形成健康意识,具有良好的体质健康水平。在体育学科建设中,学校构建丰富、多元、可选择的课程,其中主要内容包括基本运动技能、体能、专项运动技能、健康教育、跨学科主题学习。新课标中将体能健康课程依据核心素养达成度,分为四个水平对课程目标进行细化。我校针对水平一目标,专门设置基本运动技能的课程内容,为体能和专项运动技能学练奠定基础;针对水平二、水平三目标,分别设置体能和专项运动技能的课程内容;针对水平四目标,将健康教育和跨学科主题学习贯穿整个小学教育阶段。其中,健康教育由体育与健康、道德与法治、科学等多门课程共同承担,体育与健康课程是落实健康教育的主要课程。体育文化和体育精神主要融入体育与健康课程内容之中。通过开设田径类(跑步、跳高、跳远、投掷等),棋类(围棋、中国象棋、国际象棋),球类(篮球、手球、足球),体操类,武术类(五步拳、少林拳)等普及类课程,激发学生的运动兴趣,让学生在广泛接触中体验运动乐趣;通过各类特色项目的提高类课程,让学生在坚持训练中锤炼意志,养成坚毅果敢的品质,促进学生运动特长的发展。其中在一二年级阶段,以玩为主,玩学结合;三四年级阶段,以练为主,练玩结合;五六年级阶段,以赛为主,赛练结合。面向全体学生,落实"教会、勤练、常赛"要求,注重"学、练、赛"一体化教学。坚持课内外有机结合,指导学生学会基本运动技能、体能和专项运动技能,提供更多时间让学生进行充分练习,巩固和运用所学运动知识与技能,参与形式多样的展示或比赛。激发学生参与运动的兴趣,让学生体验运动的魅力,领悟体育的意义,发扬刻苦学练的精神,逐渐养成"校内锻炼1小时、校外锻炼1小时"的习惯,逐步形成"健康知识+基本运动技能+专项运动技能"的附小体育教学新模式。

5. "阳光心育"课程群建设

心理健康教育是素质教育的重要内容,开展符合学生身心发展特点的心理健康教育,有助于学生提升心理健康素养,培养积极心理健康品质。依据《中小学心理健康教育指导纲要(2012年修订)》的要求,基于心理健康促进理念与新时代学生身心特征,结合"润之教育"育人目标,"阳光心育"课程群以"辅导、体验"为主要内容,结合"心理健康月""家庭教育访谈""团体辅导"等活动,构建"阳光心育"课程群。旨在引导和帮助学生加强心理体验,培养学生健全的人格和良好的个性心理品质,为学生健康成长奠定基础。

提高全体学生心理健康素质是学校心理健康教育的总目标。主动强化素质、优化环境是心理健康教育的首要举措。学校在心理健康促进阶段,主要以心理健康教育课程、心理健康教育活动为载体,面向学生普及一定的心理健康知识,提高学生的心理健康素养。在心理健康教育课程教学中,学校从不同年龄阶段学生的身心发展特点出发,做到循序渐进,设置分阶段的具体教育内容。其中小学低年级主要是帮助学生认识班级、学校、日常学习生活环境和校园基本规则,让学生初步感受学习知识的乐趣,培养学生礼貌友好的交往品质,帮助学生适应新环境。小学中年级主要是帮助学生了解自我、认识自我,初步培养学生的学习能力,激发学习兴趣和探究精神,树立集体意识,引导学生学会体验情绪并表达自己的情绪。小学高年级主要是帮助学生学会悦纳自己,着力培养学生的学习兴趣和学习能力,端正学习动机,调整学习心态,开展初步的青春期教育,引导学生进行恰当的异性交往,帮助学生克服学习困难,培养学生分析问题和解决问题的能力,为初中阶段学习生活做好准备。学校心理健康教育活动以"心理健康月"为契机,开展主题系列活动,如心理团体辅导、团队素质拓展、治愈心理漫画、经典阅读、校园心理剧等,营造积极、浓厚的心育环境氛围,提高学生应对心理困扰的能力。

6."博雅音乐"课程群建设

我校基于艺术学科的课程性质(它是对学生进行审美教育、情操教育、心灵教育,培养想象力和创新思维等的重要课程,具有审美性、实践性、创造性、人文性等特点)和课程理念(坚持以美育人、重视艺术体验、突出课程综合),结合学校音乐教育办学特色,构建了"博雅音乐"课程群建设,加强了一体化设置,细化了育人目标,强化了课程的综合性和实践性,凸显学生主体地位,关注个性化、多样化的学生发展需求。

我校"博雅音乐"课程群包括音乐学科课程、口风琴特色校本课程、校舞蹈队和合唱队等社团课程、"六一"文艺汇演特色课程。"博雅音乐"课程群的建设既聚焦音乐学科的四大核心素养(即审美感知、艺术表现、创意实践和文化理解),又注重各门课程之间的内在联系。

音乐学科课程属于国家课程,旨在夯实基础知识和基本技能,强化义务教育的基础性特点,内容包括"欣赏""表现""创造"和"联系"四类艺术实践,涵盖14项具体学习内容,分学段设置不同的学习任务,并将学习内容嵌入学习任务中。通过"欣赏",学生体验音乐的情绪与情感,了解音乐的表现要素、表现形式,感知、理解音乐的体裁与风格等,发展音乐听觉与感知能力,丰富音乐审美体验,深化音乐情感体验,提升审美感知和文化理解素养。通过"表现",学生掌握声乐、器乐、综合性艺术表演所需的基础知识和基本技能,在艺术表现中表达思想和情感,丰富音乐活动经验,提升艺术表现素养。通过"创造",学生对音乐及其他各种声音进行探索,综合运用所学知识、技能和创造性思维,开展即兴表演和音乐编创活动,表达个人想法和创意,提升创意实践素养。通过"联系",学生将音乐与社会生活、其他形式的艺术及学科加以关联和融合,并在欣赏、表现和创造等实践中结合相关文化,理解音乐的人文内涵和社会功能,开阔文化视野,提升文化理解素养。

口风琴课程是音乐学科的拓展课程,是对音乐学科课程中"表现(演奏)"这一艺术实践的拓展延伸,旨在丰富音乐课堂教学形式,发展学生的器乐演奏能力,让学生在小学阶段能学会受益终身的一项艺术特长,培养学生对器乐的兴趣与爱好,丰富他们的课余生活。音乐课堂是落实口风琴特色课程的主阵地,我校以湘教版教材上的歌曲为主要教学内容,将口风琴教学融入每节音乐课中,在学唱歌曲的同时,学会吹奏本节课的歌曲。口风琴课程在安排教学内容时由浅入深,循序渐进,奏、唱、听、动相结合,在课堂上,教师对学生进行集体指导,班级集中练习。一年级学习简单的 C 调曲目以及音阶,通过活泼有趣的乐曲提升学生学习口风琴的兴趣;二三年级学习课本重点曲目内容,与常规教学内容相结合,稳扎基础,让学生直观、准确地掌握乐理知识;四五六年级学习课本 F、G 调曲目,有效地提高学生的节奏感、音感,培养学生视奏能力。在此基础上,通过课堂学习、课后练习和期末评价探索出口风琴校本课程设计。

校合唱团是满足学生音乐学习的个性化需求,培养学生审美感知和艺术表现这两方面核心素养的社团课程。当学生在学习音乐学科课程的基础上,对演唱感兴趣或者有突出的演唱能力，即可参加学校合唱团。合唱团是培养学生多声部听觉能力、多声部合作演唱能力和舞台表演能力等综合素养的社团课程，让学生从中获得情感的满足和美的熏陶，同时增强学生集体荣誉感，促进学生全面发展。我校共组建两支"润之"合唱团，分别是参赛团和预备团，预备团来自二年级，参赛团来自三至六年级。合唱团每周利用课后服务的时间训练两次，教师按照不同阶段学生的水平制订训练方案与教学内容，定期参加学校的文艺汇演，也会外出参加各级合唱比赛。

校舞蹈队是全面拓展学生综合素质、提高学生艺术修养和审美情趣的社团课程。其采用自愿报名的形式招收队员，凡是对舞蹈有一定兴趣、身体协调能力较好的学生均可报名参加。舞蹈具有较强的艺术性，可以陶冶学生的情操，提高学生的艺术素养，从而更好地达到美育的目的。还能促进学生身体的协调发展，让学生更好地抒发自己的情感，从而使学生健康成长。我校共组建两支"润之"舞蹈队，分别是参赛队和预备队。预备队来自二年级，参赛队来自三至五年级。每个队一周训练一次，分别利用周四和周五课后服务的时间进行，教师根据学生基础水平制订训练计划与训练内容，并组织学生积极参加市、区各级艺术展演及学校文艺活动，让学生得以锻炼。

"润之杯"才艺大赛是我校丰富校园艺术文化生活、培养学生的审美情趣和提升学生艺术素养的特色课程，是学校为在艺术方面有特长才能的学生搭建的平台。"润之杯"才艺大赛每学年举行一次，分为钢琴演奏、独唱表演、独舞表演、语言艺术表演、其他乐器演奏五个类别，设置初赛和决赛，决赛邀请知名专家莅临指导，现场评分并作点评，给参赛选手专业的指导意见，为学校的艺术发展献计献策。

"六一"文艺汇演是我校深化教育改革、全面实施素质教育的重要途径，也是培养学生综合能力的特色课程。我校每学年举行一次"六一"文艺汇演，节目形式涵盖了语言、演唱、舞蹈、戏剧、表演等众多艺术形式，全员参与，全面发展，符合"突出课程综合"的艺术课程理念。文艺汇演以音乐学科的实践为主体，重视与其他学科的联系,班级根据学校制订的晚会主题,根据本班学生的个性特长,创编符合学生身心发展和兴趣爱好的节目,一个节目中通常包含多种形式的表演,如在一个红色题材的集体舞蹈节目中,会合理穿插朗诵、演唱等形式。学生在排练中磨炼了意志,增强了集体主义精神,培养了团队合作能力,发展了综合艺术才能。

我校"博雅音乐"课程群从"三维目标"向"学科素养"升级,从聚焦"课程内容"向"育人模式"升级,从"少数个别"向"全员参与"升级,从"单兵作战"向"群体合作"升级,从班级、学校向家庭、社区、社会拓展。多元的课程内容回应学生全面发展与个性扬长的需求与目标,丰富的学习形式让志趣相投的学生在一起发展音乐特长,追求音乐梦想,让学校的音乐生活"多姿多彩"。

7. "素养美育"课程群建设

美术教育作为素质教育的重要组成部分,应当面向全体学生,使学生通过对美术作品的鉴赏和实践学习,成为具有一定审美能力的、有艺术修养的人。但不可否认的是学生对美术的感受能力和表现能力水平参差不齐,这就要求我们以生为本,结合学情改变目前仅仅教授美术知识或技能的教学,大胆放手让学生经历并体验"像美术家一样创作"的过程,全面提升图像识读、美术表现、审美判断、创意实践、文化理解这五个美术核心素养。基于这一实情,我校制订了"素养美育"课程群,在尊重学生情感体验和情感表达的基础上激发学生的学习兴趣和创新精神,培养学生的动手实践能力。我校"素养美育"课程群包含美术学科课程、电脑绘画特色校本课程、剪纸特色校本课程、"润之小农场"美术特色课程、"太阳花"艺术节美术特色课程。

艺术源于生活,更高于生活。在美术学科课程实施中,我校教师在深耕课本内容的同时更注重从实际出发,将课堂内容与生活相结合,不遗余力地为学生创设生活情境。从教具的准备到课件的设计,甚至到背景音乐的选择都独具匠心,让学生从多方位体验美术与生活的密切联系;从学生熟知、感兴趣的生活事例出发,让美术教学回归生活,进而激发学生学习美术的兴趣。同时,将美术应用到生活之中,利用身边的美育元素引发学生对美术的学习热情,激发学生的创新能力。

电脑绘画特色校本课程多年以来一直深受学生的喜爱。随着信息技术的大力发展,新时代少年发现美、创造美的能力和速度已远远超出人们的想象。我校电脑绘画课程以电脑为载体,依托学生的技能和创造能力打造出属于学生自己的作品,由内而外地提升学生的美术核心素养。

剪纸是我国优秀的民间传统艺术之一,可以促进学生对传统文化和民间文化的理解,激发学生对中华优秀传统文化的热忱和对劳动人民的崇敬之情,提升学生的美术鉴赏能力和艺术修养,充分发挥美术教学的文化教育功能和艺术教育功能,对学生美术核心素养的提升有着重要的作用。我校针对学校自身情况和美术学科课程特点,利用课后服务的时间在低、中年级有序开展剪纸特色校本课程,根据不同年龄定期开展不同主题的剪纸活动,让学生在活动中锻炼、提升。

"润之小农场"美术特色课程是在学校"润之小农场"的推动下拓展的自然美育课程。课程每周结合学校开展的"润之小农场"种植活动,借机将课堂搬到农场,搬到大自然中。从前期小农场的布局设计,到中期植物高低错落的安排,再到后期农作物的成果包装设计,每一次活动都在无形中渗透着美育,也让学生的创意有了一个展示的平台。学生在阳光下、在田地里、在劳动中感受身边的美、创造身边的美。

"太阳花"艺术节美术特色课程在一年一度的"太阳花"艺术节活动中应运而生。每年五月份我校都会结合本学年的学情变换各种主题和表现形式,分年龄段开展不同的美术活动,如创意脸谱、彩绘风筝、缤纷油纸伞等,引导学生构思、创作,让学生在玩中感受美、发现美、创造美。

"素养美育"课程群的开展始终以美术的五大核心素养为准则,不拘泥于围绕"技"的层面进行教学,重在引导学生运用智慧综合性地发现问题,并通过艺术的手段解决问题。

8."创享1+3"科学课程群建设

在科学类学科的基础型课程教学中,学校基于课程标准,围绕科学观念、科学思维、探究实践、态度责任的四维教学目标,开展课程教学。具体的课程内容包含五大领域:科学探究、生命科学、物质科学、宇宙与空间科学、工程设计与实施。在基于课程标准的教学基础上,学校积极推进课程改革,贯彻教育部利用科普资源助推"双减"工作的指示,加强对学生创新精神、实践能力的培养,积极开展对跨学科案例分析的研究和指导工作。在具体的课程设置中,学校系统设计"创享1+3"科学课程框架,面向全体学生开展一类全面普及课程群以及针对不同年段学生设计三个专项特色课程群。

在全校范围内,设计一类全面普及课程群。结合我校红色文化与科技特色,继续利用我校教师自主开发的"传统文化里的科学知识"课程群,用好优质视频资源——"中华传统故事里的科学知识""古诗词里的科学知识""非物质文化遗产里的科学知识";开展一年一度的"智多星"校园科技节活动和一年两次的红色游学活动,将专家请进来,将孩子们送出去;结合优越的地理位置,开展馆校共建课程群,在博物馆、地质馆、科学院进行项目化学习,将课堂上的学习与鲜活的世界联系起来,在理解科学、技术、社会、环境之间关系的基础上,逐渐形成严谨认真、实事求是的科学态度及强烈的社会责任感。

三个专项特色课程群分别针对三个递进的学习阶段:感天地之美、求科学之真、务创新之实。其中,一二年级为"感天地之类"的阶段,学生通过研学、实地考察等方式初步感知和体验大自然的奇妙,认识各种各样的陆地动植物、地形地貌、海洋生物、天文现象等;三四年级为"求科学之真"的阶段,学生通过场域结合、动手操作等方式培育动植物,设计建筑模型,制作船模、航模、桥梁模型等,了解科学家在进行科学探究时的一般过程,培养探究能力和科学思维;五六年级为"务创新之实"的阶段,学生通过场域学习了解当下科技前沿新成果、新技术,知道工程与技术的创新方式,初步掌握创新的思路和方法,尽可能物化创新思维成果,尽可能将创新作品投放到各类创新创客类赛事中去。

在科学学科的校本化建设中,学校通过系统设计课程群,重点培养学生的综合能力及跨学科核心素养。课程通过跨学科之界,助推多学科融合;跨时间之界,聚焦课程统整;跨空间之界,探索泛在学习;跨认知之界,迈向深度学习。

9. 道德与法治学科课程

在道德与法治学科课程建设中,学校通过融合道德、法律、国情等相关内容,促进学生道德品质、法律意识和公民意识的发展,培养学生理解社会主义核心价值观,具有责任担当的意识和行动,树立正确的世界观、人生观、价值观。具体而言,学校系统设计"公民"德育人文综合课程,以学生身心发展规律为指引,以创新实践活动为载体,以项目化学习为形式,落实德育工作的各项内容。公民课程按照年级划分为"二附校民""开福居民""长沙市民""中国国民""世界村民"五大系列。

在具体的课程设置中,一年级学习"二附校民"系列课程,融入校园,进行养成教育,适应学校生活。二年级学习"开福居民"系列课程,通过志愿服务等形式,建立社区归属感,度过社区融入与社区身份认同等成长阶段。三年级学习"长沙市民"课程,通过社会调查等形式,体验长沙文化,认识、了解长沙的历史发展和未来机遇,形成多元传承的意识,认同长沙城市精神。四年级学习"中国国民"系列课程,通过学习研究等形式,了解中国历史文化,形成对国家、对中华民族的认同,增强民族自信。五年级学习"世界村民"系列课程,通过研学交流等形式,学习各国文化习俗、政治经济发展状况,培养国际视野,意识到多元文化、多元价值的重要性,认同和平发展的战略。

(二)"润之学科"的评价要求

"润之学科"评价关注学科课程、学科教学、学科学习、学科团队四个学科课程建设的核心要素,具体评价标准如下。(见附表5)

附表5 湖南第一师范学院第二附属小学"润之学科"评价细目表

评价项目	评价标准	权重	得分
学科课程理念	基于儿童需求,指向学科核心素养,突出学科特点,更加多彩,更加融入生活。 基于学科素养培养需要,植根学校课程文化,提炼形成特色鲜明的学科哲学和教学主张。	15分	
学科建设方案	依据学科哲学,立足教学实际,构建包含学科课程目标、学科建设思路、学科实施评价、学科保障与管理的特色学科建设方案。 方案基于学科特色,具有时代性、科学性、针对性,具有独特的学科哲学,逻辑性强,内容翔实,可操作性强。	20分	
学科课程内容	依据学科教学的若干核心领域开发设置多种拓展课程,以丰富多维的课程满足学生学习发展和学科素养建构的需要。 围绕学科核心素养进行准确定位,突出重点,内容丰富。能满足学生多元发展需求,充实学生的学习生活,丰富学生的学习体验。	20分	
学科教学改革	高品质的学科教学是保障学科质量的基础,以课堂文化形态为引领,通过雕琢教学设计,打磨课堂行为,精炼教学机智,不断提升学科教学的有效性和品质性。 具有正确的教学目标以及丰富的课堂教学活动,能够提高学生的综合能力。有意识地进行学科学习及学法指导。重点放在学生良好的学习习惯上。注意课内课外结合。	20分	
学科教研活动	团队在学科哲学上达成理念共识,在学科教学中有较强的实施能力,并形成了有效的常态教研机制,能够以研促教,提升学科课程品质。 建立有一个团结务实的学科团队,建立常态有效的教学研究制度,进行深度的课后反思与学科课程开发实施评价。	25分	
合计得分		100分	

学校将学科建设四个要素的评价标准纳入整体教育教学评价体系,并与教学评价、学业评价、学生发展评价、教师发展评价充分整合,具体操作办法如下。

学科课程与学科教学评价由课程中心负责,具体分为三个阶段:第一阶段,在课程开发初期,对学科教研组编制的学科方案的可行性、适切性、特色性进行评价,对学科教师开发的课程进行审核性、改进性评估;第二阶段,在课程实施中期,组建评估组,采用随机观课的形式对课程实施情况进行过程性、督导性评价;第三阶段,在课程实施末期,由课程中心制定课程实施情况调查问卷,从教师、家长、学生三个维度,采用线上、线下相结合的形式对课程实施成效、存在问题进行诊断性评价。同时,制订学校品牌课程评选标准,由观课教师填写课堂评价量表,并通过课例研讨对学科教师课堂教学情况进行即时反馈评价。

学科学习评价,一方面由学生对自己参与学科学习的收获、感悟进行记录性、自主性评价;另一方面由课程负责老师对学生学习的态度、方法的掌握、技能的习得、情感的发展等方面进行等级式评价,计入课程手册,并依据评价结果决定学生能否获得课程通关卡。同时,借助学科节日、主题活动等平台进行学科学习成果的展示性评价。

学科团队评价主要结合学校年度优秀教研组评选活动进行,由学科教研组自主申报,填写《湖南第一师范学院第二附属小学优秀教研组评价表》,学校依据教研组在课程开发、课程实施、学生学习辅导、团队文化建设等方面的表现给予综合评价。

三、激活"润之校园",开发环境隐性课程

校园环境文化是学校隐性课程,具有特殊的潜在的教育功能。在学校文化建设中,我校特别注重环境文化的打造,"润之校园"在用心经营中慢慢立体而丰富起来。源远流长的湖湘文化深深地在学校扎下了根,与百年学校文化融为一体。因此,学校以"星星之火,可以燎原"的主题打造入校步道,将学校发展的

历史变迁时间轴呈现出来;精心打造少年山;建设"名人墙",定期选取十位在校师生的优秀榜样供大家学习;将心理健康指导中心命名为"润之心苑",图书馆命名为"润之图书馆"。"润之校园"是怡情、浸润、赋能、实践、融合的校园,承载着学校文化的精神内核和理想追求。"润之校园"建设是向"润之教育"生动之处漫溯的有力举措;是推进学校更具内涵、更富诗意发展的有效探索;是对师生生命更趋敞亮、更趋幸福的不懈追求。"润之校园"蕴含学校精神和价值观的学校环境,不但能对师生产生约束、调节作用,更能引发一种价值认同感、归属感和凝聚力,促使师生结成发展共同体。学校规章制度清晰、区域划分明确、功能实施健全,能寓教育于潜移默化之中,具有浸润人心的功能,产生"润物细无声"的微妙效应。

(一)"润之校园"的建设路径

校园文化建设体现了一所学校的文化品位。"十四五"时期,在原有校园文化建设的良好基础上,学校精心打造校园环境文化和精神文化。在环境文化建设中,体现附小悠久的历史和深厚的文化积淀,从校园环境建设、颜色识别、文创用品等方面,打造显性的"润之"文化载体,让师生员工得到熏陶。在精神文化建设中,挖掘校史文化,开展"校史应知应会"、校歌撰写等活动,传承老一辈无产阶级革命者的优良传统和作风,构建积极向上、和谐幸福的校园。

学校以人文、科学、信息、艺术、环保为主要元素,形成主题文化,激活环境隐性课程,努力打造"人文的书香校园""灵动的特色校园""尚美的书画校园""现代的智慧校园""绿色的环保校园",全面实施"润之校园"建设,使学校环境文化生态系统健康而高雅。"润之校园"是赋能的校园。学校良好的学习氛围、纯正的校风学风、浓郁的古韵今风、醉人的翰墨书香、浓厚的文化积淀、和谐的人际关系是全体师生的隐性环境课程资源,更是恒久的能量源,持续为大家传递正能量。学校环境建设需要群体智慧和通力合作。校园景观布局、细节设计、班级文化呈现等,既是师生智慧和才艺的展现,又是师生交流思想情感、历练实践能力的过程。

  1. 精心设计，让校园中的每一处建筑都"会说话"。我们始终坚持将"润之教育"元素融入校园环境文化设计之中，让"传承、赋能、点亮、唤醒"的新教育发展理念物化为各种富有教育内涵的创意设计。本着"现代元素，审美追求，品牌标识，主题分类"的原则，构建学校的主题文化：附小历史变迁的时间轴、润之剧场、星舞台、校训墙、名人墙、少年山、少年石、少年亭等。利用楼梯道口墙面、教学楼通道间墙面，设立多处文化板块，努力创设赏心悦目、充满智趣的校园育人环境，彰显学校文化传统和特色。一面面会"说话"的主题墙，告诉孩子们什么是传统和现代的融合；集欣赏、游戏、休憩于一体的风雨走廊，让课间活动"有声有色"；"会说话的树""班级润之图书角"成为书香校园最好的诠释。"会说话"的校园空间构筑了独特的"润之校园"环境文化，熏陶着每一个孩子。

  2. 细心雕琢，让校园中的每一个细节都能传情。缔造美丽校园，关注每一个细节，把每一个角落都打造成浸润孩子们心灵的文化空间，这是"润之校园"建设的初衷。我校把学校办学理念外化在环境上，将"润之教育"哲学"植入"学校"土壤"。增设校训墙，选取毛泽东的名言警句挂在楼道，让少年山的设计更具开放性，更符合儿童发展的天性；星舞台，让每一个孩子成为最明亮的星；滑滑梯、攀岩，释放孩子的天性；少年亭，给孩子们提供交流休憩的场地。让校园的楼道、墙壁等成为"润之教育"的文化阵地。不断整合资源，把校园的不同功能区有机地衔接起来，让校园处处有"景"，学生步步赏"景"，努力让学生置身在优质、多彩的"润之教育"环境之中，让全体师生能在每一个角落里品味到耐人寻味的细节文化。

  3. 全心倡导，让学校每个师生都成为建设者。"润之校园"是红色的校园，学校努力营造高层次、高起点的校园人文环境，进一步提升校园文化建设的发展水平，追求人性化的管理空间，打造以"红色文化"为主的校园文化建设。以校园的整体设计推动校园文化艺术环境建设，切实抓好校园的广播、演出、展览、展示，精心打造红色班级文化、红色办公室文化、红色公共区文化等。以少先队活动为载体营造校园文化氛围,升旗仪式上讲好"红色附小"故事,通过了解党史、校史培养学生热爱学校文化,定期组织黑板报评比活动,鼓励学生亲身参与校园文化建设。学校鼓励每个教职工和孩子都成为校园环境文化的建设者和维护者。每个班级墙壁上设"争星榜"等专栏,学生的绘画、书法等作品可以自由地在上面进行展示,真实地记录了学生的成长之路。全体师生用智慧创造着"独具匠心"的校园文化。学校环境在被赋予文化因素后,就会显现艺术魅力。特别是自然景观,一草一木、一水一石都能给人美的享受,正所谓"景美则心旷,心旷则神怡,神怡则智清,智清则学佳"。

(二)"润之校园"的评价要求

学校"润之校园"的评价从多方面有针对性地进行,综合全面考察显性环境建设和隐性课程生发。借助实地参观,邀请专家、教师、学生、家长等组成考评团,对照评价细则进行评价。(见附表6)

附表6 湖南第一师范学院第二附属小学"润之校园"建设评价细目表

项目	指标	评价内容及参考分值	得分
校园环境建设	怡情(10分)	校园无土不绿,特色鲜明,布局合理。	
	浸润(10分)	校园环境整洁,制度完善,功能齐全。	
	赋能(10分)	校训"三风"、警示语、宣传栏等彰显学校人文特色。	
	实践(10分)	有师生群体智慧和通力合作的成果和作品展示。	
	融合(10分)	亭台、装饰物、提示牌等人文景观体现师生共同价值追求。	
廊道环境建设	怡情(5分)	与学校文化特色保持高度一致,具有鲜明主题且有机兼容。	
	浸润(5分)	能够根据不同年段学生特点布置,新颖别致,富有童趣。	
	赋能(5分)	有反映师生积极阳光生活的内容,艺术性和思想性统一。	

(续表)

项目	指标	评价内容及参考分值	得分
	实践(5分)	慧心酝酿,巧手雕琢,集思广益,用常见物诠释别样精彩。	
	融合(5分)	物尽其用,传统与现代交织,节约与创意共生。	
班级环境建设	怡情(5分)	设计体现儿童年段特点,风格统一,整体性强。	
	浸润(5分)	班级有中队角、评比栏,制度上墙,营造浓郁育人氛围。	
	赋能(5分)	班级布置具有文化内涵,体现学生主体,展示良好班风。	
	实践(5分)	融入学生智慧,有学生作品展示栏,具备交流学习功能。	
	融合(5分)	师生衣着整齐、干净,谈吐文明,待人接物有礼貌。	
您的建议			总分

"润之校园"建设是学校构建环境生态系统的奋进之笔,高视角立意,低重心操作,使环境塑建、教育主题、文化活动在这本环境立体大书里有机呈现,时时处处都展现着学校环境的整洁条理,点点滴滴都生发着教育的价值追求。

四、建设"润之讲堂",做好薪火传承课程

作为有红色基因的百年名校,学校经世事沧桑,跨两个世纪,不以物移地传承着教育火种,文脉不断。我校积极践行社会主义核心价值观,切实用好红色资源,赓续红色基因,走好新时代的长征路。学校注重讲好"润之讲堂",将百年厚重的校史文化与红色文化有机融合,积极推进红色文化校园建设和红色教育研究实践。

(一)"润之讲堂"的课程设计

学校以浸润红色文化为学生打下精神底色,高度重视新形势下的红色文化

传承发展,把"加强红色文化教育"写入学校发展规划,形成学校党委统一领导、全体教职工、学生家长共同参与的工作机制并达成共识,明确了"文化引领学校发展"的办学思路。学校继承和发扬校史中的红色基因、深沉热烈的家国情怀和醇厚的文化底蕴,确立了"润之心灵,泽被天下"的办学理念。以毛主席的经典语句"好好学习,天天向上"作为校训,以"文明其精神,野蛮其体魄"作为育人目标,使学校文化内涵与社会主义核心价值观一脉相承。

从五四运动开始,学校始终站在爱国斗争最前列。一百多年来,学校培养了数不尽的国家栋梁、社会精英,遍及政治、经济、文化、科学、戏剧、教育等各个领域。这些都是我校独特的、宝贵的红色育人资源。学校把党建与育人紧密结合,以党建带团建、促队建,开设红色课程,提升学生的政治意识和家国情怀,增强学生使命感、责任感,真正实现铸魂育人、启智润心,为党育人、为国育才。将红色文化教育与学校课程深度融合,实施少先队中大队课程、"家长进课堂"课程,提升学生综合素养。

学校融合党的百年奋斗史和百年校史,开设"润之讲堂",讲述学校的校史故事和名人故事,由校长、教师、学生、家长共同担任授课者;成立"薪火"社团,构建校园红色育人阵地群,为学校红色文化传承教育打下坚实的物质基础。每逢重大节日的主题党日、团日、队日活动,都让爱国主义的红色传统深刻浸润到每一个附小人的精神血脉之中。

围绕红色文化、中华优秀传统文化和学校特色,学校开展主题研学实践,在行走和实践中成长,构建以"润之文化"为根、"红色历程"为本、"雷锋精神"为魂的研学课程体系,开发了红色文化研学路线同时,组织开展"点燃红色激情,强体逐梦百年"红色运动会、"家国情怀"红色经典诵读比赛、"重走主席研学路"团建活动、红色教育基地参观等红色主题教育系列实践活动,使师生受到英雄事迹的熏陶和感染,增强祖国荣誉感和归属感。

学校充分利用网络和现代教育技术,利用重大节日、重要事件和重要人物纪念日,结合红色文化、历史名人、革命传统等教育内容,开展系列活动,着重落实好"五个一":即每周一次班级主题教育活动;每周一次升国旗仪式;每学期一次参观或社会实践活动,每学期一次全校性主题教育活动;每学期一本红色书籍的阅读。每一位教师深入挖掘各学科教学中红色文化教育的内涵,将红色文化教育有机融入日常教育教学活动之中,注重提高教师进行红色文化教育的能力。

(二)"润之讲堂"的课程评价

"润之讲堂"课程评价以学生自主发展为目标,确立学生为主体的观念,加强少先队组织建设,以"传承红色基因,赓续红色血脉"为主题开展少先队活动,如开展"讲润之故事,做最美少年"实践周活动、"红领巾"假期实践活动;组织学生进社区进行垃圾分类知识宣讲,普及环保知识,提升环保意识,完善自主参与、自我教育、自主发展、自主创新的育人模式。以丰富多彩的课外文体活动为载体,有效促进学生生动活泼自主发展;充分利用社会实践基地,开展社区服务和文明共建活动。

五、欢度"润之节庆",浓郁课程实施氛围

节日蕴涵着丰富的文化内涵,有着特殊的教育意义,特别是许多的节日与学生的生活息息相关,学生对其有着浓厚的兴趣,应该说,这些节日都是极其宝贵的课程资源。富有仪式感的节庆文化活动是构建"润之教育"校园文化品牌的主要载体,是增强课程实施成效的有力保障,更是学生快乐成长的重要平台。

(一)"润之节庆"课程设计与实施

"润之节庆"课程分为传统节日课程、现代节日课程和校园节日课程三类。

1. 传统节日课程。传统节日课程是通过主题活动、实践活动等,让学生理解传统文化习俗与精神内涵,使传统文化得以传承与发展。具体中华传统节日课程设置内容如下(见附表7)。

附表7 湖南第一师范学院第二附属小学"中华传统节日"课程设置表

传统节日	课程目标与内容	实施方法
春节	1. 知道春节的具体日期,初步了解节日的来历。 2. 收集有关春节的节日习俗资料,引导学生体会我国传统春节活动热闹的氛围,在活动中发现新鲜事、有趣事,感受人们对美好生活的向往。 3. 通过各种实践活动,发掘春节的文化意义,并诵读诗文、写对联等。	主题队会 校本课程 节日课程
元宵节	1. 知道元宵节的具体日期,初步了解元宵节的来历,了解元宵节的风俗习惯。 2. 查找资料,全国各地不同的风俗习惯,并进行整理。 3. 收集和制作灯笼。在元宵节进行展览、猜字谜等活动,了解其文化内涵。	主题队会 校本课程 节日课程
清明节	1. 开展清明节主题教育活动,使学生了解清明节的渊源、含义、习俗以及纪念方式。 2. 使他们知道清明节原是祭祀祖先的节日,学生通过参加祭扫先烈,缅怀先烈的活动,了解清明节的节日含义。 3. 了解革命烈士的感人事迹,懂得幸福生活来之不易,从而珍惜今天的幸福生活。	主题队会 校本课程 节日课程
端午节	1. 通过端午节主题活动的开展,让学生了解端午节的相关来历、传说故事和习俗活动,感受中华民族传统节日折射出的浓郁的民族文化气息。 2. 讲屈原的故事,向学生宣扬中华民族气节。 3. 通过活动,体会端午节节日主题内涵,加深认识。	主题队会 校本课程 节日课程
中秋节	1. 通过中秋节主题教育活动,使学生了解中秋节的由来、习俗、庆祝意义,初步了解中秋节是家庭团圆的日子。 2. 通过参与中秋节日活动,培育学生重亲情、尊重自然,使学生体验关爱家人的情感,感受家园和睦的温馨之情。 3. 通过对中秋节有关资料的收集,继续培养学生搜集、处理信息的能力和动手实践能力。	主题队会 校本课程 节日课程

(续表)

传统节日	课程目标与内容	实施方法
重阳节	1. 通过开展重阳节敬老主题教育活动,使学生了解有关重阳节的由来、习俗,从而使学生认识到尊老爱幼自古以来就是中华民族的传统美德。 2. 通过组织学生参加敬老活动,增强他们敬老尊长的意识,弘扬中华民族敬老爱老的优良传统。	主题队会 校本课程 节日课程
腊八节	1. 知道腊八节的具体日期,初步了解节日的来历和习俗。 2. 通过多种渠道收集与腊八节相关的资料,让学生感受、积淀、传承中国的传统文化。 3. 通过一些实践活动,发掘腊八节更深层次的内容,并诵读诗文等。	主题队会 校本课程 节日课程

2. 现代节日。现代节日课程通过主题队会、实践活动等形式,为学生提供了丰富的社会文化信息,让学生认识、理解我国不同民族及世界多个地方的风俗民情、人文历史,感受其文化意蕴的丰厚,形成对历史、现代社会,对中国、世界文化的认同,促进文化的传承。缤纷主题节日课程的内容具体设置如下(见附表8)。

附表8 湖南第一师范学院第二附属小学现代节日课程设置表

节日	课程目标	实施方法
元旦 (1月1日)	1. 了解元旦的来历。新的一年新的开始,学会确立新一年的学习目标。 2. 培养学生融入生活,学会生活并能合理组织调配自己的物品。 3. 初步建立市场概念。	1. 举行迎新年红领巾乐翻天游戏节。 2. 开展跳蚤市场活动。

(续表)

节日	课程目标	实施方法
学雷锋 （3月5日）	1. 培养学生掌握收集信息的一般方法，初步具有收集信息的一般能力。 2. 了解雷锋的光荣事迹，学习雷锋的助人为乐精神。 3. 营造学雷锋的精神引领氛围。	1. 制作雷锋宣传卡。 2. 学雷锋做好事。 3. 雷锋标兵评选。 4. 学雷锋征文评比。
世界地球日 （4月22日）	1. 培养学生掌握收集信息的一般方法，初步具有收集信息的一般能力。 2. 了解地球知识，建立学生保护地球、爱好地球的意识。	1. 世界地球趣味谈。 2. 世界风光欣赏。 3. "保护地球，从我做起"时间活动。 4. 诗歌、文章欣赏。
劳动节 （5月1日）	1. 培养学生掌握收集信息的一般方法，初步具有收集信息的一般能力。 2. 了解劳动节的来历，懂得珍惜别人的劳动成果，学会付出，懂得感恩。 3. 培养学生的动手能力，学会参加家务劳动，体会劳动的快乐和收获。	1. 劳模故事会。 2. 学唱一支歌颂劳动的歌曲。 3. 诵读歌颂劳动的诗词文章。 4. 参观工厂。 5. 学做家务。
儿童节 （6月1日）	1. 培养学生掌握收集信息的一般方法，初步具有收集信息的一般能力。 2. 让学生了解儿童节的来历，懂得儿童成才的目标和方向。 3. 给学生提供展示平台，引领学生成长。	1. 静态社团作品展示。 2. 动态课程汇报。
教师节 （9月10日）	1. 培养学生掌握收集信息的一般方法，初步具有收集信息的一般能力。 2. 了解教师节的来历，懂得感恩老师、尊敬老师。	1. 观看歌颂教师的电影。 2. 采访老师。 3. 讲述老师爱自己、同学的故事。 4. 诵读歌颂老师的诗词、文章。

(续表)

节日	课程目标	实施方法
国庆节 （10月1日）	1. 培养学生掌握收集信息的一般方法，初步具有收集信息的一般能力。 2. 了解国庆节的来历，培养学生爱国情怀。	1. 观看电影《开国大典》。 2. 讲故事或演讲比赛。 3. 诵读国庆的诗词。 4. 办有关国庆的剪贴报。 5. 歌颂祖国的歌曲联唱。
全国消防日 （11月9日）	1. 培养学生掌握收集信息的一般方法，初步具有收集信息的一般能力。 2. 了解全国消防日的来历，了解消防知识安全，进一步落实学生进行安全疏散演练。	1. 消防安全知识讲座。 2. 消防安全知识竞赛。 3. 制作家庭消防安全宣传报。 4. 学校进行消防安全疏散演练。 5. 开展"消防安全小知识"主题队课活动。

3. 校园节日。校园节日课程以学生的校园生活为依托，由学生自主设计校园文化课程，增强学生的责任心和参与度，培养学生乐观向上、积极进取的人文精神。我校着力打造校园"五节"，具体如下。

（1）校园读书节。抓好常规读书活动，完善学校图书馆借阅制度，建立班级图书角。以世界读书日为契机，开展读书节活动：共读一本书、演讲辩论比赛、书香家庭评选等，以此引导学生与经典同行。

（2）太阳花艺术节。为有艺术特长的学生提供展示自我的舞台，特设定每年五月最后一周为艺术节展示周，设置美术、书法比赛及"六一"节目汇演，熏陶学生的艺术素养。

（3）阳光运动体育节。为落实全员锻炼的理念，定期举办秋季阳光体育节活动，突出"人人有项目、班班有活动、年级齐上阵"的特色，设置一分钟跳短绳、仰卧起坐、集体三分钟长绳、班级迎面大接力等活动。

(4) 智多星科技节。创新科学教育的方法与路径,开展小发明、科学 DV、科幻画等活动,将"科技改变人生,科技创造未来"的理念根植学生心田,激发创新意识和勤于动手、善于思考的品质。

(5) 红领巾乐翻天游戏节。利用少先队活动课开展游艺活动或跳蚤市场活动,让学生在以物易物中体验生活,在主题游艺活动中感受集体生活的乐趣。

(二)"润之节庆"的课程评价

"润之节庆"课程是为丰富儿童的公共道德生活专门创设的课程,是一个由全体儿童共同参与的课程,其在儿童眼中的重要性不言而喻。这些属于儿童自己的"润之节庆"丰富了儿童的校园生活,也影响了儿童与儿童之间、儿童与成人之间的交往方式。为此,我校设置了以下评价标准。

1. 活动预案有实效。节庆文化活动多是面向全体学生,倡导全员参与的校级活动,因此,要严格把好活动组织的入门关,即设计好活动方案。方案设计要目标明确,主题清晰,基于小学生的认知基础与情感需要设置活动内容、选择活动形式、规划活动流程,以科学周密的活动预案提高节庆课程的实施质量。

2. 活动内容有趣味。活动内容要基于学生发展核心素养形成的需要,选择学生喜闻乐见、时代感强的素材,跳出道德说教的范畴,增强活动内容的趣味性。

3. 活动组织有创意。节庆文化活动的组织不仅要分工明确,责任到位,确保活动秩序井然,更要基于学校育人哲学和文化特色,突出创意,张扬个性,鼓励创新。

4. 活动宣传有影响。注重总结提炼节庆文化活动组织的有效举措,并利用校园网、微信公众号、新闻媒体等信息媒介及时宣传推广,不断丰富课程建设经验积累,提升课程品牌的区域影响力。

5. 节庆课程多在节日当天或集中的一段时间内实施,节日活动的内容不同,评价形式也各异。根据每个节庆活动内容和活动形式的具体安排,课程中心采用相应的形式予以评价。如在植树节、母亲节、重阳节等相关节日开展的参与体验类活动主要从学生参与活动的态度、情感等方面进行整体评价；在元宵节、端午节、中秋节等相关节日开展的认知探究类活动主要以班级为单位进行汇报交流式评价，或通过小制作、手抄报等进行展示性评价。

这些评价为教师指导的调整提供了及时的反馈信息。在评价过程中，教师通过观察学生的学习态度、兴趣、行为表现及各方面的变化，给出肯定和鼓励。同时，根据反馈的信息，教师还可以衡量自己的引导是否有助于学生的长久发展，并及时进行修正。

六、创设"润之社团"，发展儿童兴趣爱好

我校有重视学生社团活动的传统。社团是满足学生个性需求、发展学生兴趣特长、实现学生全面发展、灵动生长的重要平台。为全面落实育人目标，结合我校实际情况，整合校内外教育资源，学校开展了丰富多彩的社团活动，并以"润之社团"课程为载体常态化实施。

（一）"润之社团"的主要类型

"润之社团"是学校课程实施的主要途径，包括"行规礼仪""语言素养""运动健康""艺术审美""科学探究"五大类。

1. 行规礼仪类社团。行规礼仪类社团包括红领巾礼仪、国旗护卫队、校园志愿者等特色社团，通过社团活动让学生全面掌握小学生行为规范，懂得基本的礼仪常识，成为举止文明的附小少年。

2. 语言素养类社团。语言素养类社团包括汉字听写、文学素养、故事达人秀、演讲与口才等特色社团，注重激发学生的语言学习兴趣，实施听、说、读、写等语言素养的训练，实现人文素养的全面提升，让学生成为智慧灵动的附小少年。

3. 运动健康类社团。运动健康类社团是学校结合自身特色，全面开展的以球类为主的体育活动，包括跳绳、足球、篮球、乒乓球等特色社团，注重激发学生参与体育活动的兴趣，加强对学生心理问题的疏导，让学生成为身心健康的附小少年。

4. 艺术审美类社团。艺术审美类社团包括舞蹈、合唱、剪纸、创客、书法、电脑绘画等社团，从表演艺术等维度全面发展学生的艺术特长，培养学生的审美能力、艺术素养和生活情趣，让学生成为温婉优雅、心灵手巧的附小少年。

5. 科学探究类社团。科学探究类社团包括机器人编程、图形化编程、科学DV、创意木艺、3D打印等特色社团，注重激发学生对自然科学和社会百科的求知欲、好奇心，培养学生解决问题的创造能力和动手能力，让学生成为创新型少年。

为保障社团课程规范实施，学校制订了社团课程专项规划，明确提出"三个一"社团课程目标，即构建一套高效、灵活的社团管理体系；发展一批具有鲜明特色的精品社团；造就一批素质高、能力强的学生社团骨干，以目标为导向保障社团课程落地实施。

筹建多元社团课程体系。评估学生发展需要，结合校内外教育资源，筹划建立数量规模适当、不同层次的社团，形成班级社团、年级社团、学校中心社团、精品型社团相互衔接的社团组织体系。

注重社团骨干队伍建设。一方面高度重视学生社团负责人的选拔培养，大力发展学生社团骨干；另一方面聘请专家学者、社会知名人士和家长志愿者担任学生社团兼职指导教师，指导学生社团建设，同时帮助提高本校教师的社团课程研发、实施能力。

加强社团实施过程管理。学校不断完善社团课程制度建设，制订了《湖南第一师范学院第二附属小学"润之社团"管理制度》《湖南第一师范学院第二附属小学精品社团评选办法》，对社团课程的活动时间、活动内容、活动形式、课程成果提出明确标准和要求,并加强对社团活动开展的过程性质量监控,以制度建设保障社团课程的实施成效。

(二)"润之社团"的评价要求

为加强社团课程实施效果的监控,学校建立社团动态循环发展机制。学校坚持过程性、多元性、激励性、综合性的原则,建立学生社团考核评比机制,以评价为导向营造有利于优秀社团脱颖而出的良性竞争氛围,促进社团发展优胜劣汰与自然选择。以下是学校"润之社团"评价标准(见附表9)。

附表9　湖南第一师范学院第二附属小学"润之社团"评价标准

项目	指标	评分	评价方式
社团机构与管理	1. 社团管理体制完善,机构设置合理,制定符合学生实际的社团建设实施方案。	10分	实地调查 资料核实 师生座谈 活动展示
	2. 建立、健全并严格执行社团各项规章制度。	10分	
	3. 社团人数适中,规模适度,成员资料档案齐全。	10分	
	4. 指导老师认真负责、重视管理。	10分	
	5. 学生社团要突出学生的主体性和创造性,使学生在社团活动中自治自理、健康发展。	10分	
	6. 社团活动空间固定,环境良好有相应的文化建设。	10分	
活动实施情况	7. 经常和定期开展社团活动,组织有序、记录完整。	10分	
	8. 社团活动内容丰富,形式多样,体现实践性和综合性,有利于培养和锻炼学生多方面的素质,体现校园文化精神。	10分	
	9. 社团成员或集体活动成果显著。	10分	
	10. 活动取得良好教育效果,在学生中有一定的影响。	10分	

七、做实"润之探究",做实项目学习课程

当前,学校倡导项目式学习,倡导让学生主动地探索现实世界,在学习探究过程中领会到更深刻的知识和技能,锻炼学生的创造力、团队合作和领导力、动手能力、计划并执行项目的能力。我校进行"润之探究"项目学习的基本理念是强化学生关键能力,培养学生的实践能力和创新精神,学以致用;从学校到社会,从育人角度出发,基于人的成长需要,重在培养孩子的生活能力和社会适应力,回归真实的生活。

(一)"润之探究"的课程设计

1. 问卷调查,征集问题。爱因斯坦曾经说过:提出一个问题往往比解决一个问题更重要。为了鼓励学生认真思考、大胆创新,我们开展问卷调查,在学生群体中征集研究课题,为探究学习奠定基础。

2. 集体研讨,设计指南。课程组教师集体研讨,设计活动指南,编印成册。指南设计体现体系性、分层性、探究性和展示性。

3. 确定主题,制订方案。学生个人邀请同伴成立合作小组,确定研究主题后,合理分工,初步形成设计思路。再通过初步调查,讨论制订探究方案,完成探究实践活动申报表,并上交班主任。

4. 开展探究,收集成果。根据活动方案,开展探究实践活动,并拍照留影记录活动过程,收集资料,撰写活动日志、活动感受和调查实践报告。

5. 汇编成果,筹备展示。小组分工,整理课程活动中的相关资料,包括图文、数据、视频等,汇编成册。

6. 课程发布,评先选优。下学期初,学校将召开暑假探究成果展示发布会,各小组设计成果汇报方案,以最美的个性形式呈现作业成果:画报、绘本、PPT、研究手册、表演等,在交流汇报中相互学习、不断提升。

"润之探究"活动设计要努力让设计活动变成连接并更新学校、家庭、社区生活的实践性活动。要以任务为驱动,教师提供学习资源和学习工具,通过项目创设真实的问题情境,学生开展合作学习,在探究中完成学习任务。项目按学习的需求立项,选题不论大小,学生面对的都是真实具体并且需要探究的问题,兼具实用性与合作性。学生可以充分利用多媒体和网络等信息技术资源,通过实践体验、自主发现、协商合作、创造想象等多种途径来进行探究,有利于培养学生的自主性和协作性,提高学生的自主学习、分析和解决问题以及批判性思维的能力。每学期学校利用暑假组织教师展开理论学习和案例学习。学期中定期召开教学研讨活动,加强交流和学习。以问卷调查和专题调研的形式鼓励家长、学生参与项目的选择、论证与确定。三至六年级每个年级要形成一个活动设计案例,引导学生展开实施。学校为项目化学习的实施搭建平台,进行阶段性研讨和展示,形成若干精品项目案例。

(二)"润之探究"的课程评价

项目式学习评价整合学习的过程与结果,使学生理解知识的同时获得能力,有助于学生个人成长与团队协作能力的发展,提升学生的表现与思维的意义与价值。在评价过程中要求多主体参加、自评与他评相结合、多内容考查、知识与能力并重,实现全过程评价。具体内容如下(见附表10)。

附表10 湖南第一师范学院第二附属小学"润之探究"课程评价

评价指标	评价内容	评价分值(0—20)
主题的选定	以课程标准为核心,选定复杂的、真实的问题探究。	
目标的设定	培养学生的学科知识能力(听、说、读、写能力)和综合能力(学习与创新能力、沟通能力、批判性思维和作品评价能力、训练协调合作能力、信息化技能)等,使学生在项目中学会解决问题。	

(续表)

评价指标	评价内容	评价分值(0—20)
方案的设计	依据项目主题与目标,确定、分解、细化具体内容,设计可行性方案。	
过程的参与	组建团队确定成员角色、分工,严守标准并积极参与。关注项目进展并及时解决过程中的问题。	
成果的展示	采取多种形式呈现各阶段成果。	

为了全面考查同学们在项目学习过程中的成长,可以请学生认真完成以下问卷,并根据自己的情况给五角星涂上颜色(见附表11)。

附表11 湖南第一师范学院第二附属小学"润之探究"的主体评价表

姓名		所在班级		
团队成员		项目主题		
序号	评价指标	学生自评	小组互评	家长评价
1	创新意识和钻研精神	☆☆☆☆☆	☆☆☆☆☆	☆☆☆☆☆
2	遵守纪律与协作精神	☆☆☆☆☆	☆☆☆☆☆	☆☆☆☆☆
3	小组学习活动情况	☆☆☆☆☆	☆☆☆☆☆	☆☆☆☆☆
4	活动设计、提炼能力	☆☆☆☆☆	☆☆☆☆☆	☆☆☆☆☆
5	收集、处理信息能力	☆☆☆☆☆	☆☆☆☆☆	☆☆☆☆☆
6	现代化手段应用能力	☆☆☆☆☆	☆☆☆☆☆	☆☆☆☆☆

八、推行"润之研学",落实研学旅行课程

《中小学综合实践活动课程指导纲要》明确指出"综合实践活动是基础教育课程体系的重要组成部分",小学阶段要"通过亲历、参与少先队活动、场馆活动和主题教育活动,参观爱国主义教育基地等,获得有积极意义的价值体验。"研学旅行课程不拘泥于时间和地点,丰富的学习资源、开放的学习场域为学生提供了多元、快乐的实践体验,是基础课程的有益补充。学校以"润之研学"为主题,广泛开展研学旅行实践活动。

(一)"润之研学"的设计与实施

学校研发了"润之研学"研学课程,以年级为单位进行序列化的实施,具体活动安排如下表(见附表12)。

附表12 湖南第一师范学院第二附属小学"润之研学"课程设置表

年级	景点	内容简介
一年级	奇趣自然——动趣乐园	围绕"自然与动物"主题,将研学活动分为湿地海绵、萌宠盛会、动物表演三大主题板块,采取自主观察、互动体验、分享交流等形式开展研学,寓教于乐。同时根据主题活动需要,利用动物知识展板、职业体验、团队游戏等方式,一同揭开大自然的神秘面纱,探索自然与生命的奥秘。
二年级	邂逅非遗——大汉工匠研学基地	以"邂逅非遗,向美而行"为主题,通过糖画、皮影戏、沙画等课程形式让孩子们在奇妙的课程中身临其境地感受非遗文化的神奇魅力,培养孩子们沟通交流、大胆创新、团结协作、艺术表达、科学实证的素养。同时,让孩子们学会使用简单的工具,初步掌握简单的手工技能,感受每一种手艺,通过动手实践,与非遗大师亲密接触,真正体会"工匠精神"。

(续表)

年级	景点	内容简介
三年级	神秘彩瓷——铜官窑	铜官窑古镇以历史文化为魂,以陶瓷文化为根,以唐风古韵筑形,以工匠精神铸品,再现汉唐盛世风采,传承千年湖湘文明。铜官窑研学让同学们感受中华文化的源远流长、博大精深,从内心深处激发孩子们对民族文化的崇敬之心、敬畏之情。同时,通过动手实践课程,设计与制作简单的工艺作品,培养孩子的动手实践能力。
四年级	茶香四溢——湘丰茶旅综合实践基地	通过茶主题劳动实践课程让学生初步了解种茶、采茶、制茶、看茶、品茶之道。学生在老师的指导下结合生物学知识理解植物扦插生根的原理和条件;熟知24节气,并理解节气与茶叶生长的关系;能够在劳动中理解茶叶所蕴含的意义,在探究学习的过程中锻炼动手能力、交流能力与自主探究能力。同时,在茶博园实践活动中体会博大精深的中华茶文化、感受壮美秀丽的祖国河山,从而锻炼学生体格、滋养精神世界、厚植爱国爱湘情怀。
五年级	春耕劳作——隆平稻作公园	隆平稻作公园是全球唯一拥有"隆平"这一世界级品牌的稻作公园,集中展示了来自长江中下游13个省份共575个优秀水稻品种,是长江中下游水稻品种集中亮相的比武擂台,其中就有实现袁隆平院士"禾下乘凉梦"的2.3米巨型水稻。学生走进隆平爷爷的试验田中,一起学习先进农业生产知识,感受农耕文化魅力,提升劳动认知、劳动能力和劳动素养。
六年级	红色之旅——重走主席研学路	"红色之旅"以重走毛泽东青少年时期求学路为重点,通过实地参观、现场教学、红色故事会、党史课等形式,感受毛泽东青少年时期走出家乡、投身革命的激情,从而点燃学员们报国的雄心壮志。红色研学活动从长沙集结出发,途经韶山、长沙和武汉,分别参观毛泽东同志故居、韶山毛泽东纪念馆、东山学堂、新民学会旧址、湖南图书馆、湖南第一师范学院、汉口八七会议旧址及武汉大学等红色景点。

（二）"润之研学"的课程评价

1. 活动实施要全面。参与社会实践的班级和个人，首先，要确保安全，每次活动时都要制订切实可行的安全措施和安全预案，并指定专人负责。充分利用网络资源，同时，要充分利用图书资源，从图书中获取自己所需要的内容。其次，注意自身形象，认真参加活动，为学校和个人树立良好的社会形象。

2. 活动过程有目标。社会研学活动原则上要就近就便，在长沙范围内开展活动，从长沙所特有的文化特色入手，带领学生走进去，近距离感受长沙文化特色。

3. 活动效果要反馈。研学旅行结束之后，各个班级和年级分享活动收获，书写感悟征文，学校根据家长和学生的反馈，了解活动的效果，并为参与活动的老师召开总结分析会。

九、共建"润之馆校"，拓宽课程学习资源

"润之馆校"是基于我校实际结合社会专业场馆资源为我校学生增长见闻、扩展胸怀的特色课程。通过馆校共建课程对学生进行素质教育，出发点在于激发学生主动作为，在课程中观察世界，动手动脑，提高学生发现问题、研究问题、解决问题的能力。在此过程中我们加强社会主义核心价值观教育，依托各场馆资源与我校实际情况，激发学生对党、对国家、对人民的热爱之情。

（一）"润之馆校"的课程建设

1. 博物馆里的科学世界。博物馆是青少年成长不可或缺的社会教育资源，相比于学校的科学课程资源，它具有直观性、稀缺性等特点。馆校共建使得教育空间得以扩展，教育资源得以广泛利用。博物馆与科学课程融合也为学校提供了丰富、真实可见的教育资源，让学生的学习行为多元化、学习空间多样化。让科学教学在馆校合作的特定情境下开展，有其特殊的育人价值。"博物

馆里的科学世界"课程内容具体设置如下(见附表13)。

附表13 湖南第一师范学院第二附属小学"博物馆里的科学世界"课程设置表

博物馆展览	课程类型	课程名称	课程目标与内容
神游——历史时空中的数字艺术	沉浸体验类	体验《数字猪尊》,感受全息扫描（低、高年级）	1. 跟随藏品探索猪尊的起源。 2. 感受现代科技全息扫描技术,了解如何通过该技术构造虚实交织的空间。
		观《溪山行旅图》,感受数字交互（低年级）	1. 了解藏品背后的历史故事。 2. 感受现代数字交互技术,亲身体验通过说话、拍手等动作与作品进行互动。
		欣赏《无级花》,感受物理魅力（高年级）	1. 了解数字作品《无极花》对应的是湖南博物院国宝级藏品"印花敷彩纱绵袍"。 2. 在数字作品中感受衣纹图案的多维变换。 3. 知晓"九层环形"的构造及其背后的原理。
	知识拓展类	探索AI背后的秘密（低年级）	1. 通过一系列小故事初步了解AI的概念。 2. 借助人机大战、图灵测试等游戏了解AI的概念及其发展历程。 3. 初步体验AI的用途,了解AI在生活中的应用,知晓人是如何做到让机器学会看、听、说、想、动的。 3. 了解AI所面临的信息安全和伦理问题,使学生能用辩证的眼光来看待AI。
		文化遗产的数字化保护（高年级）	1. 了解文化遗产数字化的概念,能够对文化遗产进行初步的分类。 2. 通过观看视频,结合实例了解文化遗产数字化保护的意义和价值,感受文化遗产亟待进行数字化保护的迫切性。 3. 了解文化遗产保护措施的发展历程,以及我国文化遗产数字化保护的具体应用和方法。

(续表)

博物馆展览	课程类型	课程名称	课程目标与内容
	创新实践类	体验3D打印（低、高年级）	1. 通过视频，知道3D打印技术的诞生背景，了解3D打印的工作原理和现实应用场景。 2. 知道3D打印的基本过程，能够独立进行3D模型的打印。 3. 尝试用3D打印机实现自己的创造性产物，设法通过3D打印技术重构新的认知，培养开拓创新精神。

2. 非遗馆里的科学世界。中国是世界四大文明古国之一，非物质文化遗产是在我国悠久的历史中保存了数千年的文化瑰宝。非遗馆与科学课程融合能从科技视角出发，让学生了解我国传统非遗文化，探究非遗人文活动背后的传统科技智慧，充分认识科学与文化融合在推动社会发展中的重要作用。将非物质文化遗产融入在学校的教育教学活动中，是一种富有深远意义的举措。"非遗馆里的科学世界"课程内容具体设置如下（见附表14）。

附表14 湖南第一师范学院第二附属小学"非遗馆里的科学世界"课程设置表

非遗馆项目	课程类型	课程名称	课程目标与内容
活字印刷术	沉浸体验类	穿越千年，感受活字印刷（低年级）	1. 学习印刷术的发展历史。 2. 体验活字印刷，了解其选字、排版、刷墨、覆纸、拓印的环节。
打铁花	沉浸体验类	散落人间的火树银花（高年级）	亲身体验打铁花，了解热传导。

(续表)

非遗馆项目	课程类型	课程名称	课程目标与内容
皮影戏	知识拓展类	皮影戏背后的科学奥秘 （低年级）	1. 了解皮影戏的发展历程。 2. 知道光在同种均匀物质中是沿直线传播的，并能以此来解释简单现象。 3. 学会与同伴合作，操作简单的皮影人物。
木杆秤	知识拓展类	木杆秤，你知多少？ （高年级）	1. 了解木杆秤的使用方法，能够使用木杆秤去称量物品。 2. 学习杠杆原理，了解支点、阻力点与用力点。
非遗与科技	创新实践类	非遗与科技同行 （低、高年级）	1. 探讨非遗背后的传统科技知识。 2. 引导学生进行头脑风暴，思考工具的改良和优化，让科技助力非遗发挥价值、回归日常。 3. 绘制"创新非遗工具"设计图纸。

3. 科技馆里的科学世界。世界真奇妙！车轮为什么是圆的？电是从哪里来的？为什么月亮围绕着地球转？人类是怎么进入太空的？是什么推动人类文明的进步？科技无处不在，它与我们的生活息息相关。面对这些学生会在课堂中提出的奇思妙想，不妨走进科技馆中寻找答案，开启一场奇妙的科技体验，一边探寻科学原理的奥妙，一边惊叹技术应用的巨变。博物馆与科学课程融合可以让学生通过亲身参与，加深对科学与技术的理解和感悟，激发对科学的兴趣和好奇心，在潜移默化中提高科学素质。"科技馆里的科学世界"课程内容具体设置如下（见附表15）。

附表 15　湖南第一师范学院第二附属小学"科技馆里的科学世界"课程设置表

科技馆展览	课程类型	课程名称	课程目标与内容
太空探索展区	沉浸体验类	航天与生活（低、高年级）	1. 体验太空实验室，以及航天器中的模拟生活环境。 2. 感受航天技术给人类带来的日常变化。
		宇宙探查（低、高年级）	进入宇宙探查器模拟驾驶舱内，仿真体验载人飞船进行宇宙探查的方式，经历发射升空、遨游太空、躲避其他星球、星球探测等过程。
	知识拓展类	神舟航天（高年级）	1. 观察神舟飞船发射模型，观看"神舟六号"载人飞船发射、飞行、返回的全过程模拟视频。 2. 感受现代航天技术，了解神舟飞船的相关知识。
能源世界展区	知识拓展类	能源与湖南（高年级）	了解湖南的能源分布与能源利用情况。
		新能源发电（高年级）	1. 观看波浪发电的真实模拟演示过程，了解波浪发电的内部构造及其工作原理。 2. 观看核电的演示视频，了解核电基本原理、利用与开发，以及核废料的处理和核电安全。
地球家园展区	知识拓展类	生态农场（高年级）	1. 观察湖南生态农场的沙盘模型。 2. 了解湖南生态农场的结构与组成。
		城市供水与污水处理（高年级）	1. 观察城市供水与污水处理的沙盘模型。 2. 观看视频，了解城市自来水的制取过程和生活污水处理过程。
	创新实践类	变废为宝（低、高年级）	1. 观看展区内废物垃圾的"光影展"。 2. 通过视频短片学习日常生活中减少垃圾的措施和变废为宝的好方法。 3. 用废物垃圾制作生活中的小物件。

(续表)

科技馆展览	课程类型	课程名称	课程目标与内容
生命体验展区	创新实践类	走近人体（低、高年级）	1. 利用展区内的人体器官模型,拼装人体各大器官。 2. 学习人体内部构造及器官功能。
制造天地展区	沉浸体验类	地震体验（低、高年级）	1. 体验模拟地震环境。 2. 学习防震知识,掌握地震常识和救灾常识。
	知识拓展类	机械交响曲（低、高年级）	1. 观察展区内的"机械旋律图"以及机械滚球装置。 2. 观看由两个大机械臂、两个小机械臂以及一个报幕助手配合完成的"汽车组装"过程,了解智能化生产知识。

4. 地质馆里的科学世界。地球科学的研究领域十分广阔。地球上既有时而迸发的炽热熔岩,又有极为丰富的矿产资源;既有述说着地球生物进化史的古生物化石,又有续写着地球生命延续的外部圈层。现在的地球地貌是如何演变而来的?闪耀的宝石为何在夜晚依旧散发光芒?动物和昆虫又是怎样成为化石?地质博物馆与科学教育融合的馆校课程不仅能带领孩子们走近地球科学领域,了解地球科学的研究范畴以及各主要分类学科的研究方向,还能重点感受地球科学世界的丰富多彩,提升对地球科学的学习兴趣,进而了解、热爱、保护我们每天都生活所在的美丽家园——地球!"地质馆里的科学世界"课程内容具体设置如下(见附表16)。

附表16　湖南第一师范学院第二附属小学"地质馆里的科学世界"课程设置表

地质馆展览	课程类型	课程名称	课程目标与内容
地球奥秘厅	知识拓展类	地球奥秘（高年级）	1. 按照"宇宙→太阳系→地球→区域→湖南"的空间线索以及由古至今的时间顺序，从宏观的板块构造到微观的岩石结构，了解一个全面、完整的地球体系。 2. 学习地球的基本属性、地球表面的地质作用与过程、岩石及其循环、构造运动、湖南的地层序列和地质演化特征等内容。
生命演化厅	知识拓展类	恐龙世界（低、高年级）	1. 参观1∶1真实复原的恐龙世界展区，观察恐龙和古哺乳动物化石。 2. 学习地球生命在37亿年的演化历程中的重要事件。
地质环境厅	沉浸体验类	地质灾害（高年级）	1. 体验惊险泥石流、滑坡模拟等场景。 2. 认识地质灾害与群防群治，学习与大自然、地质环境的和谐共处。

（二）"润之馆校"的课程评价

根据活动的阶段，可将每次活动划分为设计内容阶段、实施阶段和总结阶段，并从这三个方面进行评价。一是设计内容评价，侧重于学生发现问题和提出问题的意识和能力。评价前期的资料收集工作包括确定探究的问题、制订相关研究方案、促使学生以积极态度投入问题解决的过程。二是实施阶段评价，侧重于检查探究方案的实施情况，主要考查学生对资料的收集、加工和分析情况，掌握课程实施的进程。三是总结阶段评价，侧重于关注学生的课程参与情况，主要对学生在课程中知识的整理与综合、资料的收集与加工、研究成果的评定与展示等进行评价，同时对其学习方式、思维方式进行考查。最后，在全过程评价的基础上形成总结性评价。

针对学生的全过程表现通过自评、馆评、组评、师评的方式进行。采用记星的方式进行评价,十分符合记五星,大致符合记四星,基本符合记三星,很少符合记两星,不符合记一星(见附表17)。

附表17 "润之"馆校课程评价表

姓名:_____ 组员:_____ 活动日期:_____ 场馆:_____

学习阶段	评价指标	自评	组评	馆评	师评	总得星
前期准备阶段	经过前期调研,确定了要在场馆中研究的问题,明确了研究步骤,有详细的计划。			无需馆评		
在馆探究阶段	对于馆内的实践课程有较强的积极性,细致观察,友善合作,及时记录。遵守馆内各项规章制度,有较好的公民素质。					
回校总结阶段	认真整理在馆学习的收获与经验,能基本解答前期想要研究的问题。收集的资料能展现探究的全过程,做到了图文结合,有结论,可分享。			无需馆评		
全部得星数:						
大家的建议:						

以上评价指标为馆校共建课程活动的设计提供了思路,确保了学生带着问

题出发,带着收获回来。对馆校共建这一新兴事物的评价体系还需要多方长期的探索以及集思广益、博采众长,充分实践和论证。

十、创意"润之工坊",落实劳动教育课程

自古以来,中华民族就有热爱劳动的光荣传统,形成了中国人民热爱劳动、尊重劳动的社会风尚。在中共中央、国务院印发的《关于全面加强新时代大中小学生劳动教育的意见》中提到:劳动教育是国民教育体系的重要内容,是学生成长的必要途径,具有树德、增智、强体、育美的综合育人价值。实施符合新时代发展的劳动教育改革,培养担当民族复兴大任的时代新人的人才,需要我们追溯历史,从历史中借鉴成功经验。毛泽东关于劳动光荣、教育与生产劳动相结合、青年在劳动实践中锻炼成长等劳动观,从理论和实践两个方面为我校全面贯彻教育方针提供了丰富的思想资源。

(一)"润之工坊"的课程设计

毛泽东认为,在一切学校中,必须把生产劳动列为正式课程,规定学生必须参加一定的劳动。我校"润之工坊"的课程设计以毛泽东有关劳动教育的思想为基础,汲取精华,再根据学校发展要求,构建劳动教育系列课程,开发学校、基地、家庭三位一体的课程资源。我们利用每周综合实践课的部分课时开展劳动实践课,每月至少用一节少先队活动课的课时开展劳动课,为劳动实践特色课程提供充足的时间保障。

为了让学生有更加亲近、感悟自然的机会,也为了让学生心理的成长、心智的感悟、潜能的开发、劳动能力的培养得到锻炼和提升,针对学校教育缺场地、学校劳动教育场地资源利用同质化、种养结合农林劳动类劳动教育项目实施存在困难等难题,学校租赁了博库文化园的一片小农场,开展校内外劳动教育场地场景建设模型建构研究。

起初,学校向各班级发布了招募令,一共招募了 12 个实验班,每个班级承包 1—2 片责任田,根据学校的构建主题以及年级特点,共分成了三个项目组:"井冈+"项目组、"长城+"项目组、"延安+"项目组,开展学校、基地、家庭三位一体的农场课程。每周五下午,每个项目组将派出 1—2 个小队,到农场开展种养活动和场景建设活动。为了让农场的种养活动更落实,更深入,学校也积极组织各班级开辟生物角,实验班种养与农场相匹配的动植物,学生边种养边观察,边观察边记录;非实验班就可以自主选择适合班级种养的动植物,精心栽培,打造一间可以自由呼吸的自然教室。同时,学生在家中进行同步种养。

针对小农场建设,各项目组还精心设计丰富多彩的特色活动课程,让学生在活动中成长,在活动中创造,在活动中展示,以达到"让教育回归生活,让孩子热爱生活"的目标,此项目课程主要包含学校课程、基地课程和家庭课程。

除了小农场建设课程外,学校每周一的无作业日会有相应的劳动实践活动推送,要求学生在人人通平台上传打卡。每逢节假日学校也会指导学生完成力所能及的家务劳动。每学期,学校还会特设劳动实践周,连同家庭一起开展劳动实践活动。

梳理我校"润之工坊"劳动课程如下(见附表 18)。

附表 18 "润之工坊"劳动课程体系一览表

课程门类	课程名称	课程内容	实施特点	实施时间
基础课程	国家课程	劳动技术 数学中的劳动智慧 美术中的劳动实践 体育中的劳动精神 综合实践中的劳动体验 道德与法治中的劳动教育 ……	在劳动技术课堂教学中进行教学方式变革,激发学生自主性、积极性;通过充分挖掘各学科劳育点,让劳动教育渗入各个学科;通过主题活动课,达到与拓展	严格执行国家课程安排;充分利用部分综合实践、少先队活动课及课余时间实施。

(续表)

课程门类	课程名称	课程内容	实施特点	实施时间
	劳动小主人	午餐小管家 卫生监督员 整洁星期五 落叶送回家 "垃圾分类"在行动 保护"长沙蓝" ……	课程过渡衔接的目的。	
拓展课程	收纳与整理	个人卫生我做好 小小书包整理好 衣物清洗我能行 班级卫生我打扫 小小房间收拾好 宾客来到我接待	根据学生的年龄特点设置项目,在项目实施过程中,围绕劳动课课标要求,通过强调课标中蕴含的精神价值和文化意义,为学生提供更丰富多样的劳动实践机会,充分开辟劳动实践基地,多场域并行,凸显劳动育人价值。	以班级为单位,面向全体学生,利用课余时间实施。
	美食与烹饪	凉爽可口凉拌菜 蒸煮主食我能行 巧做主食我能行 巧做家常菜 传统美食包饺子 老长沙小吃多		
	维护和维修	认识家庭必备劳动工具 小家电的使用与维护 家庭常用清洁电器 用水用火用电小常识		
	农耕与养殖	班级绿植我养护 小小动物我爱护 创建家庭种植基地 打造小农场种植基地 学会养护小动物 争当小花匠		

(续表)

课程门类	课程名称	课程内容	实施特点	实施时间
	手工与技术	小小纸张大变样(含剪纸) 落叶也美丽 盛开不败的花朵 节日里的传统工艺 布艺、木工、绣花、皮影戏等 神奇的三维打印 自动控制		
	志愿服务	我是最美劳动者 走进我身边的小公园 难忘的学校食堂帮厨 校园义卖活动 垃圾分类我知道 公共卫生区域打扫 义务服务志愿者 图书馆服务志愿者 交通维护服务志愿者 劳动实践周志愿服务		
特色课程	小农场课程	见前文所述具体框架	特色课程打破班级、年级界限,结合学生个性化差异和需求,组建不同学习目标与内容的学生群体,提高学生动手能力和高阶思维。	以项目组为单位实施,时间可灵活安排。

(二)"润之工坊"的课程评价

"润之工坊"是以活动、体验为主的课程,包括综合实践活动(含社会实践活动)、心理健康、体验课程中的各种学习活动,其在完成某一个活动后根据项目情况开展即时性评价,学习成果则根据学生完成的作品(作业)进行评定,每学期通过累计各项学习活动的完成情况进行总评确定等级(见附表19)。

附表19 湖南第一师范学院第二附属小学"润之工坊"课程评价表

一级指标	二级指标		
	第一学段 (一、二年级)	第二学段 (三、四年级)	第三学段 (五、六年级)
形成基本劳动意识，树立正确劳动观念	懂得人人劳动，成果来之不易。	体悟劳动创造美好生活。	懂得劳动创造人、不能虚假、"业精于勤荒于嬉"的道理。
	具有初步的劳动意识。	体会劳动光荣、不分贵贱的道理。	体会劳动者的光荣与伟大。
	初步建立服务意识。	尊重劳动和普通劳动者。	具有关爱他人、关心社会、积极参与社区建设的劳动意识。
具有初步的筹划思维，发展基本的设计能力	能对学习用品进行大致分类。	能初步设计简单的劳动任务并合理进行分工。	能根据劳动目标确定劳动任务，制订劳动计划，并根据劳动过程的开展适时优化调整。
	初步设计简单的手工类作品。	初步体验种植、手工制作等简单的劳动。	进一步体验种植、养殖、手工制作等简单的劳动，能根据劳动任务的形式、内容与特征，选择合适的工具、技术与方法，安全、规范、有效地开展劳动。
形成必备的动手能力，发展问题解决能力	能参与简单的劳动。	能做好个人清洁。	进一步发展生活自理能力和家务劳动能力。
	具有初步的个人生活自理能力。	初步学会简单的家务劳动技能，发展自理能力。	具有参与校园、社区中简单的生产劳动、服务性劳动的能力。
形成良好的劳动习惯，塑造基本的劳动品质	能遵守劳动纪律。	养成专心致志、有始有终的劳动习惯和品质。	初步具有家庭责任感。
	初步形成认真劳动、爱惜劳动成果的品质。	具有对劳动中存在的问题的好奇心和探究欲望。	能参加社区环保、公共卫生等力所能及的公益劳动。
培育积极的劳动精神，追求卓越的工匠精神	初步感受劳动者的辛苦。	初步养成热爱劳动、热爱生活的态度。	能在劳动过程中自觉遵守劳动纪律、主动克服困难,初步形成不畏艰辛、积极探索、追求创新的劳动精神。

	评价指标	内容	评价		我的收获
			自评 ☆☆☆☆☆	互评 ☆☆☆☆☆	
第一学段（一二年级）	形成基本劳动意识，树立正确劳动观念	懂得人人劳动，成果来之不易。			
		具有初步劳动意识。			
		初步建立服务意识。			
	具有初步筹划思维，发展基本的设计能力	能对学习用品进行大致分类。			
		初步设计简单的手工类作品。			
	形成必备的动手能力，发展问题解决能力	能参与简单的劳动。			
		具有初步的个人生活自理能力。			
	形成良好的劳动习惯，塑造基本的劳动品质	能遵守劳动纪律。			
		初步形成认真劳动、爱惜劳动成果的品质。			
	培育积极的劳动精神，追求卓越的工匠精神	初步感受劳动者的辛苦。			
	总评				

说明：评价采取记星方式，总评由教师填写。

	评价指标	内容	评价		我的收获
			自评 ☆☆☆☆☆	互评 ☆☆☆☆☆	
第二学段（三四年级）	形成基本劳动意识，树立正确劳动观念	体悟劳动创造美好生活。			
		体会劳动光荣、不分贵贱的道理。			
		尊重劳动和劳动者。			
	具有初步筹划思维，发展基本的设计能力	能初步设计简单的劳动任务并合理进行分工。			
		初步体验种植、手工制作等简单的劳动。			
	形成必备的动手能力，发展问题解决能力	能做好个人清洁。			
		初步学会简单的家务劳动技能，发展自理能力。			
	形成良好的劳动习惯，塑造基本的劳动品质	养成专心致志、有始有终的劳动习惯和品质。			
		具有对劳动中存在的问题的好奇心和探究欲望。			
	培育积极的劳动精神，追求卓越的工匠精神	初步养成热爱劳动、热爱生活的态度。			
	总评				

说明：评价采取记星方式，总评由教师填写。

	评价指标	内容	评价		我的收获
			自评 ☆☆☆☆☆	互评 ☆☆☆☆☆	
第三学段（五六年级）	形成基本劳动意识，树立正确劳动观念	懂得劳动创造人、不能虚假、"业精于勤荒于嬉"的道理。			
		体会劳动者的光荣与伟大。			
		具有关爱他人、关心社会、积极参与社区建设的劳动意识。			
	具有初步筹划思维，发展基本的设计能力	能根据劳动目标确定劳动任务，制订劳动计划，并根据劳动过程的开展适时优化调整。			
		进一步体验种植、养殖、手工制作等简单的劳动，能根据劳动任务的形式、内容与特征，选择合适的工具、技术与方法，安全、规范、有效开展劳动。			
	形成必备的动手能力，发展问题解决能力	进一步发展生活自理能力和家务劳动能力。			
		具有参与校园、社区中简单的生产劳动、服务性劳动的能力。			
	形成良好的劳动习惯，塑造基本的劳动品质	初步具有家庭责任感。			
		能参加社区环保、公共卫生等力所能及的公益劳动。			
	培育积极的劳动精神，追求卓越的工匠精神	能在劳动过程中自觉遵守劳动纪律、主动克服困难，初步形成不畏艰辛、积极探索、追求创新的劳动精神。			
	总评				
	说明：评价采取记星方式，总评由教师填写。				

十一、牵手"润之联盟",创新校友课程实施

家校共育是学校积极探索家校联系的一种新途径,广联校友是学校探索走进社会的一种新方法。学校充分利用家庭教育,广泛联系校友,对学生适时地进行培养,以达到学校教育、家庭教育和社会教育的和谐,充分利用优秀家长和校友资源,发挥家长和校友在学校发展、学生道德养成等方面的积极作用;提高班主任的合作能力和育人水平,为学校提供有力支持,形成家校社合作的教育合力。

(一)"润之联盟"课程设计与实施

为了弥补学校教育资源的不足,拓宽孩子的视野,增长孩子的见识,更好地为学生提供优质高效的教育资源,学校邀请热心教育事业的家长朋友走进课堂,发挥职业优势,为学生普及各类知识,形成别具特色的家长讲堂新局面,打造"润之联盟",完善家庭、学校、社会三位一体的教育体系。"润之联盟"课程设置内容如下(见附表20)。

附表20 湖南第一师范学院第二附属小学"润之联盟"课程一览表

年段	课程内容	课程目标	实施主要方法
一二年级	医疗与健康 运动与技巧 劳动与实践	本年段的家长进课堂侧重利用家长的职业优势育人,让学生充分认识家长的职业,从而拉近与家长之间的距离,增进亲子关系。让更多家长关注学校、关注孩子,使家长的角色更有意义。	沟通交流 亲子共读 拓展实践 网络打卡

(续表)

年段	课程内容	课程目标	实施主要方法
三四年级	安全与自护 红色与传承 成长与分享	本年段的家长进课堂侧重利用家长的业余爱好、特长和生活经验育人。家长除了自己的职业外，还有其他的兴趣爱好，还有不少生活所得，这些内容往往是学校教育所缺失的部分。这样的设置能丰富教育内容，拓宽学生的知识面。	合作竞技 沟通交流 拓展实践 亲子共读
五六年级	历史与文化 科学与创新 情商与财商	本年段的家长进课堂侧重利用家长身处的环境、业余爱好和特长育人，主要帮助孩子科学认识现代人所必须具备的适应社会发展和个人终身发展需要的必备品格和关键能力。进一步帮助孩子习得各项生活技能，初步形成学生独立自主的意识和能力。	拓展实践 网络打卡 沟通交流 体验分享

(二)"润之联盟"课程评价

学校充分利用优秀家长资源，每月开展家长大讲堂系列活动，发挥家长的职业优势，利用家长的业余爱好和特长，利用家长的生活经验育人，利用家长身处的环境等方式育人，为孩子们带来别具特色的全新课堂。"润之联盟"课程评价内容具体如下（见附表21）。

附表21　湖南第一师范学院第二附属小学"润之联盟"课程评价表

评价指标	评价标准	分值	实际得分
目标	符合学校家长课堂主题要求，指导思想端正，目标明确，能帮助学生树立正确的观念，学习与掌握相对应主题教育的内容。	10分	

(续表)

评价指标	评价标准	分值	实际得分
内容	熟练驾驭主题内容,所授知识准确、严谨,体现科学性、灵活性、系统性、实用性;教学内容符合学生的文化层次和接受能力,按需施教,针对性强,使学生学有所获。	20分	
方法	教学设计新颖,教学过程独具特色,处理主题内容灵活,环节安排合理,层次清楚,系统严密,过渡自然,课堂教学效率高;理论联系实际,深入浅出,恰当运用案例,能激发和调动学生的学习兴趣;合理运用多样化教学手段。	30分	
表现	家长专业知识丰富,组织和应变能力强,能自如地把握教学内容和教学过程;语言准确清晰、简练、生动,使用普通话;教态自然、亲切,精神饱满,仪表端庄大方。	10分	
教学效果	家长与学生之间配合默契,关系和谐,学生注意力集中,学习态度积极;教学时间掌握适度,按时完成主题授课;学生课后反馈良好,达到预期的主题教育效果。	30分	
建议或意见		总分	

第六节 学校课程管理

一、思想引领与课程逻辑

学校全面贯彻党的教育方针,确保学校正确的办学方向。强调党组织在学校发展中的核心作用,加强行政团队和党员教师队伍思想政治建设,在课程建设中充分发挥党员教师的先锋模范带头作用。

为进一步加强课程顶层设计的科学性,厘清课程元素间的内部逻辑,使学校课程成为上承教育哲学,下启育人目标的载体,学校基于"润之教育"哲学,秉持"润之心灵,泽被天下"这一办学理念和"给予每一个生命温润的滋养"的课程理念,构建"最童年课程"模式,设计课程结构,包括"润语课程、润智课程、润艺课程、润创课程、润心课程、润健课程"六大类课程,从"润之课堂""润之学科""润之校园""润之讲堂""润之节庆""润之社团""润之探究""润之研学""润之馆校""润之工坊""润之联盟"等途径推进课程实施,致力于实现"文明其精神,野蛮其体魄"的育人目标。以下是"最童年"课程逻辑示意图(见附图2)。

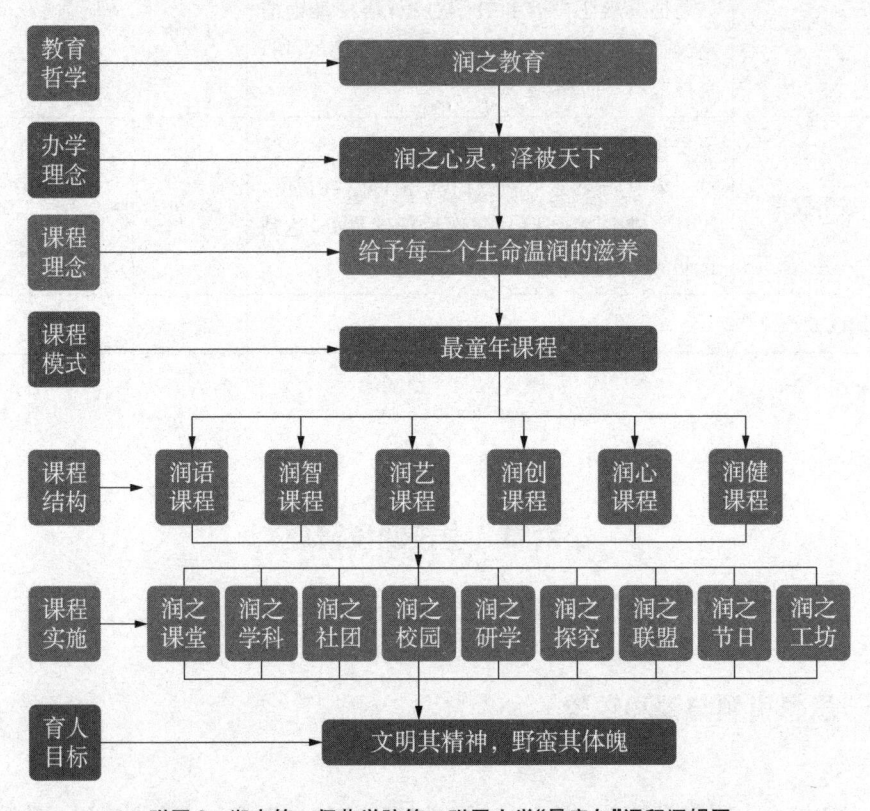

附图2 湖南第一师范学院第二附属小学"最童年"课程逻辑图

从上述课程逻辑图中可见,我校坚持在传承中创新,以深厚的红色基因为底色,擦亮"润之"文化品牌,落实办学指导思想,办高品质学校,育高素质学生,努力把学校办成学生喜爱、家长放心、社会赞誉的高品质学校。依托学校深厚的积淀、悠久的历史,我校挖掘红色文化,以"立德树人,培根铸魂"为关键,整体推进学校文化建设,打造高品质学校文化。

二、组织建设与课程发展

学校成立以校长为组长的课程规划实施领导小组,它是学校课程决策机构,主要职责是明确本校的培养目标,同时指导课程实施工作。课程中心是学校课程管理机构,主要职责是计划、执行、检查、指导、评估全校各门课程的教学工作,并协调各学科教师间的合作,以促进课程合力的形成。与此同时,强化教师的课程意识,树立"教师即课程"的观念;加强学习,挖掘教师课程开发的潜能;鼓励教师通过课题研究,研究课程实施的规律,提高课程开发和实施的能力。

1. 规划实施课程领导小组

组长:汪春秀

组员:胡冉、周玲军、石剑、廖珊璐、刘娴、周敬雅

2. 社团课程建设小组

组长:胡冉

组员:石剑、刘娴、周敬雅、虞相如、罗翌、黄鑫

3. 学科课程建设小组

建立语文、数学、英语、音乐、体育、美术、科学、劳动等课程研究工作坊,各工作坊围绕学校课程方案,分头制订各门课程的实施方案,落实教材、教参、教学设计等。在课程开发和实施过程中,注重对教师的培养,逐步打造一支能适应课程建设实践需要的专业师资队伍。通过组织参与课程管理的骨干教师学

习相关理论，使其领会校本课程在学校发展中的地位和作用，明确目标、任务和具体要求，分别建设好校本课程开发和教学两支队伍。

三、制度建构与课程运行

健全学校的课程与教学管理制度，细化日常教学流程管理，探索"轻负高效"的教学管理举措，建立有效促进拓展型课程及特色课程开发、实施与评价的管理机制。充分发挥"润之"管理团队、"润之"教研团队、"润之"班主任团队、"润之"蓄力团队的作用，齐抓共管，促进学校发展。根据深化学校管理现代化的要求，在现有制度的基础上，科学修订学校管理制度，如教职工出勤制度、教职工奖惩制度、学校财务制度、食堂管理制度等，明晰内部管理机构的权利与责任，构建权责明晰、运行高效的职能体系，为学校依法办学、教师依法从教提供制度保障，提高治理效能，增添发展活力。

1. 导师制。学校倡导人人都是德育工作者，学生在进校时，除了有自己的班主任和任课老师，学校也为每个学生配备了一位学习导师。在社团活动中，学校为每个社团配备社团导师，协助社团正常、顺利、健康地开展各类活动。在学生研究性课题开展中，学校也会让每一个课题研究小组自由选择导师，导师在课题研究过程中给予必要的指导和帮助。

2. 选课制。学校将先在拓展型课程中实行选课制，给学生提供若干课程，学生根据自己的兴趣爱好与特长进行选课，充分发挥学生的学习主动性。随后，根据学生的选课情况逐步调整学校在拓展型课程中所开设的课程，以期课程更适合学生的需求。在时机成熟后，学校也将在个别科目探索选课制，以期学生能选到最适合自己的教师，给学生最好的教育。

3. 奖惩制。由课程领导小组评定教师开发的课程的质量、实施的效果及态度，对教师进行考核奖励，纳入学期考核，并对比较成熟的课程进行校本教材编写，在修改后汇编成册。

4. 开放日制度。学校建立教学开放日制度,定期邀请家长到校听课。每学期期末分别召开各种形式的课程调研,以掌握课程教学层面的第一手反馈资料,对课程实施进行及时调整和改进。

四、评价导航与课程质量

制订《学校课程评价方案》,依据评价结果发挥课程评价的诊断功能,激励学生发展、提升教师教学水平、增强学校的课程领导力,通过发挥评价的引导作用,更好地彰显课程实效。学校课程实施过程中将逐步形成促进课程不断完善、教师不断提高、学生全面发展的评价体系,以监控课程实施状况,提高课程实施质量。

(一)"润之少年"评价标准

学校对每个年级学生的课程选择都提出了要求,努力做到在课程实施过程中对每一名学生有比较全面、客观的评价,以促进学生的个性发展。以全面和谐发展为目的,学校主要从德、智、体、美、劳等方面综合评价学生的发展情况,具体指标应包含以下六个方面。(1)道德品质。爱祖国、爱人民、爱劳动、爱科学、爱社会主义,遵纪守法、诚实守信、维护公德、关心集体、保护环境。(2)公民素养。自信、自尊、自强、自律、勤奋,对个人的行为负责,积极参加公益活动,具有社会责任感。(3)学习能力。有学习的愿望与兴趣,能运用各种学习方式来提高学习水平,有对自己的学习过程和学习结果进行反思的习惯,能够结合所学不同学科的知识,运用已有的经验和技能独立分析并解决问题,具有初步的研究与创新能力。(4)交流与合作。能与他人一起确立目标并努力去实现目标,尊重并理解他人的观点与处境,能评价和约束自己的行为,能综合地运用各种交流和沟通的方法进行合作。(5)运动与健康。热爱体育运动,养成体育锻炼的习惯,具备锻炼健身的能力,拥有一定的运动技能和强健的体魄,形成健康的生活方式。(6)审美与表现。能感受并欣赏生活、自然、艺术和科学中的美,具有健康的审美情趣,积极参加艺术活动,用多种方式进行艺术表现。

学校推进学生评价改革,促进学生全面发展。(1)构建基于标准的全面评价体系,重视学生的过程评价,将学生的平时学业成绩与成长记录、综合素质评价机制等相结合,树立科学的学生观和评价观,坚持用发展的眼光关注学生的全面发展和个性发展。(2)根据评价制度改革的有关要求,建立多元的学生学业评价机制。教师可根据不同学科、不同的教学内容采用等第制评价方式,也可以让学生进行自我评价、同学互评以及请学生家长、专业机构共同参与进行评价,体现评价的多样性,起到有效的激励作用。(3)除学业成绩外,应更注重学习习惯和学习兴趣的培养,教师根据每个学生学习过程中的态度、习惯等进行描述性评价,以"优秀""良好""合格""须努力"的等第制进行记录,作为对学生综合能力考核的要素。(4)社团活动和主题式探究活动可采用符合实际、灵活的考查方式,对学生在活动过程中的出勤情况、认真程度、合作精神、发展变化要做好过程性评价记录。(5)学生在课程学习过程中的成果还可通过实践操作、作品展示、竞赛颁奖、小组评比、汇报演出等形式呈现,予以鼓励发扬。

(二)"润之教师"评价标准

学校针对"润之教师"主要从以下几个指标进行评价。(1)职业道德。志存高远,爱岗敬业;为人师表,教书育人;严谨笃学,与时俱进;热爱教育事业,热爱学生;积极上进,乐于奉献;公正、诚恳,具有健康心态和团结合作的团队精神。(2)了解和尊重学生。能全面了解、研究、评价学生;尊重学生,关注个体差异,鼓励全体学生充分参与学习,形成相互激励、教学相长的师生关系,赢得学生信任和尊敬。(3)教学方案的设计与实施。能依据课程标准的基本要求,确定教学目标,积极利用现代教育技术,选择利用校内外学习资源,设计教学方案,使之适合于学生的经验、兴趣、知识水平、理解能力和其他能力;善于与学生共同创造学习环境,为学习提供讨论、质疑、探究、合作、交流的机会;引导学生创新与实践。(4)交流与反思。积极、主动与学生、家长、同事、学校领导进行交流和沟通,能对自己的教育观念、教学行为进行反思,并制订改进计划。求真务实,勇于创新,严谨自律,热爱学习。(5)专业成长。教师每人每年制订一份个人发展规划,至少订一份教育刊物,每学期至少读一本教育专著,每月至少写一篇心得或论文,每周至少看一节名师教学视频。

学校推进教师评价改革,促进教师专业发展。(1)学校在提倡教师进行自我反思性评价的同时,重视对教师教育教学行为、工作态度、工作成效的评价,不断提高教师的师德修养和专业水平。(2)教师按学校整体教学计划的要求,完成规定的课时与教学目标,从教过程必须有计划、有教案、有考勤及评价记录等。学校将通过日常与阶段性的听课、查阅资料、调查访问等形式,每学期对教师进行考核、评价,并建立档案。(3)教师在开发实施拓展型、探究型课程项目时,要有自编教材或讲义等较为详尽的文本,做到每一项目都有清晰的课程目标表述、科学的内容设计、细致的实施要求和合理的课程计划。教师自编教材、讲义以及参与学生跨学科学习的指导所产生的工作量、工作成果可在学期末汇总申报、一并考核。(4)教师应收集和保存学生的作品、资料及在活动、竞赛中取得的成绩资料,作为评价的依据之一。

(三)"润之课程"评价标准

每学年在学生、家长、教师等群体中进行一次课程满意度调查或课程调研,了解学生、家长、教师乃至社会人士对于学校课程开发和实施的意见和建议,并根据调查的结果,评价课程的价值、作用和意义,及时修正不足,完善课程开发和实施的内容和纬度。(1)学校按照优秀教研组建设的有关要求,定时、定点开展教研活动,加强团队合作,开展集体备课制;学校行政及教学各层级人员每学期按规定要求参加教研活动,听课交流,以保证课程的顺利实施和教学质量的全面提高。(2)学校采用阶段性质量监测和过程性质量监测两种方式对各课程教学进行质量监控。质量监测重在通过诊断,改进课程教学方式,提升教学质效。

在"双减"背景下,学校探索并优化"润之"课程体系,探究学科融合,践行大学习、大任务观,研究减轻学生作业负担、提高课后服务水平、深化课堂教学改革的路径,优化校本课程"经典润少年",修改并完善《润之寒暑假乐园》校本教材。同时,在继续实施好国家课程的基础上,学校打造好智慧体育课程、润之小农场项目课程、跟着课文微写作课程、新生入学适应课程等,探索教学评价方面的改革,提升教育教学质量,努力培养"健康又个性的学生"。

五、主体参与与课程研修

美国教育家约翰·古德兰认为,没有更好的教师就不会有更好的学校,但没有教师可以在其中学习、实践和发展自身的更好的学校,也就不会有更好的教师。因此,我校在理性分析学校和教师实际情况的基础上,提出了立足学校管理、课程文化建设、校本研修,全面关注每一位教师的专业发展策略。

根据教育教学的需要,学校全力打造"润之"团队,着力建设好"润之"管理团队、"润之"教研团队、"润之"班主任团队、"润之"蓄力团队,让人人都能以主人翁的姿态,投入学校的工作。

一是"润之"管理团队。围绕"团结、主动、务实、高效"这一总目标,具体做到"廉洁自律,团结协作,服从安排,主动作为,锤炼业务,善于沟通,管理有方,工作高效"。制订并落实管理干部队伍建设"三三四"举措,即落实三项制度:例会制度——确保工作计划早落实,问题、困难早发现,条线之间早沟通,实际问题早解决;决策制度——坚持"三重一大"制度;提升制度——为了提升干部管理能力,实行润之管理经验"微导学"制度。强化三种意识:大局意识——干部做事情、想问题,要站得高,看得远,要大处着眼,小处着手;服务意识——干部既要有服务的意识,又要有服务的本领,既有分工,又有合作;创新意识——脚踏实地传承学校优秀文化,在传承中创新,在创新中发展。追求四种境界:"大公无私,以学校利益为首任"的工作思想;"热情包容,以服务师生为宗旨"的工作态度;"规范求新,以创新突破为追求"的工作方法;"廉洁自律,以顾全大局为准则"的工作纪律。

二是"润之"教研团队。教研团队由教学副校长、教研主任、教研组长、学科教师组成。一是构建教研网络。以校本研训、组本研训、学习社区(课题研究、青蓝工程)构成学校三大教研网络,促进教师业务能力提升。二是加强课程建设。系统构建"润之课程体系",五育并举的同时,着力打造"以劳育人""以体育人"的特色。

三是"润之"班主任团队。以班主任专业化发展为抓手,围绕班主任专业道德、专业知识、专业技能三方面,积极开展校本班主任团队建设。打造"美德型""学习型""互助型"班主任团队。具体措施为:举办"德育名师讲坛",打造美德型团队;建设"班主任小书架",打造学习型团队;结成"伴飞式伙伴",构建互助型团队;设立"幸福的担当"班主任主题活动,每两年举办一次,进行有温度的班主任团队建设。

四是"润之"教师团队。教师队伍建设是学校可持续发展的根本。"树师德、强师能,促进教师专业发展"是我们的宗旨。我们提出"以人为本、依法治校、科研兴校、品牌强校"的发展策略,形成教师队伍的建设思路:问题即课题的研究态度,专业引领、组本研训和个体自修的研修方式,以及自我反思的成长策略。

五是"润之"蓄力团队。蓄力团队是学校教育教学和提升教师幸福指数的保障,分为后勤保障团队、幸福工会团队、信息维护团队、宣传靓化团队。这些团队由行政部门牵头,每个项目有专干责任人,有具体的工作职责,让每一个教师都成为学校的主人翁。

六、时间管理与课程计划

为保障课程的有效实施,规范办学行为,全面推进素质教育,促进学生的健康成长,学校根据《义务教育课程方案和各学科课程标准(2022年版)》精神和省教育厅年度课程计划,规范学校校历和作息时间。结合学校课程方案,制订好课程计划,有序安排好教学工作,做到严格按照计划开齐课程、开足课时,不随意增减删改课程。

一是统一规范学年教学时间。每学年教学时间39周。其中每学年上课时间35周;学校机动时间2周,可用于安排学校传统活动、文化科技艺术节、运动会、社会实践等;复习考试时间2周。寒暑假、国家法定节假日共13周。寒暑假时间长度共11周半,法定节假日按国务院和省政府安排的时间执行。学生寒暑假期间,教师应推迟放假,做好学期总结工作,开展学习培训。新学期开学前,各学校要组织教师提前回校学习培训与备课。

二是统一规范周课时。小学单节课程按40分钟计算,一二年级每周课时27节,三至六年级每周课时30节。学校严格执行课程计划,不擅自增减周课时。全面实行大课间体育活动制度,大课间为30分钟,根据季节条件安排在上午课间或下午放学后。下午课后学校开放所有体育场所、设施供学生使用,确保学生每天体育锻炼1小时。同时,对义务教育课程计划作了调整,小学一二年级体育课调为每周4节。心理健康教育、卫生与健康教育、公共安全教育等专题教育按照有关规定开展教学,课时在地方与学校课程中安排。

三是统一规范作息时间。为保证学生的休息时间,学校安排小学生每日在校用于教育教学活动(含早读)的时间至多不超过6小时(低年级还应适当减少),其中,早读的时间不得超过20分钟。原则上不得安排走读生到学校晚自习。住校生可以安排晚自习,但时间不得超过2小时。住校生晚自习时,教师可进行个别辅导,但不得利用晚自习时间集体上课。教师要合理安排作业,保证学生睡眠时间,小学生每天睡眠时间不少于10小时。

四是执行义务教育课程计划和校历、作息时间的有关要求,严格按照新调整的义务教育课程计划开齐课程,开足课时,按规定确保学生的体育活动和科技文体活动时间。严格执行地级以上市教育行政部门发布的统一校历。严禁利用寒暑假和国家法定节假日组织学生到校集中补课或上新课。遇突发事件需要停课的,按照国家和省突发事件应急管理有关规定执行。

学校由校长负责组织、管理、协调全校的课程建设工作,逐步加强对课程工作的领导,用足用好湖南第一师范学院的专家资源,充分发挥各部门在课程建设中的主体作用。各年级组以教研组、项目组、课题组的形式直接参与课程改革的研究,深入教育教学工作的第一线,集中解决课程改革的重点和难点问题。

七、课题聚焦与课程探究

我校以实现教师转型为关键开展教育科研,以课题聚焦课程改革,以教学成果助力课程发展。

1. 以校本教研促转型。建立"线上线下"多维联动的校本教研模式。线上教研注重落实,做到有平台、有序列、有组织、有记录。线下教研注重实践,聚焦基础教育课程改革的理念、要求和教育教学方法变革,以《义务教育课程方案和课程标准(2022年版)》为方向,明确教育教学中亟须改进的问题,合理设置培训课程,以专家诊断、技能训练、观摩体验、案例打磨、行动研究等方式为主,实施"精准培训"。同时,以教研组为单位,构建"组本教研共同体",以课例研讨为主要途径,引领教师专业成长。精心打造"润之讲堂",发挥"润之大讲堂"和"润之微讲堂"的作用。搭建教师成长平台,办好"导师制"活动、"润之学堂"、"润之杯"教学竞赛。

2. 以科研课题促转型。构建两级课题研究模式:校级微课题、省级规划课题,促进教师努力由经验型教师向研究型教师转型。校级微课题由每年的新进教师申报,研究一年后结题,旨在让年轻教师选择自己教学中的小问题进行研究,重在普及;省级规划课题及各协会课题申报数为6—8个,旨在调动全体教师对教育教学研究的积极性,让研究走向纵深,重在提升。

3. 以教学成果促转型。以申报第五届湖南省基础教育教学成果奖、培育第六届湖南省基础教育教学成果奖为契机，促进全体教师从事教育实践探索，提高教学水平和教育质量。围绕国家"双减"政策，以作业改革为抓手，在教育教学过程中提出科学的思路、方法和措施，将教学成果的培育过程作为解决教育实际问题、推进教学改革、提高教育质量的过程，形成有独创性、新颖性、实用性的教学成果。力争在国家级精品课、省级各类课堂教学中获奖100—120项，教师论文获国家级、省级奖200人次，论文发表20—30篇。

八、资源调配与课程保障

没有课程资源的广泛支持，再美好的课程设想也难成实际的教育成果。生活中课程资源无处不在，无时不有，关键是要能够发现、挖掘、利用。资源巧用贵在选择与创意。学校以优化功能布局为途径改善办学条件，通过资源调配和优化为课程改革提供保障。

1. 融通学科功能室。基于"学科融合"背景，将现有功能教室进行整合融通，实现多功能融合发展，以达到解决学校空间狭小的目的。

2. 创造面向未来的智慧学习生态系统。以未来学校创建为契机，重点完成未来学习中心基础建设，包括个性化学习空间、项目式学习空间、智能学习空间，从而打破传统意义上时间、地点和人员的限制。重点建设好智慧劳动、智慧体育教育，从实施过程、评价体系两方面进行突破。

3. 因校制宜开辟空间。开辟少年山、科技楼楼顶空间，为学生打造生态、智能的劳动、体育活动空间，将独特的地域自然和文化资源有效转化为育人元素，实现育人价值。

4. 充分发掘区域资源。创造性地将区域资源整合到课程的开发与实施中，让区域资源成为师生共同学习、构建知识的平台。与广泛的社会资源结成联盟，给学生搭建广阔的研学实践空间、项目化学习舞台，不断丰富课程实施形式，让学生在真实的课程空间实现真正的学习。

九、优化治理与课程辐射

在历史交汇的关键节点，在国家赋予的新的教育使命前，今后的五年，学校应勇于担当、积极进取，主动迎接新的机遇与挑战，奋力谱写附小发展的新篇章。

1. 让合作办学走向纵深。在保障附小稳步发展的同时，以一体化管理的模式继续托管好湖南第一师范学院星沙实验小学以及日后合作的学校，从教学理念、教育科研、队伍建设等方面，对合作学校给予最大程度的支持。一是融合共享，从"品牌文化融合""办学理念共享""教学资源互联"三方面实现文化的衔接与传承，达到深度合作。二是教学共建，从"常规示范""送教送研""精准帮扶"三方面让"一对一、一对多"结对子的指导落到实处，达成双赢的合作。三是关注特色。合作学校办学风格与附小要有"统一"，也要有特色。要指导、支持合作学校逐步形成特色，办好家门口的好学校。

2. 以智慧教学扩大辐射。以网络联校的方式牵手怀化市芷江芙蓉小学、郴州安仁芙蓉小学，在教学研讨、资源建设、管理理念等方面加强交流。加大与姊妹学校香港耀山学校的交流互动。通过线上线下相结合，扩大辐射引领作用。

3. 借送教送培输出理念。充分发挥附小师资力量强大的优势，在接待国培项目、送培下县等方面，努力将优质的教育资源、先进的办学理念向更多的学校输出，为湖南省基础教育均衡发展作出应有贡献。

总之，学校继承和发扬过去积淀的办学优势，在传承中创新，努力构建高品质教育体系，创建和谐有特色的学校，培养健康有个性的孩子，办好人民满意的教育，发挥湖南第一师范学院第二附属小学的辐射引领作用，为基础教育的均衡发展作出贡献。

（本案例由作者与湖南第一师范学院第二附属小学团队共同研制）

后　记

从事课程研究有 20 多年了，在长期与中小学幼儿园亲密接触的过程中，我得出了一点粗浅的认识：研制学校整体课程规划有一把钥匙，那就是必须深刻理解课程概念。

翻看历史，很容易发现：课程是一个有文化底蕴的概念。唐宋时期，伴随着科举制度的完善，"课程"一词出现，科举考试也因此被称为"课士"，应对考试的学习叫"课业"。后来，人们把有关课业的安排叫"课程"，实施课业的场所叫"课堂"。朱熹在文章中多次提及"课程"，如"宽着期限，紧着课程"，"小立课程，大作工夫"，其意思是功课及其进程。这里的"课程"指向学习内容的安排次序和学习要求，谓之"学程"。到了近代，赫尔巴特学派的"五段教学法"引入我国，人们开始关注教学的程序及设计，于是课程的含义从"学程"变成了"教程"。解放以后，受到凯洛夫教育学的影响，到 20 世纪 80 年代以前，"课程"一词很少在中国教育语境中出现，即便出现也多数时候被理解为教学内容。

20 世纪 80 年代以来，课程逐渐成为教育理论领域最为活跃的范畴之一，取得了诸多成果。课程学者陈侠先生是我国当代课程论的先驱者和奠基人，他提出了思想深邃的"陈侠原理"。"陈侠原理"包含课程编订的理论基础、课程开发的基本原理和课程研制的主要方法等。"陈侠原理"是扎根中国大地的课程理论，具有"中国气氛""中国气质""中国气度""中国气魄"和"中国气息"，是中国课程研究者贡献给世界课程理论的一份宝贵财富。"陈侠原理"让我们有底气地说：课程理论，我们不用"言必称希腊"。

今天，随着课程改革的深入，人们对课程及其问题逐渐熟悉起来，思想更加多元，思路更加开阔，应用更加广泛，实践更加活跃，从国家课程、地方课程到校本课程，从学科课程到活动课程，从显性课程到隐性课程，从学期课程统整到单元整体课程，有很多的理论思考和实践创新，不一而足。

课程概念的讨论涉及学理。有人说，课程是知识、课程是活动、课程是经验。我认为，课程是由特定的理念、目标、知识经验和预期的学习活动构成的一套设定。就理念而言，课程是一种价值立场和观念理解；就目标而言，课程是一种育人蓝图和目标期许；就内容而言，课程是一种知识体系与活动经验；就活动而言，课程是知识获取途径与学习体验方式。不管如何剖析"课程"这一概念，从实践角度看，有一点是明确的，那就是课程即课业及其进程。因此，为了方便记忆和操作，我们可以简单地得出这样一个公式：课程＝"课"＋"程"（注意这两个字的引号，以免望文生义）。"课"与"程"这两个维度即是课业及其进程的意思，这也是西方语境中课程作为"跑道"与"奔跑"的双重意涵。

从课程研制实践看，课程必须包含"课"与"程"，有"课"有"程"才谓之为课程。有"课"，意味着课程要有理念、目标与内容；有"程"，意味着课程要有实施、评价与管理，共六个要素。课程要具备"课"与"程"这两个维度、六个要素，这便是课程的操作性定义，这便是课程实践的逻辑起点。我们开发课程就要清楚地阐明这两个维度和六个要素，不论是校本课程开发，抑或特色课程群设计，还是学校整体课程规划，都应该明确这两个维度和六个要素。基于此，研制学校整体课程规划，必须立足学校课程情境分析，确立学校课程哲学，厘定学校课程目标，建构学校课程框架，激活学校课程实施，创新学校课程评价，扎实学校课程管理。

每一种课程概念的理解都是特定条件的产物，都有自己的认识论立场，都有自己的方法论取向，都有自己的范围所指，都有自己的实践视点。我关于课程的理解很粗浅，有很多不足，容易被误读，在这里说一点体会和感悟也只是供参考而已。每个人都有表达自己观点的权利，即使这些观点不被他人接受，也不必强求统一,要允许一家之言的存在。每一个教师都有发表自己课程观点和理解的权利,只要言之有理、言之成理即可,只要对他人有启益即可,只要能解决课程实践问题即可。

课程是一个需要不断探讨的概念,学校整体课程规划是一个需要"照着说"的话题,更是一个需要"接着说"和"展开说"的课题。感谢品质课程联盟团队的同志们,感谢一线校长和老师的信任,是你们的智慧,让课程概念更鲜活;是你们的探索,让学校整体课程规划更具有质感!感谢华东师范大学出版社王焰社长,她的智慧与眼光,令人钦佩;感谢刘佳编审,她的细心与热情,令人感动!

本人才疏学浅,如有不当,请批评指正!

杨四耕

2024年9月10日于上海市教育科学研究院